MAXIMILIAN PROBST

VERBINDLICHKEIT

Plädoyer für eine unzeitgemäße Tugend

Rowohlt

1. Auflage Januar 2017
Copyright © 2017 by Rowohlt Verlag GmbH,
Reinbek bei Hamburg
Lektorat Isabell Trommer
Satz Nyte PostScript, InDesign
Gesamtherstellung CPI books GmbH, Leck, Germany
ISBN 978 3 498 05244 7

INHALT

VORWORT

Verbindlichkeit eröffnet. Sie entwirft eine soziale Beziehung, sie greift voraus. Verbindlichkeit enthält ein Stück von dem, was erst kommt, von einer neuen Welt. Auch ich greife weit voraus, sonst hätte ich über Verbindlichkeit nicht schreiben können. Ich entwerfe mir ein anderes Leben, das mit diesem Entwurf für mich schon angefangen hat.

Wenn meine Freunde dieses Buch lesen, werden sie wohl sagen, sie erkennten mich nicht wieder! Das sei ich gar nicht, dieses Ich, das alles Mögliche ausplaudere aus seinem Leben. Die Szene etwa, wie meine Frau und ich uns in den letzten Ferien, in Südspanien, fast getrennt hätten, nur weil … Es fing, glaube ich, damit an, dass wir uns in der Gluthitze eines späten Mittags, nach einem öligen Imbiss, an der schattigen Terrasse eines Fischlokals vorbeischleppten und sahen, wie dort die Gäste die leichtesten Crevetten mit einem hellen Wein hinunterspülten. Meine Frau sagte sehnsüchtig: Da essen wir heute Abend. Ich stimmte zu. Als der Abend gekommen war, schlug ich aber mit Blick auf unser schon sehr schmales Portemonnaie vor, ein paar Patatas Bravas täten es doch auch.

– Wie? Aber du hast heute Mittag gesagt …

– Ja, das war etwas leichtsinnig, denn jetzt sehe ich …

Gerade das hätte ich nicht sagen sollen, zumal sie auch noch einen Vorwurf aus meinen Worten heraushörte, den sie sogleich retournierte, und zwar auf jene heftige Weise, die ihr in meinen Worten bereits zu schlummern schien: Ich würde ihr die Luft abschnüren, ihre Spontaneität unterlaufen, sie traue sich schon nicht mehr, überhaupt nur ein unbedachtes

Wort zu äußern, sie sehe sich gezwungen, immer schon mitzudenken, was ich denn denken würde. Ich sagte mir, wer hätte das gedacht! Und fragte mich, wie wir in all den Jahren dorthin gekommen waren, dass die Ehe, diese verbindlichste Form des Zusammenlebens, durch ein unverbindliches Wort in Turbulenzen geraten konnte.

Aber was rede ich! Immer dieses «Ich» neuerdings. Es gibt sympathischere Dinge. Es kann auch schlecht angehen, ständig das Ich ins Spiel zu bringen, denn wer die Verbindlichkeit bejaht, ist schon über sich hinausgegangen, hin zum anderen, im Namen der sozialen Beziehung, die er im Begriff steht zu stiften. Verbindlichkeit meint, das ist die These dieses Buches, den Weg vom Ich zum Wir.

Warum nun dieses Thema? Weil ich glaube, dass die Verbindlichkeit eine Lösung bereithält für einige der dringlichsten Probleme unserer Zeit, für private Sinnkrisen ebenso wie für das gesellschaftspolitische Dilemma einer transzendentalen Orientierungslosigkeit. Das mag unter den gegenwärtigen Bedingungen utopisch anmuten. Schließlich scheint gerade die Verbindlichkeit durch das gesteigerte Tempo und die gesteigerte Mobilität unseres Lebens gänzlich außer Kurs gesetzt zu werden. Alles strebt immer schneller auseinander, keine Frage, alles strebt immer schneller durcheinander. Und unter dieser Bedingung lautet der gesellschaftliche Imperativ für jeden, der vorankommen will: Maximiere deine Anschlussoptionen! Wer weiß schon, was der nächste Tag von dir verlangt. Sei so unverbindlich wie der Sonnenschein im April!

Hinzu kommt: Die Anzahl unserer Optionen – angefangen beim Geschlecht, das wir uns heute dank medizinischer Entwicklungen aussuchen können – ist ins Unermessliche gewachsen. Nie war es schwieriger, sich zu entscheiden. Und selbst wenn wir eine Entscheidung treffen, ist sie meist nur vorläufig, weil der rasende Wandel der Welt es schnell erfordern kann, sie zu revidieren oder zumindest den neuen Gegebenheiten anzupassen.

Es lassen sich aber auch Anzeichen einer gegensätzlichen Entwicklung entdecken, Anzeichen einer Sehnsucht nach Verbindlichkeit. Diese Sehnsucht, das macht das Thema so spannend, ist allerdings nicht unproblematisch. Oft schwingt in ihr ein kulturpessimistischer Unterton mit.

Es wäre etwa ein Leichtes, Verbindlichkeit einzufordern und als Begründung die Verunsicherung ins Feld zu führen, die mit der modernen Technologie einhergeht. Die permanente technologische Revolutionierung unserer Lebenswelten ist es schließlich, die uns der Unverbindlichkeit entgegenführt – und zwar seit langem. Der alte Stechlin stöhnt in Theodor Fontanes Roman aus dem späten 19. Jahrhundert über die Unverbindlichkeit von Telegrammen auf die gleiche Weise, wie wir es heute über die unverbindliche Kommunikation in den sozialen Netzwerken tun, wo eine Zusage auf eine Einladung mitnichten heißt, man werde kommen, sondern eben nur, dass man die Einladung zur Kenntnis genommen hat, um erst im letzten Augenblick zu entscheiden, ob man ihr folgt, weil sich immer noch eine andere Abendveranstaltung ergeben könnte, die vielleicht interessanter, spannender und exklusiver ist. Ein Leichtes also, die Verbindlichkeit als einen gleichsam gegentechnischen Sinn zu formulieren, als einen Sinn, von dem man hoffen würde, er wäre Sand im Getriebe der alles zur Auflösung treibenden technologischen Maschinerie. Die gute alte Ehe! So könnte man seufzen. Die gute alte Festanstellung! Und die gute alte Weltanschauung erst, die man heute, sofern es sie noch gibt, so wenig zur Schau trägt wie Unterwäsche, aber ebenso oft wechselt. All diese Dinge ließen sich gebührend feiern und zurückführen auf den gemeinsamen Stamm der Verbindlichkeit, der es dann locker mit der Ehrwürdigkeit einer stattlichen deutschen Eiche aufnehmen könnte. Kurz: Es bietet sich an, die Verbindlichkeit als einen vormodernen Wert aufzufassen, zu dem wir, erschöpft von den Exzessen der Moderne, diesem großen Durcheinander, zurückkehrten – mit der biedermeierlichen Freude, all das zu finden, was sich schon einmal bewährte, was einmal feststand. Fragt der Teller das Messer und die Gabel: Willst du, Messer, ewig rechts von mir liegen und du, Gabel, ewig links, dann antwortet jetzt mit: Ja, ich will!

Wollen wir das, wenn wir von Verbindlichkeit träumen? Ist dann die Welt der Vormoderne der oft uneingestandene Fluchtpunkt unserer Überlegungen? Um mich gegen diese reaktionäre Verlockung der Verbindlichkeit zu feien, müssen erst mal ihre Pathologien aufs Parkett: Wie kleinlich, engherzig, rechtslastig, ressentimentgeladen die Sehnsucht nach Verbindlichkeit sein kann; wie sich dahinter alte Ordnungsvorstellungen verbergen können, die unserer spielerischen Selbstentfaltung einen Strich durch die Rechnung machen wollen.

Mir schwebt, wenn ich über die Verbindlichkeit nachdenke, zur Abwechslung (ja, auch dahin soll sie mich führen) etwas anderes vor: die Möglichkeit, sie auf der Höhe der Zeit neu zu formulieren. Verbindlichkeit, glaube ich, erhält überhaupt erst aus der technologischen Verfassung unserer Welt ihren Wert. Die Technik und der Kapitalismus – von dem es schon im «Kommunistischen Manifest» heißt, dass er «alles Ständische und Stehende verdampft» – haben uns herausgerissen aus den traditionellen Bindungen und dem Offenen überantwortet. Erst jetzt können wir uns aus eigener Kraft verbindlich zeigen. War in vor- und frühmodernen Zeiten Verbindlichkeit eine Zwangsveranstaltung, ein Erbe der Zeit, das man nicht ablehnen konnte, ohne gewaltige gesellschaftliche Nachteile auf sich zu nehmen, und war früher die Unverbindlichkeit ein Ausweis geistiger Fortschrittlichkeit, so ist es heute geradezu umgekehrt: Jetzt kann Verbindlichkeit eine Errungenschaft sein, der Zeit abgerungen, die sie zu verhindern sucht. In diesem Sinne ist Verbindlichkeit ein Weg, sich selbst zu programmieren. Das ist umso wichtiger, weil man die Programmierung sonst anderen und den wechselnden Umständen überließe.

Programmierung: Dies technische Wort hatte ich lange skeptisch beäugt. Ich witterte dahinter den Versuch, ebendas auszuschalten, was das menschliche Dasein im Innersten beseelt, die Spontaneität, das Unverfügbare, Unkontrollierbare, Unberechenbare. Programmierung, das hieß für mich, Schluss machen mit unvorhergesehenen Abzweigungen, Abweichungen, Abwegen, das hieß begradigen, damit alles läuft wie geschmiert, nicht im Dienst des Menschen, sondern des programmierenden Systems, am Ende womöglich im Dienst des Kapitals. Dabei übersah ich, dass auch der Programmierung etwas Unberechenbares zugrunde liegt: Warum programmieren wir so und nicht anders? Und ich übersah, dass Programmierung überhaupt erst Unberechenbares produziert. Ein Sachverhalt, der klarer wird, wenn wir den Begriff aus dem Griechischen ins Deutsche übertragen. *Gramma* bedeutet das Geschriebene, der Buchstabe, *programma* das Vorgeschriebene, die Vorschrift.

Nun gibt es eine große Menge von Vorschriften. Viele davon lassen sich getrost in die Tonne treten. Nicht aber das Prinzip der Vorschrift. Denn nur dadurch kann sich etwas ereignen, das der Vorschrift widerspricht, das sich als unkontrollierbar erweist, und denjenigen, der Vorschriften folgt, vor jene Herausforderung stellt, zu der er im Nachhinein, bekommt er die Rechnung präsentiert, lediglich sagen kann: *C'est la vie* – so spielt das Leben! Wer hingegen keiner Vorschrift folgt, der rechnet mit allem, selbst noch mit dem Unberechenbaren, das damit seine Funktion verliert.

Verbindlichkeit wäre demnach ein Weg, sich selbst zu programmieren, buchstabengetreu zu dem zu stehen, was man sich vorschreibt, und auch die unabsehbaren Folgen zu tragen, die dieses Programm notwendig haben wird. Darum ist für mich die Verbindlichkeit ein Abenteuer, vielleicht das größte Abenteuer schlechthin, das wie alle großen Abenteuer beseelt ist von der Passivität: Hat man seinen Einsatz getätigt, kann man die Dinge ihrem Lauf überlassen, wohin der auch führen mag. Ich etwa schreibe mir hier und jetzt vor, Hamburg, den 24. Juni, jeden Tag an diesem Buch zu schreiben, sonst wird es nie fertig. Vorschriften können ja wie ein sanfter Schubs wirken, man kennt die Szene aus schlechten Hollywood-Jugend-Komödien: Der schüchterne Junge schielt um die Ecke, den Gang hinunter, wo die Schönste der Schule an ihrem Schließfach hantiert. Ein Freund gibt ihm einen Stoß, er torkelt ihr entgegen und kommt nicht mehr umhin, das halb belustigt, halb interessiert aufschauende Mädchen anzusprechen. Nach diesem Muster kann auch die Vorschrift dich dazu bringen, das zu tun, was du ohnehin tun möchtest, wozu du dich aber aus Faulheit, Mutlosigkeit oder sonst was nicht durchringen konntest.

Die Folgen dieser Vorschrift, der gegenüber ich mich in vollendeter Verbindlichkeit verhalten möchte und die mich nun in dieses Buch schubst, lassen sich allerdings kaum absehen, es ist ein Wagnis, das schnell zu grobem Unfug führen kann.

25. Juni: Ein wenig Unfug kann allerdings nicht schaden, mehr noch, gehört ganz entscheidend dazu: Unfug verstanden als das, was sich nicht einfügt ins Konzept, auch wenn ich jetzt zugeben muss, damit in ein ziemliches Schlamassel geraten zu sein. Denn sobald der Unfug mit Fug und Recht seinen Platz beim Schreiben über die Verbindlichkeit findet, haben wir es mit dem Paradox zu tun, dass es sich als vorteilhaft erweisen könnte, in unverbindlicher Form über die Verbindlichkeit zu schreiben.

Ich will mich deshalb nicht an den strengen Formen der wissenschaftlichen Abhandlung oder der Gesetzestexte orientieren, denen vielleicht der höchste Grad an literarischer Verbindlichkeit gebührt. Ich will mich an einem Essay versuchen, um es auf eine etwas dämliche Weise zu sagen, denn der Essay meint ja eben schon das: einen Versuch. In diesem Wort steckt das Eingeständnis, nicht zu wissen, ob das Ziel erreicht wird. Damit einher geht ein höherer Grad an Freiheit: Wenn nicht alles klappen muss, kann man sich weiter ins Ungesicherte vorwagen. Mir steht es im essayistischen Schreiben frei, Dinge zu verbinden, die nicht zusammengehören, auf eine ganz und gar spielerische Weise. Aber, und das ist entscheidend am Essay: Diese Freiheit schränkt sich im Lauf des Schreibens auf verbindliche Weise wieder ein. Jede Verbindung, die man im Essay knüpft, muss weiterverfolgt werden, damit aus der Freiheit, die anfangs nur eine persönliche ist, Ordnung und Notwendigkeit hervorgehen, damit das Disparate sich zu einem Ganzen verbindet, damit das Idiosynkratische und Selbstbezügliche meines Versuchs in irgendeine verständliche, für andere nachvollziehbare Form, ins Allgemeine sich erhebt. Wir sind hier wieder beim Weg vom Ich zum Wir, als den ich die Verbindlichkeit sehe und der mir nun auch in der Form des Essays entgegentritt.

Sagen wir's so: Auch die Verbindlichkeit ist nur als Versuch zu haben, als ein Spiel, das nach selbstgesetzten Regeln verläuft. Ein Spiel allerdings, um mit dem Philosophen Hans-Georg Gadamer zu sprechen, das mit «heiligem Ernst» betrieben werden sollte. Immerhin geht es ums Ganze, und ginge es vielleicht doch nur ums Halbe, wäre das im Übrigen auch mehr als genug und, wenn man mich fragt, gefährlich nahe dran, viel zu viel zu sein.

All die Fäden, die nun ausgelegt sind! Wo habe ich jetzt schon wieder meine Frau gelassen? Ach ja, die Ferien in Südspanien …

26. Juni: Zu unserer Wohnung gehörte eine kleine Dachterrasse, auf der wir in der lauen Sommernacht nach dem Fischlokal-Fiasko saßen, über uns ein ziemlich angefressener Mond, er ging Nacht für Nacht seinem Ende entgegen. Wir rauchten, tranken und redeten dabei so ununterbrochen, wie der Außenkasten der Klimaanlage neben uns säuselte. Alle unsere Worte drehten sich um eine Frage: Was verbindet uns eigentlich? Wir wussten es nicht. Wir hatten den Eindruck, dass wir in fast allem, was wir tun und was uns lieb und teuer ist, unterschiedlicher Meinung seien. Meine Frau sagte Sachen wie: «Warum musst du eigentlich immer alles kritisieren?» Worauf ich entgegnete: «Warum musst du eigentlich immer alles schön finden?»

Es war im Grunde ein unsinniges Gespräch, das wir da nachts auf der Dachterrasse führten. Zumindest aus einer Meta-Perspektive betrachtet, denn während wir uns fragten, was uns verbinde, waren wir ebendas: ganz und gar miteinander verbunden. Unter keinen Umständen hätte einer zum anderen gesagt: «Mir wird das jetzt zu bunt, ich nehme meinen Drink lieber drüben in der Bar.» Etwas verband uns, und wir sahen es nicht, weil uns diese Bindung zu nahe ging. Was aber ist dieses Etwas?

Zuerst einmal weiter nichts als eine gemeinsame Vergangenheit, oder noch genauer: der gemeinsame Entschluss, diese Vergangenheit nicht vergehen zu lassen. Dessen Umsetzung ist die Leistung der Verbindlichkeit. Sie ist nicht nur ein in die Zukunft gerichteter Entwurf, in dem ich auch morgen dazu stehe, was ich heute sage. Die Verbindlichkeit ist als heutiges Einlösen dessen, was ich gestern gesagt habe, auch ein Rückgriff, ein reines Erinnern: Ich habe mein Wort nicht vergessen. Sie lässt sich als ein Prozess begreifen, der Vergangenheit, Gegenwart und Zukunft miteinander verschränkt, der die Ordnung der Zeit aufhebt, übersteigt, hinter sich lässt. Ja, mir kommt es gerade so vor, als sei die Verbindlichkeit fast ein Geschenk des Himmels. Wäre es da nicht leichtfertig, sie zu verwerfen, nur weil man sich gelegentlich wegen irgendwelcher Banalitäten in den Haaren liegt?

27. Juni: Aber eigentlich hatte ich mir gerade vorgenommen zu erklären, was genau ich unter Verbindlichkeit verstehe, wer kann schon mit Formulierungen wie «ein Geschenk des Himmels» etwas anfangen?! Also noch einmal: Was war es, was meine Frau und mich auf der Dachterrasse verband? Dass wir uns schon lange kennen, sehr lange. Deshalb könnte man sagen: Die Zeit der Verbindlichkeit ist die Dauer. Aber wie lange dauert diese Dauer? Der französische Dichter Paul Éluard sprach einmal vom «dur désir de durer», dem harten Begehren zu überdauern, den er Künstlern attestierte. Ich glaube, dass man mit dieser Formel auch den Zeitbezug der Verbindlichkeit charakterisieren kann. Es steckt in ihr ein hartes Bemühen – das aber zum Ende hin offen ist.

Das unterscheidet die Verbindlichkeit von der Treue. Die

Treue will Ewigkeit, unter allen Umständen. Die Treue ist ehern, und ihr Symbol ist der Ring, eine geschlossene Form, die weder Anfang noch Ende kennt. Die Verbindlichkeit hingegen hat als Symbol den Handschlag. Hier hast du mein Wort, dass ich alles tun werde, was in meiner Macht steht, den Bund, den wir eingehen, zu halten. Aber, verschweigen wir es nicht: Es steht keineswegs alles in unserer Macht! Dass die Verbindlichkeit nicht mehr sozioökonomisch gedeckt ist, sondern jeder sie aus eigener Kraft aufrechterhalten muss, bedeutet auch: Wir können ihr Scheitern nicht ausschließen. Wir müssen darauf hoffen, dass uns gelegentlich vergeben wird.

Das ist es, was ich an der Verbindlichkeit so schätze, was sie zu einem Schlüsselbegriff unserer Zeit werden lässt: Sie weist jeglichen Fundamentalismus zurück. Sie ist ein Ausdruck dessen, was der Philosoph Gianni Vattimo «pensiero debole» nennt, schwaches Denken, ein Denken, das sich nach den starken metaphysischen Setzungen (Gott, Ewigkeit, Unsterblichkeit) in das Kuddelmuddel unserer pluralen Lebenswelt begibt.

Passend dazu steckt in dem Wort Verbindlichkeit selbst schon eine Abschwächung. Dem Duden nach handelt es sich um einen Begriff, der geradezu einem Grabbeltisch gleicht: Er kann Bereitwilligkeit, Gefälligkeit, Höflichkeit, Nachgiebigkeit, Umgänglichkeit, Liebesdienst, Endgültigkeit gleichermaßen wie Geltung und Gesetzeskraft bedeuten, dazu Pflicht, Schuld, Lasten, Rückstände – um nur ein paar der unzähligen Synonyme herauszugreifen.

Neben der Endgültigkeit, die mit dem Fundamentalismus der Treue verknüpft ist, weist die Aufzählung auf zwei weitere pathologische Erscheinungen der Verbindlichkeit, die mit der Moderne virulent geworden sind. So gibt es eine Tendenz,

Verbindlichkeit als einen ökonomischen Begriff aufzufassen, als zwischenmenschliche Geschäftsgrundlage des Homo oeconomicus. Verbindlichkeit in diesem Sinne würde uns erlauben, mit etwas fest zu rechnen, es zu berechnen, es zu verrechnen, immer mit dem Ziel, dass es sich am Ende für denjenigen, der sich verbindlich zeigt, auch rechne – wenn er nicht selbst dabei in Schuld gerät, was sich dann für einen anderen rechnet. Teils verwoben mit dieser Tendenz, teils parallel zu ihr laufend haben soziale Beziehungen in der Moderne zunehmend ein juristisches Gepräge angenommen. Soziologen und Philosophen sprechen von einem Prozess der «Verrechtlichung». Am äußersten Punkt dieser Entwicklung verkäme die Verbindlichkeit zum stumpfen Exekutieren per Vertrag geregelter Schuld-Verhältnisse.

Wollen wir dieser Gefahr entgehen, müssen wir nach einer Form von Verbindlichkeit suchen, die der Einsicht entspricht, dass sich das Leben nie kontrollieren, nie unter eine Perspektive beugen, nie in ein Wort bannen lässt, wie es der Traum der Treue, der Gesetze und der Geschäfte will! Reden wir also nicht mehr über Treue, Gesetz und Geschäft. Und wenn doch, dann mit starken Einschränkungen: Verbindlichkeit ist pragmatische Treue, individuelles Gesetz, freiwillige Schuld.

Der Wert der Verbindlichkeit liegt darin, dass sie, im Vokabular der Philosophie gesprochen, das Singuläre und das Allgemeine miteinander verbindet. Sie verkuppelt, wie ich noch ausführen werde, die Privatmythologie der Liebe mit einem politischen Begriff des Universellen. Damit kommen wir wieder auf die Formel zurück, die Verbindlichkeit bedeute den Weg vom Ich zum Wir, besser gesagt: das Hin und Her zwischen Ich und Wir. Denn beide Seiten entfalten ihren Sinn nur, wenn sie aufeinander bezogen bleiben. Dieses Hin und Her verläuft im Geiste gegenseitiger Anerkennung und

17

erschließt auch die tugendhafte Dimension der Verbindlichkeit, die von ihren Synonymen Freundlichkeit, Umgänglichkeit, Höflichkeit umrissen wird.

Für meinen Versuch bedeutet das zweierlei: Zum einen will ich zeigen, dass die Verbindlichkeit für einen gelingenden Identitätsentwurf jenseits von Charakterlosigkeit, verspielter Belanglosigkeit oder selbstverleugnender Marktanpassung unverzichtbar ist. Zum anderen will ich deutlich machen, dass dieser Identitätsentwurf immer schon eingebunden ist in ein gemeinschaftliches Projekt, oder ganz einfach herausgesagt: dass die Verbindlichkeit der Bindestoff sein kann, der posttraditionale Gesellschaften zusammenhält.

NACHWORT ZUM VORWORT

28. Juni: An diesem Punkt angelangt, wäre es mir sehr entgegengekommen, wenn sich aus dem Anfang heraus alles Weitere überblicken ließe. Ich kann absehen, dass ich auf Seite 200 den Computer zuklappen werde, das schon. Ich kann absehen, dass ich weiterhin an dem Ort lebe, wo ich jetzt lebe, ich werde hier in Hamburg bleiben, mich für diese Stadt verantwortlich fühlen, und ihr auch dann nicht den Rücken kehren, wenn sie in Reichtum und Rücksichtslosigkeit erstarrt, in der Hoffnung, es werde irgendwann wieder bergauf gehen. Hier werde ich leben und sterben. Bis dahin werde ich noch drei Bücher schreiben, wer weiß, drei Affären haben, nach Gott, Gleichheit und Gerechtigkeit suchen, auf sie hoffen, meine Frau lieben und meine beiden Kinder, Tochter und Sohn, nicht minder. Wie arm müsste ich sein, wäre mir das nicht genug?!

Dennoch ist die Zukunft offen, das Schreiben auch. Trotz all der Folgen, die ich hier überblicken kann, ist mir noch vollkommen schleierhaft, wie ich den nächsten Satz beginnen werde, und was ich darin sagen will.

29. Juni: Ich folgere aus dieser Zwischenbetrachtung, dass Verbindlichkeit dazu führt, Gewissheit und Zweifel auszubalancieren. So wie ich weiß, dass ich auf lange Zeit an der Seite meiner Frau sein werde, bin ich mir ganz und gar nicht sicher, was das für uns beide bedeutet. Das ist es, was die Verbindlichkeit strukturell mit dem Leben teilt: Ein Anfang wird gemacht, das Ende kennen wir – dazwischen spannt sich ein Abenteuer. Aber ist es der richtige Anfang? Hätte ich einen anderen Beruf, eine andere Frau, einen anderen Wohnort, vielleicht auch nur einen anderen Anfang für meine Aufzeichnungen wählen sollen?

30. Juni: Ich könnte bedauern, zu spät das Buch «Über Gewissheit» aus dem Regal gezogen zu haben. Darin heißt es: «Es ist so schwer, den *Anfang* zu finden. Oder besser: Es ist schwer, am Anfang anzufangen. Und nicht zu versuchen, weiter zurückzugehen.» Das notierte sich Ludwig Wittgenstein am Ende seines Lebens, nachlesbar nicht am Anfang, sondern etwa in der Mitte des Buchs. Ein paar Seiten weiter bin ich auf eine Frage gestoßen, die mich nicht mehr losgelassen hat, eine Frage, die die moderne Welt Tag für Tag mehr bedrängt. Sie lautet: «Worauf kann ich mich verlassen?»
Ist nicht jede private Sinnsuche, aber auch jede Bewegung im politischen Raum von dieser einen Frage getrieben?
Worauf kann ich mich verlassen?
Nur auf Gott, sagt sich der eine, am besten auf einen Gott, der neben sich keine anderen Götter duldet. Um sich ultima-

tiv selbst zu beweisen, dass er sich auf ihn verlässt und dem nagenden Zweifel ein für alle Mal entronnen ist, sprengt er sich im Namen seines Gottes in die Luft.

Worauf kann ich mich verlassen?

Nur auf die Herkunft, auf eine kollektive Identität, ein homogenes Volk, auf jahrhundertealte Traditionen. Wenn immer mehr Fremde ins Land strömen, dann fühlt man sich bald fremd im Land und weiß nicht mehr, wer man ist, sagt ein anderer – und zündet ein Flüchtlingsheim an.

Worauf kann ich mich verlassen?

Allenfalls auf den schönen Schein des Lebens, der sich pflichtschuldig einzustellen pflegt, verfügt man nur über genügend Geld, sagt sich wieder ein anderer – und stürzt sich in die Welt des Konsums, der Verfügbarkeit von allem und jedem.

Worauf kann ich mich verlassen?

Keine Frage ist schwieriger zu beantworten. Trotzdem muss man sich irgendwann entscheiden und einen Anfang machen, von dem man noch nicht weiß, ob er der richtige ist. Erst, wenn wir am Ende sind, wird sich das zeigen. Das Ende wird über den Anfang richten. Und weil wir das Ende nicht kennen, muss die Verbindlichkeit von der Hoffnung, dem Vertrauen und dem Glauben leben.

Es wird gut gewesen sein, lautet das Glaubensbekenntnis der Verbindlichkeit. Das verbindet sie mit der Religion, die ebenfalls an ein gutes Ende glaubt. Im Unterschied zur Religion verlegt sie dieses gute Ende nur nicht in die Ewigkeit. Ihr reicht die Endlichkeit. Und damit will ich endlich die müßige Frage fallenlassen, ob ich den Anfang richtig gewählt habe, und mich darauf konzentrieren, im Fortgang meiner Aufzeichnung die Gewissheit zu verfestigen, dass der Anfang am Ende der bestmögliche gewesen sein wird.

Worauf also kann ich mich verlassen? Auf die Verbindlichkeit mir selbst gegenüber und auf die Verbindlichkeit meiner Mitwelt.

KAPITEL 1

MIT DER TECHNIK IN DIE WELT
DER TAUSEND MÖGLICHKEITEN

1. Juli: Verbindlichkeit, Verbindlichkeit, ich habe noch immer nicht gesagt, was das eigentlich genau ist. Langsam schulde ich dem Fortgang des Buches eine Begriffsbestimmung. Aber wenn das so einfach wäre. Ein Begriff ist so gut wie immer ein Kampffeld, gemeinhin gilt: Je interessanter ein Begriff, desto heftiger wird um seine Bedeutung gerungen. Das Ringen um

die Verbindlichkeit ist zurzeit ein eher krudes Handgemenge. Die Philosophen haben das Thema zwar oft genug gestreift; sie haben sich den Kopf über Verträge, Versprechen, Gesetze zerbrochen, über Treue, Ehre und Sitten, doch die Verbindlichkeit haben sie geradezu sträflich vernachlässigt. Gut so: Ich kann gleich zur Sache kommen – zur Verbindlichkeit, wie ich sie sehe.

2. Juli: Verbindlichkeit ist ein Verhalten, bei dem sich jemand einer Absichtserklärung unterwirft und sich verpflichtet fühlt, diese, so gut es geht, umzusetzen. Die Verbindlichkeit knüpft ein Band zwischen zwei Menschen, oder auch, wenn mehrere derselben Absicht folgen, einen Bund. Es ist ein soziologischer Begriff, der immer eine zweite, wenn nicht dritte Person einschließt. Aus dieser Perspektive scheint es allerdings verwunderlich, von einer Verbindlichkeit sich selbst gegenüber zu sprechen. Geht es schließlich nicht nur mich an, ob ich mich an meine selbstgesetzte Vorschrift halte? Wenn schon Liebe eine solipsistische Schlagseite haben soll, wie der Soziologe Georg Simmel mit einem Ausruf von Philine in Goethes «Wilhelm Meisters Lehrjahre» unterstreicht («Wenn ich dich liebe, was geht's dich an?»), dann müsste Verbindlichkeit sich selbst gegenüber erst recht eine selbstbezügliche Veranstaltung sein. Für Hannah Arendt sind aus diesem Grund «Versprechen, die ich mir selber gebe», so «unverbindlich wie Gebärden vor dem Spiegel».

Dagegen spricht, dass in der Verbindlichkeit mir selbst gegenüber die zweite Person zwar nicht real gegenwärtig ist, aber immer mitgedacht wird. Wo ich mir selbst gegenüber verbindlich sein will, spalte ich mich auf in eine handelnde Person und eine weitere, die beobachtet, ob ich der mir gegebenen Vorschrift folge – voilà, das Gewissen. Seinen Sinn erfüllt auch das Gewissen nur, wenn es potenziell öffentlich ist. Das Gewissen beurteilt all die Dinge, die in Wahrheit nur mir sichtbar sind, ganz so; als geschähen sie mitten auf dem Marktplatz. Deshalb könnte man sich etwa schämen, einen Porno zu schauen, selbst wenn niemand dabei zusehen würde. Genau das machen sich heute technische Gadgets zunutze, indem sie das Gewissen outsourcen.

Diese Gewissens-Apps funktionieren so: Wir teilen beispielsweise der App mit, wie oft und wie lange wir in der nächsten Woche joggen wollen. Sobald wir dann laufen, wird unsere Zeit von der App im Smartphone an das entsprechende soziale Netzwerk weitergereicht. Für jeden ist einsehbar, ob wir unser Plansoll erfüllt, vielleicht sogar übertroffen oder aber weit verfehlt haben.

Das Tagebuch funktioniert seit Jahrhunderten auf ähnliche Weise. Es schreibt demjenigen, der sich ihm unterworfen hat, jeden Tag von neuem vor, ein Schreibgerät zur Hand zu nehmen und Rechenschaft abzulegen über das, was man getan hat, nachvollziehbar für jeden, der draufschauen wird. Auch wenn die Vorschrift, die aus der Form hervorgeht, manchmal noch verstärkt werden muss durch nachfolgende Vorschriften. Ein Beispiel dafür gibt uns der berühmteste aller Tagebuchschreiber, Samuel Pepys, mit seiner Notiz vom 14. Januar 1666: «Lege ein schriftliches Gelübde ab, daß ich jeweils mein Tagebuch geführt haben muß, bevor ich eine Frau küsse oder Wein trinke.» Nicht viel anders halte ich es mit meinen Aufzeichnungen.

Wie bei den Gewissens-Apps ist auch beim Tagebuch das Publikum stets zugegen: in Form der Ehefrau, die es nach dem Tod des Mannes in der Schreibtischschublade findet, in Form der Nachwelt des Schriftstellers, denn ihr ist in Wahrheit noch das intimste «Journal intime» gewidmet, oder eben in Form der mit dem Marktplatz verbundenen Live-cam, dem Gewissen. Sind wir religiös gestimmt, ist für uns die Livecam mit dem Himmel als Kontrollpunkt verbunden, von dem aus alle unsere Handlungen und Regungen gesehen und registriert werden. Die Verbindlichkeit sich selbst gegenüber ergibt sich also aus dem Umstand, dass alles, was ich tue, potenziell von anderen gesehen wird, wenn nicht vom «Ganz anderen», um den Begriff des Religionsphilosophen Rudolf Otto für die Dimension des Göttlichen aufzugreifen.

Unsinnig wird die Rede von der Verbindlichkeit sich selbst gegenüber erst, wenn nichts und niemand sie bezeugen könnte. Würde ich mich auf das florierende Gebiet der Dystopie und des Last-Man-Romans begeben, käme ich zu folgendem Plot: ökologisch-technologische Katastrophe, die Welt fliegt in die Luft, nur ein Mann entkommt in einer gut ausgestatteten Raumkapsel und treibt durchs All, unbedeutender als Asteroidenstaub. Nichts, das in dieser Weite, in dieser Stille lebte. Gott? Lachhaft! Wird der Mann jetzt ein Tagebuch führen? Nein, er wird Pornos schauen. Ohne Scham. Bis ans Ende seiner Tage.

Es kommt offenbar alles drauf an, dass die Verbindlichkeit, die wir eingehen, bezeugt und öffentlich gemacht wird. Ich kann im Geheimen lieben, aber ich kann nicht im Geheimen verbindlich sein. Wir treten mit der Verbindlichkeit aus unserer Intimsphäre heraus. Aber wohin? In eine Welt, der wir uns exponieren. In eine Welt, die uns prüft.

Ich habe mich vorgestern mit einem Freund verabredet. Wir wollen uns heute um 21 Uhr an der Ecke Reeperbahn / Hamburger Berg treffen. Als nicht ganz unverbindlicher Mensch habe ich ihm versprochen, um 21 Uhr wirklich dort zu sein.

Ich habe ihm mein Wort gegeben, zu kommen, die Verbindlichkeit besteht darin, diesem Wort Folge zu leisten. Die Prüfung lautet also: Schaffe ich das?

Nun kann von dem Moment an, in dem ich mein Wort gebe, bis zu dem Moment, in dem ich es einlösen will, eine Menge passieren. Und dummerweise leben wir in der Zeit, in der eigentlich immer etwas passiert. Eine vor Jahren weggezogene Freundin meldet sich, sie sei für einen Tag in der Stadt, ob man sich nicht mal wieder sehen könne. Ein Arbeitskollege wechselt den Job und will noch kurzfristig seinen Abschied begießen. Ich bekomme schwer zu ergatternde Theaterkarten von einem Onkel, der umdisponieren musste. Und die große Welt steht auch nicht still, ganze Länder können unterdessen pleitegehen, die Aktienkurse krachen zusammen, die Boulevardzeitungen titeln: «So bringen Sie Ihr Geld in Sicherheit!», während anderswo Bomben in die Luft gehen, und da will ich einfach meinem privaten Vergnügen nachgehen, ein banales Bier trinken, als wäre nichts geschehen? Weil so viel passieren kann, stirbt unser Vorsatz auf dem Weg zum Ziel. Durchgefallen.

Jetzt muss ich dringend den Freund anrufen. Heute Abend wird das nichts. Ich habe so viel geschrieben, dass mir der Kopf raucht, er wird es verstehen.

3. Juli: Wir erleben hier die Variation eines Themas, auf das die moderne Dichtung wieder und wieder zurückgekommen ist: das Nicht-Ankommen. Man höre einmal die Strophen des 1924 gedichteten Reiterlieds von Federico García Lorca und lasse sich nicht irritieren, dass von Oliven und Pferden, vom Mond und von Türmen die Rede ist:

Córdoba.
Einsam und fern.

Schwarzes Pferdchen, großer Mond,
Oliven im Sack meines Sattels.
Wohl weiß ich die Wege,
doch nach Córdoba komme ich nie.

Durch die Weite, durch den Wind,
schwarzes Pferdchen, roter Mond.
Der Tod starrt mich an
von den Türmen Córdobas.

Ach, wie lang ist der Weg!
Ach, mein wackeres Pferd!
Ach, mich holt schon der Tod,
eh ich in Córdoba bin!

Córdoba.
Einsam und fern.

Wenn wir im Reiter den eigenen Willen erkennen und in Córdoba unser Ziel, dann spricht dieses Gedicht von uns, von unserer Unverbindlichkeit: Eigentlich willst du übermorgen deinen alten Schulkameraden treffen, aber dann ... Eigentlich willst du eine feste Bindung eingehen, willst Frau und Kinder an deiner Seite, du siehst das Ziel schon vor dir, weißt, wie es zu erreichen wäre, du müsstest jetzt nur, aber irgendwie, irgendwas ... Eigentlich willst du Schluss machen mit dem Wörtchen «eigentlich». Aber schon ist der Vorsatz tot. Und einsam und fern wieder das Ziel, einsam und fern wie die Türme von ...

... Córdoba. Da wollte ich mit meiner Frau in den letzten Ferien eigentlich auch noch hin.

Woher kommt das Dazwischenkommende? Vielleicht ist das die Grundfrage, mit der wir uns heute mehr denn je befassen müssen, um zu wissen, wo wir stehen. Denn zwar nicht für jeden auf die gleiche Weise, aber doch für uns alle in steigendem Maße gilt: Es kommt immer etwas dazwischen. Auch dort, wo sich zwei gefunden haben, kommt früher oder später etwas dazwischen, kommt einer oder eine dazwischen – die Figur des Dritten. Und die Verbindlichkeit ist die Auflehnung gegen die Allgegenwart der Abzweigung, die Weigerung, diesem Dritten mehr Platz einzuräumen, als ihm gebührt.

4. Juli: Mein ehemaliger Ressortleiter rief morgens an und fragte, ob ich für eine Reportage nach New York reisen möchte. Ich dachte: Wow, ich war noch niemals in New York. Und sagte ab.

Dann die Sonne. Die lachte mir frech entgegen, schmeichelte mir, um mich zum Spaziergang herauszulocken. Ich zog die Gardinen zu.

Und schließlich der Liveticker zur Griechenland-Krise, der live, na ja, im Zehnminutentakt, davon berichtete, wie eine gewichtige Entscheidung mal wieder vertagt wurde! Er buhlte um meine Aufmerksamkeit, aber ich habe mein Interesse an dieser Berichterstattung vertagt – auf den Sankt Nimmerleinstag.

Ich bin bei der Arbeit geblieben und habe nichts dazwischenkommen lassen. Nur dieses Geschreibsel über meinen ehemaligen Chef, die Sonne und Griechenland.

5. Juli: Die Post streikt. Ich entnehme diese Tatsache der Tageszeitung, nicht dem leeren Briefkasten. Der ist schon vor dem Streik über Tage leer geblieben. Manchmal flattert ein Schreiben meiner Bank oder der Versicherung herein. Ich lege sie ungeöffnet beiseite. Briefe haben ihre Verbindlichkeit komplett eingebüßt. Richtige Briefe werden nicht mehr geschrieben. Ich schreibe auch keine mehr.

Ein Fehler. Meine Frau wünscht sich seit Jahren, dass sie mal wieder einen handgeschriebenen Brief von mir bekommt, wie früher. Wir lebten einige Monate fern voneinander, zu einer Zeit, in der ausgedehnte Auslandsgespräche noch was für die oberen Zehntausend waren. Verbindlichere Zeilen als in diesen Briefen habe ich seither nicht geschrieben. Wir überwanden die räumliche Trennung, indem wir die Zeit mit all den Jahren, die noch vor uns lagen, zusammenschnurren ließen auf einen gemeinsamen unvergänglichen, ewigen Moment: «Auf immer dein!» – «Ich denke an dich, tagein, tagaus.» – «Weil ich ohne dich nicht sein kann.» Die Hand, die das schrieb, zitterte nicht, der Geist, der sich in diese Worte fasste, wankte nicht, mächtiger war er nie. Er unterwarf mit ein paar einfachen Worten eine Welt, in der die Zeit nicht zählte. Das Vergehen der Zeit, es würde sich nicht an mir, nicht an ihr, an uns beiden nicht vergehen, das war mein Gedanke, so hatte ich es mit dem Wörtchen «Immer» am Ende der Briefe verfügt.

Aber: «Welche Kreatur auf Erden kann IMMER sagen?» Das fragte sich der französische Philosoph Vladimir Jankélévitch in seinem Buch über die Ironie.

Was ich mich frage: Ist es immer schwieriger geworden, IMMER zu sagen? Und wenn ja, warum?

Wenn es immer schwieriger geworden ist, IMMER zu sagen, also immer das zu tun, was man auch sagt, müsste es daran liegen, dass uns immer mehr Dinge dazwischenkommen, wie ich bereits sagte, bevor mir der Poststreik und davor das Geschreibsel über meinen ehemaligen Chef, über die Sonne und über Griechenland dazwischenkamen. Woher aber, das war die Frage, kommt dieses Dazwischenkommende?

Es kommt aus der Technik.

6. Juli: Technik ist Naturbeherrschung, Beherrschung der äußeren Welt wie des menschlichen Lebens. Seit die Technik in unser Leben getreten ist ... Halt! Was für ein gefährlicher Satz mir da fast herausgerutscht wäre. Als sei die Technik etwas, das von außen kommend in unser schönes Leben einbricht. Sinnvoller scheint mir die Ansicht, Technik und Mensch seien gleichursprünglich, dass also der Mensch die Technik ebenso hervorgebracht hat wie die Technik den Menschen. Die Technik verdammen? Wäre so unsinnig, wie den Menschen selbst zu verwerfen. Die Technik und den Menschen gibt es nur als das innige, komplizierte Verhältnis beider miteinander. Jenseits der Frage, wer nun die Oberhand in dieser Beziehung erringt, ob es ein stabiles, gleichbleibendes Verhältnis ist, oder ob dieses Verhältnis eine Geschichte hat, die mit der Dominanz der menschlichen Seite beginnt, dann auf einen Wendepunkt zuläuft, an dem die Technik zum Menschen aufschließt, um mit der Emanzipation der Technik vom Menschen zu enden, und jenseits der Frage, ob man diese Geschichte besser als Tragödie oder Komödie beschreiben sollte, ist die Technik erst einmal ein Vervielfältigungsapparat von Möglichkeiten.

Vor zwei Millionen Jahren fabrizierte der Homo habilis sogenannte Chopper, scharfkantige Steine, die ihm ganz neue Möglichkeiten eröffneten: Er konnte damit die Knochen erlegter Tiere aufspalten, um an das nahrhafte Mark heranzukommen. Er konnte den Chopper aber auch seinem Nachbarn über die Rübe ziehen. Die Technik ist Segen und Übel zugleich. Ein Zwangsapparat ist sie zudem: Wenn alle Nachbarn ihren Chopper mit sich herumtragen, sollte man sich tunlichst auch einen zulegen. Auf diesem Gleichgewicht des Schreckens beruht ein Großteil unserer Zivilisation.

Seit der Erfindung des Choppers haben sich die Möglichkeiten des Menschen zu Myriaden gesteigert. Aber die grundlegende Operation, die mit jeder Ausweitung der Technik einhergeht, ist stets dieselbe: Die neue Möglichkeit verdoppelt sich sogleich, sie führt die Möglichkeit des Missbrauchs und der Panne wie einen Schatten mit sich. Und sie führt in den Zwang zur Anpassung. Wer nicht mit der Technik geht, fällt zurück, wenn auch nicht mehr der Drohung des Todes anheim, wie im Fall des Choppers. In den zivilisatorisch fortschrittlichsten Ecken unserer Welt droht nur noch der soziale Tod. Ich habe das selbst erfahren, ums Jahr 2000. Damals erlebten wir den Durchbruch der Mobiltelefonie, der auch ein Aufbruch in die Unverbindlichkeit war.

Bevor irgendjemand in meinem Freundeskreis eines dieser Geräte besaß, war das Handy Gegenstand unzähliger spätabendlicher Diskussionen. Eine kleine Minderheit schwärmte von der Aussicht, an jedem Ort erreichbar zu sein und von jedem Ort aus die Freunde erreichen zu können. Keine umständlichen Verabredungen mehr, kein qualvolles Warten an der Ecke auf Kumpel, die sich verspäten und von denen man nicht weiß, ob sie überhaupt noch kommen. Fortan würde ein Anruf genügen: «Hey, entschuldige, ich komme ein halbes Stündchen später.» – «Kein Ding!» Und dann malten sie sich aus, wie spannend sich die Abende entwickeln würden. Kein ewiges Herumgehänge mehr in unserer Bar, stattdessen riefe mitten in der Nacht eine Freundin an mit der Nachricht: «Irre Party in der Sternschanze, kommt vorbei!»

Uns anderen schreckte diese Aussicht. Wir fürchteten den Untergang einer uns lieb gewordenen Welt. Wir sahen das Ende unserer Stammkneipe, in die wir auch deshalb gingen, weil dort die Chancen gut standen, dass im Laufe der Nacht der ein oder andere Freund hineintorkelte, in der Hoffnung, auf ein paar bekannte Nasen zu stoßen. Sobald wir alle Handys hätten, würden wir dann nicht kurz herumtelefonieren und nur noch zielgerichtet die Bar ansteuern? Dann verfehlte man sich zwar nicht mehr, aber die ungeplante Begegnung, so argumentierten wir, sei doch eigentlich die schönere. Überhaupt sei ja das größte Glück eine Art Geschenk, eine Gabe, nichts, was man selbst in der Hand habe und mit dem Handy nach Belieben herbeiführen könne. Wir nannten es: das Glück der Verpeilung. Dieses Glück, glaubten wir, sei nur ohne Handy zu haben. Denn das Handy würde uns dazu verführen, ständig abzuchecken, wo noch was los ist, wo wir hinsollten, und immer könnte ein Anruf kommen, von außen, von der Welt dort draußen, die man gerade im Begriff war, zurückzulassen. Immer erreichbar sein, das hieße auch, immer auf Abruf sein. Gerade diese Haltung würde verhindern, uns ganz und gar dieser speziellen Nacht an diesem speziellen Ort hinzugeben, sagten wir und wussten, dass diese totale Hingabe des Publikums an den Ort den Ruf unserer Stammkneipe begründete.

Natürlich dachten wir auch daran, wie es wäre, mitten in der Nacht von seiner Freundin angerufen zu werden: «Wo steckst du eigentlich schon wieder?!»

Woran wir nicht dachten, weil wir alle studierten und zudem noch Geisteswissenschaften: dass wir irgendwann einen Chef haben könnten, der uns am Sonntag, während wir im Freibad liegen, mit der Frage anruft, ob wir nicht mal schnell dieses oder jenes erledigen wollen.

Woran wir auch nicht dachten: dass mal das Kanzlerhandy abgehört werden würde.

Wer weiß, wer in unserem Kreis alles abgehört wurde. Denn natürlich hatten wir nach ein, zwei Jahren alle ein Handy. Wie das so ist: Die Front derer, die sich anfangs verweigern, zerbröselt mit der Zeit. Irgendwann gehört man zur Minderheit, muss sich Sprüche anhören, wird mit Vorwürfen konfrontiert: «Es nervt total, dass du so schwer zu erreichen bist.» Halb aus Höflichkeit, halb aus Angst vor dem Ausschluss, schloss ich zum Stand der Technik auf.

Wir trugen nun alle diese silbernen oder schwarzen Knochen mit uns herum. Und es kam genau so, wie wir vermutet hatten, Jubel und Warnung, beides war angebracht: Das Wort Mobiltelefon meinte nicht nur die Tatsache, dass das Telefon beweglich war, statt an einer Steckdose im Wohnzimmer zu hängen. Auch wir wurden durch das neue Telefon in Bewegung gesetzt! Das Mobiltelefon mobilisierte den Menschen – in Richtung der totalen Mobilmachung. Wir genossen die Freiheit der Beweglichkeit, hüpften von einer Party auf die nächste, zogen von einer Bar in die andere. Die tausend Möglichkeiten, die sich mit dem Telefon eröffneten, die tausend Nachrichten, die wir einander schickten («Saal 2, in 'ner halben Stunde?» – «Sitz grade an der Elbe, ist super hier, check mal vorbei!»), zogen ein tausendfaches Kommen und Gehen nach sich.

7. Juli: Dasein auf Abruf. Auf dem Sprung sein. Unterwegs sein. Mobil sein. Klar, dass die Verbindlichkeit da einen schweren Stand hat. Sie siebt aus den tausend Möglichkeiten eine aus und sperrt sich gegen alle weiteren. Sie lässt nichts dazwischenkommen. Das zum einen. Zum anderen minimieren die gesteigerte Mobilität und die Ausweitung der

Möglichkeiten aber auch den Schaden, der aus der Unverbindlichkeit erwächst, womit sie selbst zu einer ganz neuen Möglichkeit wird.

Angenommen, du hast dich in der Prä-Mobiltelefon-Zeit um zehn Uhr an der Ecke Reeperbahn / Hamburger Berg mit einem Freund treffen wollen. Dann aber eröffnet sich im Lauf des Vorabends für ihn die Möglichkeit, den Abend in den Armen seiner Angebeteten zu verbringen. Du bist zu diesem Zeitpunkt nicht mehr erreichbar. Entscheidet er sich für die womöglich ziemlich makellosen Arme seiner Angebeteten, fällt ein beträchtlicher Makel auf ihn: Er hat dich hängengelassen, und wie! Dein Abend wird aus einer langen Warterei bestehen. Irgendwann wirst du realisieren, dass er nicht mehr kommt, aber was kannst du dann noch tun? Es ist halb elf, ein Plan B nicht zur Hand, kein anderer Freund erreichbar. Nun dieselbe Situation in der Mobilfunk-Zeit: Ein Anruf des Freundes genügt, du weißt rechtzeitig Bescheid, dass er nicht kommt, und ein Ersatz für ihn ist ohnehin schnell gefunden.

Unter diesen Bedingungen lugt hinter jeder Verabredung die Unverbindlichkeit hervor. Wir sind alle unverbindlicher geworden in unseren Verabredungen, weil uns die gesteigerten Möglichkeiten und die gewachsene Mobilität im selben Zug unverletzlicher gemacht haben.

Wir alle? Mit Ausnahme vielleicht meiner Frau. Sie ist, was ich sehr schätze, bei Verabredungen die Verbindlichkeit selbst. Ich kann mich immer darauf verlassen, dass sie fünf Minuten nach dem verabredeten Zeitpunkt zwar weit und breit nicht zu sehen ist, aber dafür eine SMS schickt, um mir mitzuteilen, sie komme in zehn Minuten, die am Ende, wieder mit totaler Verlässlichkeit, zwanzig Minuten dauern. Warum auch nicht? Ich ziehe dann ein sehr schmales Buch hervor, das ich für solche Fälle immer bei mir trage, «Monsieur Teste» von Paul Valéry, Walter Benjamins «Einbahnstraße», Ernst Blochs «Spuren» oder ähnlich hartes Zeug, Flachmänner der Literatur, die sofort das Herz wärmen und die Gedanken schärfen.

Aber ich wollte eigentlich etwas anderes sagen, was nur?

Vielleicht das: Wir machen uns nicht mehr im gleichen Maße schuldig, wenn wir unverbindlich handeln. Wer nach dem Wert der Verbindlichkeit fragt und nach der neuen Unverbindlichkeit, fragt auch nach der Möglichkeit, Entschuldigung zu sagen. Ein Freund hat dich hängengelassen. Je mehr Schaden dir durch sein Handeln erwächst, desto unverzeihlicher wird es dir erscheinen. Er muss sich dann ziemlich viel Mühe geben, damit du seine Entschuldigung akzeptierst. Ist dir hingegen kaum Schaden entstanden, und kannst du es problemlos nachvollziehen, warum er dich versetzt hat (weil ihr euch tags darauf ohnehin sehen werdet oder weil dir die Überzeugungskraft jener makellosen Arme, in denen er stattdessen liegen konnte, ebenso groß dünkt wie ihm), wird ein formloses «Sorry» per SMS als Entschuldigung glatt durchgehen.

8. Juli: Die Mobiltelefonie ist eine der beiden jüngsten technischen Neuerungen gewesen, die der Unverbindlichkeit auf die Sprünge geholfen hat. Die andere ist natürlich das Internet. Ich nutze soziale Netzwerke nicht, aber habe folgende Anekdote oft genug gehört, um ihr zu glauben, zuletzt von meinem Vetter, der mit Ende vierzig nicht im Verdacht steht, irgendeinem Jugendhype verfallen zu sein: Eine Freundin hatte ihn und neun weitere Bekannte über ein soziales Netzwerk zum Essen eingeladen. Mein Vetter meldete sich als Einziger zurück – um abzusagen. Die Freundin klagte bei der Gelegenheit über die allgemeine Unverbindlichkeit, ohne

allerdings zu merken, dass ihre Einladung, über ein soziales Netzwerk verschickt, selbst schon von der Unverbindlichkeit infiziert war, die dem Medium des Internets eigen ist. Die Dinge liegen ähnlich wie im Fall der Mobiltelefonie: Mit dem Internet werden Möglichkeiten multipliziert.

Mit einer E-Mail, einem Eintrag in sozialen Netzwerken lässt sich der Mensch als Masse adressieren. Das führt zu einem Mehr an Kommunikation, wenn nicht zu massenhafter Kommunikation, in der ständig etwas dazwischenfunkt und die Worte an Gewicht verlieren, flatterhaft werden und unbeständig wie frisches Papiergeld in Zeiten einer Hyperinflation. Gerade habe ich von einer Freundin eine Sammelmail erhalten. «Hurra&Moin allerseits» lautet die Anrede, weniger flapsig hätte sie «Ihr Lieben» schreiben können, um ihren Geburtstag zu annoncieren, den sie «sehr spontan, übermorgen» auch mit meiner Beteiligung zu feiern wünscht. Werde ich hingehen? Hätte sie mir einen Brief geschrieben und mit einer persönlichen Anrede versehen, wäre die Chance größer gewesen. Ich hätte dann frühzeitig geantwortet. So hingegen ist es völlig legitim, abzuwarten und, falls etwas dazwischenkommen sollte, «sehr spontan», zwei, drei Stunden vorher, abzusagen.

9. Juli: Die Verbindlichkeit scheint umso stärker zu wirken, je mehr Arbeit sie begleitet. Für eine handgeschriebene Einladung, die per Post verschickt wird, hätte die Freundin viel Zeit und Mühe investiert. Zeit und Mühe können wir als Formen der Zuneigung interpretieren. Wir können sie auch nüchtern als Kosten kalkulieren. Wir sind hier folglich im Bereich der Ökonomie, und wieder gilt: Je höher die Kosten, desto größer wäre der Schaden, den meine Unverbindlichkeit für die Freundin nach sich zöge. Die Einladung per E-Mail

kostet weder Zeit noch Geld, der Schaden bei einer Absage ist minimal. Auch emotional wird wenig investiert: Sagen auf eine spontane Einladung, wie sie die E-Mail möglich macht, die meisten der Freunde ab, wird man es auf die Umstände beziehen und es nicht persönlich nehmen.

Der Mensch ist halt ungern verletzlich. Und Technik macht uns unverletzlicher. Technik ist ein Panzer.

10. Juli: Dürfen wir also in der Digitalmoderne zu Recht einen Ausverkauf der Verbindlichkeit beklagen? Ja, aber nur dann, wenn wir zugleich die Gewinne nicht unterschlagen, die der Verlust an Verbindlichkeit mit sich gebracht hat. Auf den technologisch erweiterten Möglichkeitsraum des Lebens will keiner verzichten. Auch scheint die neue Unverbindlichkeit gesellschaftliche Zwangsformen abzubauen. Mit einer Einladung per Brief, wie das bei Hochzeiten und Taufen und anderen verbindlichen Ritualen noch immer der Fall ist, übt man auf sein Gegenüber einen Zwang aus, sich ebenso verbindlich zu verhalten. Der Einladende geht durch die Arbeit, die er in die Organisation des Festes steckt, in Vorleistung, mit dem Kalkül, sie werde gebührend erwidert. Unter diesen Bedingungen verhält sich der Adressat sehr wahrscheinlich verbindlich, nicht unbedingt aber aus freien Stücken. Er erfüllt dann vielmehr die soziale Norm eines symmetrischen Tauschverhältnisses. Je größer die Vorleistung des einen, desto verbindlicher die Antwort des anderen.

Ganz gleich, wie wir diese in symmetrische Tauschverhältnisse eingebettete Verbindlichkeit bewerten wollen: Sie sollte uns als Warnung dienen, dass wir die Verbindlichkeit nicht abstrakt bestimmen können. Ihr Wert und im Zweifelsfall auch ihre Perfidie zeigen sich nur in ihrem jeweiligen Kontext. Diesen Kontext zu übersehen, ist der gängige Fehler jedes kulturpessimistischen Lamentos über unsere ach so unverbindliche Zeit. Der Kulturpessimist schließt sein Leiden an einer unverstandenen Gegenwart mit einer idealisierten Vergangenheit kurz und erhält durch diese Operation Begriffe, die dem Kontext komplett enthoben sind. Der Kulturpessimist ist ein rückwärtsgekehrter Utopist.

Das ist, mit Verlaub, der denkbar größte Mist. Und jede Sehnsucht nach Verbindlichkeit, die sich deren wechselnden historischen Kontext nicht vergegenwärtigt, läuft Gefahr, dieser rückwärtsgewandten Utopie auf den Leim zu gehen. Also auf zu den Historikern! Auf in die Geschichte!

KAPITEL 2

UNTER BAUERN UND HIPSTERN

11. Juli: Heute Abend findet das Fest statt, auf das mich die Einladung von vorgestern hinwies. Ich habe der Freundin gerade verbindlich zugesagt. «Ab 17 Uhr. Open End», hieß es in der E-Mail. Das bedeutet, ich kreuze irgendwann dort auf, vielleicht um 19 Uhr, weil ich noch ein bisschen vorankommen muss mit dem Schreiben und dem Lesen. Und ir-

gendwann werde ich wieder abziehen, um 21 Uhr, um 22 Uhr, je nachdem, wie es mir dort gefällt. Das erscheint uns heute völlig normal, selbst ein vorbildlich verbindlicher Mensch fände wohl nichts dabei, auf diese Weise zu einer Party zu kommen und wieder zu gehen.

Das war mal anders. Feste begannen *sine tempore*, um das alte Studenten-Latein zu bemühen, zu einem bestimmten Zeitpunkt, zu dem sich alle einzufinden hatten. Sie endeten auch zu einem vorher festgelegten Zeitpunkt, was den Gastgebern die Verlegenheit ersparte, versackende Gäste aussitzen zu müssen. Erst in den 1950er Jahren schwappte die Party als deregulierte Abendgestaltung aus den USA auf den alten Kontinent – und wurde prompt von aufgeschreckten Sittenverfallspredigern verdammt. Die Autoren einer westdeutschen Benimmfibel nehmen sie Anfang der 1960er pikiert zur Kenntnis: «Die landläufige Party ist keine Cocktailparty und kein Empfang, kein ‹Glas Wein nach Tisch›, kein Tanzabend und kein kaltes Buffet und hat doch von alledem etwas.»

Auf den Einladungskarten wurde nun nicht mehr vermerkt, wann genau das Fest beginnen und enden sollte, auch nicht, welche Kleidung zu tragen sei. Ein Kommen und Gehen am Abend, das auch eine Vielzahl anderer Konventionen festlicher Zusammenkünfte sprengte: kein gesetztes Essen, sondern Erdnussflips! Die Gäste redeten ganz ungeniert miteinander, ohne vorher durch die Dame und den Herren des Hauses einander vorgestellt worden zu sein. Vom Tanzflächengeschehen gar nicht zu reden! Wo vorher verbindliche Schrittfolgen das harmonische Ganze eines Paartanzes ergaben, wurde nun jeder für sich und auf seine Fasson selig: mit rudernden Armen, ausgelassenen Beinbewegungen und schüttelndem Kopf. Mit einem Wort: Feiern wurde individualistisch.

Leider ist mit diesem Wort zunächst gar nichts geklärt, im Gegenteil. Denn die Deregulierung und die Freisetzung, die dem Individualismus zugrunde liegen, sind ja, wie ein Blick zurück auf die Tanzfläche zeigt, mitnichten so entgrenzt und frei, wie es auf den ersten Blick scheint. Man lässt die Hüfte kreisen, hüpft allein herum, macht Ausfallschritte, aus denen nichts zu folgen scheint. Fürs kundige Auge erfolgt das dennoch «im Auftrag höherer Mächte», nämlich im Sinne eines Stils, der sich als individuelle Verkörperung einer allgemeinen Norm beschreiben lässt. Und diese neue Norm, der wir uns auf der Party mit Stil unterwerfen, ist das Gebot der Lässigkeit und Lockerheit.

Woher kommt nun die Norm der Lässigkeit? Wofür steht sie? Stellen wir uns dazu kurz den Mann vor, der sich im deregulierten Raum der Party nicht zurechtfindet: der nicht weiß, wie er ein Gespräch beginnen soll, der den Gesprächen nicht folgen kann, der, wenn er endlich ein Gespräch begonnen hat, nicht mehr aufhört zu reden und unbedingt etwas Tiefsinniges sagen will, vielleicht etwas über seine Mutter. Der ansonsten steif herumsteht oder von einem Bein aufs andere tritt, sich an ein Bierglas klammert, und der, wenn er sich endlich aufs Parkett begibt, schwoft und schunkelt, als sei er im Musikantenstadl. Für diesen Mann hält unsere Sprache einen aufschlussreichen Namen bereit: Wir sagen, er sei ein Bauer. Denn die Norm der Lässigkeit, des Schwirrenden und Schweifenden ist eine urbane Norm, ja womöglich das Bewegungsgesetz der modernen Großstadt höchstselbst.

12. Juli: Etwa dreißig Leute kamen gestern zur Party, die meisten der lokalen Kunstszene zugehörig. Ich habe eine Schwäche für diese Szene. Anders als der Arbeits- und Wohnraum von Schriftstellern, sind Künstlerbehausungen und Ateliers

irgendwie immer glamourös. Künstler, das sind Personen mit einer besonderen Begabung, Räume zu bewohnen, sich diese Räume anzuverwandeln. Sie sind die Experten des wahren Wohnens, jenseits der ideologieverkleisterten Lebensvorstellungen von sogenannten Einrichtungsgeschäften (jede Einrichtung richtet schließlich immer etwas aus). Weil sich Kunst jedenfalls klassischerweise entfaltet, wo ihr Platz eingeräumt wird, billigt die Gesellschaft den Künstlern nicht nur zum Ausstellen der Werke oftmals speziellen Raum zu. Das hat sie in den letzten Jahrzehnten zu Vorreitern von Gentrifizierungsprozessen gemacht. Dort, wo sie wahrer wohnten, wollte der Rest dann schöner wohnen.

Die Freundin ist vor kurzem in eines der Grindelhochhäuser gezogen, Hamburgs Little Manhattan, zwölf große Gelbklinker-Riegel, errichtet in den 1950er Jahren. Die Dachgeschossräume hatte man als Wohnateliers für Künstler konzipiert und dabei offenbar nicht an arme Poeten gedacht: Ich kam in einen großen Raum an der Stirnseite des Gebäudes, rundum verglast, zu drei Seiten schaut man auf Hamburg herunter, die reinste Chefetage! Und für einen Maler beste Lichtverhältnisse.

Ich kannte die meisten Leute im Raum, mit vielen hatte ich schon einmal geredet, wenn auch nur sehr kurz. Ich weiß in etwa, was sie tun, welche Graphic Novel sie zuletzt veröffentlicht haben, wo sie demnächst ausstellen, welchen Kurs sie gerade an der Kunsthochschule geben und so weiter. Das reicht gerade aus, um auf einer Vernissage, einem Konzert oder wie gestern auf der Party zwei, drei Fragen zu stellen und eine Überleitung zu einem Großthema zu finden (wo steht, was will, was darf die Kunst), bei dem man aber nie länger als fünf Minuten bleiben sollte. Aus Höflichkeitsgründen empfiehlt es sich, nach vier Minuten seinen Wein heruntergekippt zu haben, um danach eine Weile ins leere Glas schauen und schließlich sagen zu können: «So, jetzt muss ich mir mal was zu trinken suchen.»

Ziemlich am Ende der Party stand ich am Fenster und blickte Richtung Grindelallee, ein nasses, schwarzes, breites Band, auf dem manchmal wie Katzenaugen zwei Scheinwerfer aufblitzten oder Rücklichter wie Glühwürmchen durchs Dunkel trieben. Ich hatte getrunken und merkte, dass ich kurz davor stand, mich danebenzubenehmen. Also wandte ich mich an die Gastgeberin, um mich zu verabschieden, dankte gebührend und hätte zuletzt nur noch sagen müssen: «Bis die Tage!» Stattdessen rutschte mir eine Frage heraus. Ich sagte: «Wie geht es eigentlich deiner Mutter?»

13. Juli: Wenn wir nach einer neuen Form der Verbindlichkeit suchen, kommen wir offenbar nicht um den alten Themenkomplex Stadt oder Land herum. Bekanntlich ist die Entstehung der modernen Großstadt mit dem Rückbau traditioneller Bindungen verbunden. Der hat aber nicht zu einer Gesellschaft von «Einsiedlerkrebsen» geführt, wie der Arzt und Psychoanalytiker Alexander Mitscherlich in seinem Buch «Die Unwirtlichkeit unserer Städte» prognostizierte. Das Gegenteil war der Fall. Wer in der modernen Großstadt lebt, verfügt im Durchschnitt über vielfältigere Kontakte zu Freunden, Kollegen und Gleichgesinnten (etwa in Vereinen, Clubs oder Subkulturen) als Leute auf dem Land. Die Stadtsoziologen beschreiben diese Beziehungsmuster im Vergleich zu traditionellen Gesellschaften mit Begriffen wie «strukturelle Offenheit» und «Wahlfreiheit».

Damit stoßen wir auf Charakteristika, denen wir bereits bei der Mobiltelefonie und beim Internet begegnet sind. Das heißt, wenn wir heute von sozialen Netzwerken wie Facebook und Twitter sprechen und beklagen, sie seien nicht verlässlich, erlaubten keine Solidarität, machten den Einzelnen zu einem Organisator und Manager der Beziehungen, der ständig am Ball bleiben müsse und das Netz zu pflegen habe, dann erzählen wir mit dieser Internet-Schelte haargenau nach, was das Heer der Kulturkritiker schon längst über die moderne Großstadt gesagt hat: dass nämlich mit ihrer Entstehung die alten, soliden Sozialstrukturen der Kleinstädte und des Landes in die Binsen gegangen sind. Der Fehler war also, zu glauben, das Internet mache die Welt zum Dorf, wie Marshall McLuhan sagte. Es verhält sich umgekehrt: Das Internet lässt urbanes Leben unumgänglich werden. Es markiert zwar einen epochalen Einschnitt, zugleich aber ist all das, was dann zutage tritt, weitgehend bekannt.

Das Internet – eine Revolution? Ja! Weil nun keiner, wirklich keiner mehr zurückgehen kann hinter das Paris des 19. Jahrhunderts, hinter das Wien der Jahrhundertwende, das Berlin der 1920er Jahre. «Il faut être moderne.» Und wer die Theorie für das neue Wissen braucht, das nach dem Prinzip der Serendipität, also der unverhofften zufälligen Begegnung, entsteht, wie kürzlich der französische Philosoph Michel Serres in seinem Buch «Erfindet euch neu!» schrieb, der kann auch Alfred Polgars Wiener Feuilleton «Theorie des ‹Café Central›» lesen – aus dem Jahre ... Egal, wer es wissen will, kann es googeln.

14. Juli: Manchmal scheint die Verbindlichkeit natürlich nicht das Wahre zu sein.

15. Juli: Dann verfluchst du deine Entscheidung.

16. Juli: Und überlegst, wie du aus der Sache herauskommst.

17. Juli: Du betreibst Pseudo-Verbindlichkeit, ohne Sinn und Verstand.

18. Juli: Bloß um die Form zu wahren.

19. Juli: Dann sollte eigentlich der Punkt erreicht sein, an dem du dir sagen darfst: Zum Teufel mit der Verbindlichkeit!

20. Juli: Andererseits: «Bloß um die Form zu wahren» – ist denn das so wenig? Kommt dabei nicht auch etwas heraus? In meinem Fall: Wenn nicht eine neue Form, so doch immerhin etwas, das mehr ist als das *dolce far niente*, dem ich gerade für ein paar Tage mit meiner Frau und den Kindern als Sommerfrischler in Italien huldige, bevor wir morgen abreisen und in die Großstadt zurückkehren.

21. Juli: Die moderne Großstadt ist der Ort, an dem sich das Drama und die Komödie gesteigerter Mobilität und Geschwindigkeit abspielen. In seiner reinsten Form ist die Großstadt sich von der Geschichte lösende Bewegung, bewegte Gegenwart. Was eben noch war, kann morgen verschwunden sein: «Das alte Paris ist nicht mehr (die Gestalt einer Stadt wechselt rascher, ach! als das Herz eines Sterblichen)», seufzt Baudelaire, der vielleicht erste Gentrifizierungskritiker der westlichen Welt.

Dort, wo sich der Ort wandelt, wo der Ort mit jedem Tag ein anderer ist, wird es auch für das Individuum schwerer, dasselbe zu bleiben. Es sollte dann nach Baudelaires Klage über die sich wandelnde Stadt keine zwanzig Jahre dauern, bis ein Dichter den nächsten Schritt vollzog und das Gefühl hatte, in den sich überschlagenden Wandel der Welt hineingerissen worden zu sein: «Ich ist ein anderer», schrieb Rim-

47

baud, der erst Paris in den Tagen der Kommune durchstreifte und später rastlos durch die Welt trieb. Wenn aber das Haus, die Bar, der Platz, wenn all das, was eben noch stand, morgen schon verändert oder abgerissen sein kann, und wenn das Ich ein anderes ist von Tag zu Tag, dann wird auch das Wort, das ich heute dem Freund gebe, morgen null und nichtig sein. Wenn Ich ein anderer ist, dann sind die Worte, die dieses Ich spricht, ganz einfach haltlos. Denn an wen sollte sich der Freund wenden, werde ich wortbrüchig? An mich? Das wäre vergeblich. Er würde sich an einen anderen wenden als den, der ihm sein Wort gab. Derjenige, der ihm sein Wort gab, tja: verwirbelt, vergangen, verschwunden.

In der Digitalmoderne sind wir nicht nur von einem Tag auf den anderen nicht mehr dieselben, wir sind je andere an ein und demselben Tag!

In einem Text der Medientheoretikerin Sherry Turkle bin ich auf ein Zitat gestoßen, das die Ich-ist-ein-anderer-Thematik schön auf den Punkt bringt. Turkle referiert die Worte eines College-Studenten namens Doug aus dem Mittleren Westen. Über seine Computernutzung sagt er ihr: «Ich kann mich als zwei, drei oder mehrere betrachten. Und ich schalte einfach einen Teil meines Verstandes aus und dann wieder ein, wenn ich mich von Fenster zu Fenster bewege.» In einem Fenster ist Doug «in irgendeinen Streit verwickelt», in einem anderen Fenster macht er sich «an ein Mädchen ran», und in einem dritten «läuft vielleicht ein Tabellenkalkulationsprogramm oder irgendein anderes technisches Ding».

Wer will, kann darin einen Abschied von der romantischen Idee der Liebe sehen. Dem Romantiker wären die drei Computerfenster nicht genug. Er hätte mehr gewollt – oder weniger, das hängt von der Perspektive ab: Er würde nach jenem einzigartigen Mädchen gesucht haben, das sich am liebsten mit ihm in Streitgespräche hätte verwickeln lassen wollen, in Streitgespräche über Tabellenkalkulationsprogramme.

22. Juli: Im Internet ist die Mobilität zu sich selbst gekommen, in der modernen Großstadt hat sie sich erprobt. Dort, wo es außerhalb der Großstadt geschichtlich ein hohes Maß an Mobilität gab, finden wir Verhaltensweisen, die uns rückblickend eminent modern erscheinen. Denis Diderots Roman «Jacques der Fatalist und sein Herr» aus dem ausgehenden 18. Jahrhundert schildert die Reise eines Edelmannes, dessen Diener sich durch die ländliche Szenerie vögelt, wie es heute die hipsten Hipster mit Hilfe von Dating-Apps in Szenevierteln wie Neukölln, Williamsburg oder Shoreditch tun.

Ein anderes Beispiel unverbindlichen Beziehungsverhaltens gaben die jungen aristokratischen Engländer ab, die sich, bevor sie einen Beruf ergriffen oder ihr Erbe antraten, auf einer Grand Tour durchs kontinentale Europa treiben ließen. Gegenwärtig befindet sich ein immer größerer Teil der Mittel- und Oberschicht auf einer permanenten Grand Tour durch die Welt. Schließlich bezeugt sich die Macht heute, wie die Situationistische Internationale 1961 schrieb, durch die Verpflichtung, immer schneller an möglichst immer weiter auseinanderliegenden Orten präsent zu sein. Die moderne Führungskraft charakterisierten die Pariser Polit-Aktivisten und Theoretiker gar als einen Menschen, «bei dem es vorkommt, dass er sich im Laufe eines einzigen Tages in drei verschiedenen Hauptstädten befindet».

Der moderne Mensch ist der Homo viator, der fahrende Mensch. Wie der bemalte Hippie-Bus, mit dem Ken Kesey und Kollegen vor fünfzig Jahren kreuz und quer durch Kalifornien kurvten, kennt er nur eine Endhaltestelle: weiter.

23. Juli: Das Land hingegen ist eine einzige Bremse. Laut dem Mittelalter-Historiker Philippe Ariès erfand das Land mit seiner Bauernkultur und nicht etwa die katholische Kirche die erstaunlichste, verbindlichste und immobilste Form des Zusammenlebens überhaupt: die unauflösliche Ehe. Der Adel schloss Ehen zugunsten von strategischen Allianzen. Verlor die Allianz ihren Wert oder blieb die Ehe kinderlos, ging damit oft das Ende der Ehe einher – und der Beginn einer neuen.

In der Bauernkultur musste elementarer kalkuliert werden. Der Brautpreis und im Gegenzug die Arbeitskraft der erworbenen Braut bedeuteten für die Familien Investitionen in einer Größenordnung, die man nur tätigte, war die Dauer von vornherein garantiert. So förderten die sozioökonomischen Bedingungen der europäischen Bauernkultur im Übergang von der Antike zum Mittelalter unauflösbare Beziehungsverhältnisse. Die *stabilitas* der Ehe, schreibt Ariès, wurde zur Voraussetzung der *stabilitas* der ländlichen Gemeinschaft. Später zog die Kirche nach und unter deren Druck zwischen dem 9. und 12. Jahrhundert schließlich der städtische Adel.

Überall dort, wo Stabilität mit einem gewissen Maß an Immobilität einhergeht, lassen sich verbindliche Formen des Handelns vermuten. Entscheidend aber ist, dass Verbindlichkeit in diesem Fall von der Gemeinschaft eingefordert wird. Die *stabilitas* der Ehe als Voraussetzung der *stabilitas* ländlicher Gemeinden meint genau das: Der Einzelne beugt sich zum Wohl der Gemeinschaft deren Imperativen. Verbindlichkeit ist in diesem Fall eine sozioökonomische Zwangsveranstaltung. Und nicht nur in diesem Fall. Auch im städtischen Kontext unterlag die Verbindlichkeit einer sozioökonomischen Norm: Im Bürgertum des 18. und 19. Jahrhunderts bildete die Fähigkeit, Versprechen halten und sich zielstrebig binden zu können, geradezu ein Ideal. Wer sich als Mann früh verheiratete, schreibt die israelische Soziologin Eva Illouz, stellte seine Verlässlichkeit unter Beweis. Und diese Verlässlichkeit war die Eintrittskarte ins Geschäftsleben. Man heiratete nicht, weil man ein goldenes Herz hatte, sondern um sich eine goldene Nase zu verdienen.

Diese Verschränkung von privatem Lebenswandel und öffentlichem Geschäft lässt sich bei Handelsstädten wie Hamburg besonders schön beobachten. Im *Neu eröffneten Kaufmannsmagazin* von 1748 heißt es treffend: Der Kaufmann müsse sich «den Namen eines ehrlichen Mannes» erwerben, «weil niemand, der nicht eines untadelhaften Wandels halber bekannt und belobet ist», Kredit habe. Und Teil des Procedere, sich den Namen eines «ehrlichen Mannes» zu erwerben, bestand darin, sich früh zu verheiraten und bei seiner Entscheidung zu bleiben. Ein Junggeselle hingegen war die Unberechenbarkeit in Person, ein Anti-Ökonom. Wer wollte schon sein Kapital einem Mann anvertrauen, der es vielleicht ebenso schnell in den Sand setzte, wie er seine Freundinnen vom Theater wechselte?

Verbindlichkeit war eine gesellschaftliche und ökonomische Norm, Unverbindlichkeit unter diesen Bedingungen schlicht ein Luxus, den sich kaum einer leisten konnte, vielleicht ein paar *rich kids* aus bestem Adelshause. Den meisten kam sie teuer zu stehen, auf die eine oder andere Weise. Was Schopenhauer über das Versprechen schrieb, galt auch für die Verbindlichkeit: «Wer Treu und Glauben bricht, hat Treu und Glauben verloren, auf immer, was er auch tun und wer er auch sein mag: die bittern Früchte, welche dieser Verlust mit sich bringt, werden nicht ausbleiben.»

Sehnt sich irgendjemand nach dieser Form der Verbindlichkeit zurück? Wohl nicht. Wobei natürlich nicht verschwiegen werden darf, dass die Verbindlichkeit in der Ehe vor allem für Männer nicht ausschloss, eine Reihe unverbindlicher Verhältnisse nebenher zu unterhalten. Bis ins 18. Jahrhundert war die Liebe, und zwar in allen Kulturen, wie der Historiker Jean-Louis Flandrin in Erinnerung rief, ein Haus mit vielen Zimmern. Der Ehefrau zollte man Respekt, man bewunderte ihre starke Hand, ihren Geschäftssinn, die Weise, wie sie das Haus führte. Nach den Geliebten verzehrte man sich. Die Wände zwischen den Zimmern einzureißen, wie wir das heute in der Architektur gern tun, wo die Küche in das Wohnzimmer übergeht, und in diesem Sinne die Ehefrau wie eine Konkubine zu lieben, hätte in früheren Zeiten als höchst unschicklich gegolten. Die Liebe auf eine Person zu konzentrieren und eine einzelne Frau als Hausfrau, Mutter und Geschäftspartnerin, als Freundin und Kokotte zugleich zu lieben, das war die irrwitzige Erfindung der europäischen Romantik. Und insofern lässt Doug, Sherry Turkles Interviewpartner, wenn er vor seinem Computer sitzt und je nach offenem Fenster ganz unterschiedliche Teile des Gehirns anschaltet, die Romantik nicht etwa hinter sich: Er geht vielmehr hinter die Romantik zurück, hinter den Glauben, alles passe in eins, als sei das Leben eine Studentenbude, in der man isst, lernt und liebt. Doug lebt an vorderster Front der Technologie, aber mit seinen vielen Fenstern ganz altmodisch in einem Herrenhaus. Raucherzimmer, Esszimmer, Bibliothek, Ankleide, alle Achtung!

Überhaupt Immobilien! Wie der Name verrät, sind sie unbeweglich. Und zum Land, das die Verbindlichkeit geschichtlich hervorgebracht hat, gehört der über Generationen vererbte Hof. Die *stabilitas* eines Haufens Steine, die durch Mörtel gebunden werden, erscheint dann als eine Voraussetzung stabilen und verbindlichen Handelns. Noch heute, eine alte Erbschaft, die selbst Städter antreten, ist die gemeinsame Immobilie oft der entscheidende Grund, warum Paare, bei denen das Feuer der Liebe erloschen ist, der Verbindlichkeit ihrer Ehe kein Ende setzen.

Ich bin inmitten eines solchen Haufens alter Steine groß geworden. Als das Haus und die dazugehörenden Hofgebäude meiner Familie Mitte des 19. Jahrhunderts erbaut wurden, lagen sie umgeben von Feldern, Wiesen, Auen weit vor den Toren Hamburgs. Aber nicht weit genug, als dass nicht, wer in der Stadt zu Geld gekommen war, sich ebendort ein Haus errichten wollte. Die Felder und Wiesen wurden parzelliert, die Preise stiegen, und als die Stadtbahn um 1900 den Ort bequem mit der Börse, der Handelskammer und dem Hafen verband, verwandelte sich die Gegend zu jenem Vorort, der sich seither nur wenig verändert hat.

Der Vorort an sich ist steingewordene Halbherzigkeit. Halb Stadt, halb Land. Und ein Vorort an der Elbe ist noch halbherziger: halb Land, halb Meer.

Das Haus meiner Familie liegt, einer Loge gleich, oben auf dem Geesthang, der sich wie ein Theaterparkett sanft zur Elbe neigt. Kaufleute von Beruf, die ihr Vermögen den Routen nach Südamerika verdankten, blickten sie jeden Morgen wieder auf das Schauspiel des Handels, das Hin und Her der Schiffe, das Auf und Ab der an sie gekoppelten Finanzen, die stiegen und fielen wie die wechselnden Gezeiten, wenn auch nicht ganz so berechenbar.

Warum ich das erwähne? Tut es zur Sache, wo ich aufgewachsen bin? Es stimmt: Die Frage, wohin einer will, ist immer interessanter als die Frage, woher einer kommt. Heidegger sagte, Herkunft sei Zukunft. Er befand sich da wahrlich auf dem Holzweg. Zukunft geht vor. Erst die Zukunft erweist, was es mit der Herkunft auf sich gehabt hat. Weil die Zukunft prinzipiell offen ist, sich nie ganz aus dem Gegebenen ergibt, erscheint sie als Einlösung eines Versprechens, das die Herkunft verschwiegen hat. Die Zukunft erfindet eine Schuld, die sie der Herkunft rückwirkend unterschiebt.

Ich glaube, hier liegt der eigentliche Unterschied zwischen progressivem und konservativem Denken. Das progressive Denken meidet nicht die Herkunft, es kann geradezu im Vergangenen schwelgen. Anders als das konservative Denken, das die Herkunft um ihrer selbst willen liebt und dabei eine rosige Vergangenheit imaginiert, die es nie gegeben hat, bezieht die Herkunft fürs progressive Denken ihren Wert ganz aus der offenen Zukunft. Das progressive Denken kommt deshalb nicht ohne utopischen Überschuss, nicht ohne Hoffnung aus. Das konservative Denken kommt im Gegenzug nicht ohne Verklärung aus.

24. Juli: Herkunft ist also nicht von vornherein interessant, sondern erst im Rückblick. Erst jetzt, wo ich mich aufgemacht habe, über die Verbindlichkeit nachzudenken, und schon ein beträchtliches Stück Weg hinter mich gebracht habe, oft auf Abwegen, die sich plötzlich auftaten, auf Umwegen, von unüberwindbaren Hindernissen erzwungen, auf Abkürzungen, wie bei Brettspielen, wo man durch Würfelglück gleich die nächsten zehn Felder überspringen darf, erst jetzt stoße ich auf die Frage, was ich von diesem Denkweg meiner Herkunft schulde.

Hat die Weise, wie ich über Verbindlichkeit schreibe, etwas mit meinem ländlichen Charakter zu tun, mit meiner Unbeweglichkeit, zu der mich die Immobilien meiner Familie verführen?

Als meine Mutter irgendwann aus dem Haus ihrer Eltern auszog, gelangte sie gerade mal hundert Meter weiter, in das zum Grundstück gehörende Haus, das einst der Gärtner und die Köchin bewohnt hatten. Das schlichte Giebelhaus wurde erweitert, auch ein Wasserklosett, gegen das sich die alte Köchin vehement gewehrt hatte («So ein Dreck kommt mir nicht ins Haus!»), wurde installiert. Meine Großmutter ist überhaupt nicht umgezogen, sie lebte immer im Haupthaus über der Elbe. Nach ihrem Tod zog meine Mutter in die Räume meiner Großmutter, die anderen Teile des Hauses belegen einige Tanten. Meine Frau, ich und unsere beiden Kinder zogen aus der Stadt ins freiwerdende Gärtnerhaus. Ich kann es nicht ausschließen, dass ich an dem Ort, an dem ich meine Kindheit verbracht habe, bis zu meinem Tod leben werde, wie meine Mutter dem Beispiel folgend, das meine Großmutter und meine Urgroßmutter uns gegeben haben, als sie den alten patriarchalischen Vers «La donna è mobile» widerlegten.

Ich beginne auch schon, die Bräuche dieses Orts zu übernehmen. Heute Morgen habe ich die welken Rosenblüten vor dem Haus geschnitten, damit sie nochmals blühen. Wenn ich meinen Tanten im Garten begegne, zupfe ich während der Plauderei das Unkraut aus den Kieswegen, ganz wie sie es früher getan haben (jetzt bücken sie sich nur noch ungern). Und wie mein Onkel, der gegenüber in der ehemaligen Remise wohnt, nehme ich gelegentlich eine Sense zur Hand, beuge mich leicht nach vorn, schwinge sie, indem ich die linke Schulter nach vorn und wieder zurück drehe, und arbeite mich Schritt für Schritt durchs hohe Gras.

Fördert dieses ländliche Gehabe, das über Generationen weitergereicht wird, meinen Glauben an den Sinn von Verbindlichkeit? Ja, und nein.

Ich weiß, dass es hier in Wahrheit kein Land gibt, die Sense ist für mich nur ein Sinnbild für das Land, reine Fiktion! Ich könnte nie ohne die Nähe zur Stadt leben, ohne die Theater, die Musiksäle, die Kinos und all jene, die diese Orte so lieben wie ich. Ich weiß, ich weiß. Und doch glaube ich dem Sinnbild der Sense. Ich glaube der Fiktion. Wieder und wieder. Denn Hamburg ist voll davon. Das Meer selbst ist in der Stadt nur als Zeichen anwesend. In Form der Gezeiten, Ebbe und Flut. Fast täglich radele ich in die Stadt, blicke auf den Wasserstand und sehe darin das Meer – das doch in Wahrheit hundert Kilometer entfernt ist! Ein halbes Stündchen später, wenn ich am Fischmarkt vorbeikomme, steigt mir der Geruch von Lachs, Aal und Scholle in die Nase. Dann denke ich mir, ob ich es will oder nicht: Hamburg, Stadt am Meer! «Wake up and smell the fish», das steht an einer Hauswand oberhalb der Hafenstraße. Yeah, Stadt am Meer! Ich atme den Geruch des Fisches aus den Lagerhallen tief ein, lasse den Blick über das Wasser wandern und weiß genau: Hier kommt kein Fisch her. Der Fischmarkt könnte ebenso gut am Nordrand der Stadt liegen, in maximaler Entfernung von der Elbe. Der Fisch kommt nicht über die Elbe. Meist kommt er aus Norwegen, tiefgefroren, in Styropor-Truhen gestapelt. Es ist der gleiche Fisch, der in den Lkws liegt, die nicht von der A7 nach Hamburg abbiegen, sondern ihre Fracht in Köln, Berlin oder München entladen. Hamburg hat schon seit fünfzig, sechzig Jahren keinen Fischereihafen mehr. Und trotzdem: Der Trick funktioniert. Auch bei mir, der ich die Geschichte kenne. Es macht mir nichts aus. Ich fahre an den Lagerhallen vorbei, an der Fischauktionshalle, an Hummer-Petersen, am Fischereihaus, und denke mir: Hamburg, du Stadt am Meer, «Wake up and smell the fish»! Zu Hause greife ich zur Sense und bahne mir den Weg durch fast meterhohes Gras.

25. Juli: Ich sitze immer noch auf dem Fahrrad. Fahre am Fischmarkt vorbei, an den Landungsbrücken, wo früher einmal meine Großmutter mit der Cap Arcona nach Montevideo ablegte. Heute schiffen sich dort die Touristen aus Fallingbostel, Husum und Heide für die Überfahrt zu irgendwelchen Musicals ein. Ich fahre vorbei an der Speicherstadt, in der früher einmal Schätze wie aus Tausend und einer Nacht lagerten – Gewürze, Perserteppiche, Kaffee – und nun Event-Lokationen eingezogen sind, die einem das Gruseln lehren: Werber, Versicherungskanzleien und eine Handvoll Hamburger Großkünstler, wenn das nicht ein Widerspruch in sich ist. Ich fahre vorbei an all diesen Orten, die nicht mehr sind, was sie mal waren, die sich mit der Aufgabe konfrontiert sahen, sich neu zu erfinden, aber äußerlich doch die alten zu bleiben, und erreiche schließlich die Redaktionsräume meines letzten Arbeitgebers.

Heute bin ich nur hier, um ein paar ehemalige Kollegen zu sehen, gemeinsam mit ihnen zu essen, ein bisschen zu plaudern: Netzwerke bedürfen der andauernden Pflege, man muss am – bla, bla – Ball bleiben. Ich habe in der Redaktion schon in drei verschiedenen Ressorts gearbeitet, mit wechselnden Verträgen, als Pauschalist, als freier Autor, als Junior-Redakteur, auch wenn ich da schon 35 Jahre zählte, auf Vertretungsstellen. Bevor ich zu meinem letzten Arbeitgeber gekommen bin, hatte ich schon zwei Arbeitgeber kennengelernt, bei denen ich auch mit wechselnden Verträgen in drei verschiedenen Bereichen eingesetzt wurde, ich habe mich also bereits neunmal neu erfinden können.

Bin ich nun neunmalklug? Oder nur der Dumme in einem Spiel, das die Arbeitgeber für sich entscheiden? Der Vorteil befristeter Arbeitsverträge und der Rückgriff auf ein Netzwerk freier Autoren folgt schließlich den Methoden des New

Managements: Netzwerke sind flexibler als starre Hierarchien und lassen sich den neuen Anforderungen einer sich permanent verändernden Welt schneller anpassen. Wer nicht eingebunden ist in die alten Hierarchien und ungesichert am Abgrund lebt, so geht die Theorie weiter, der wird sich zudem mit Haut und Haar der Arbeit verschreiben. Kurz: Der Abgrund aus drohender Arbeitslosigkeit, sozialem Ausschluss und finanzieller Pleite soll Flügel verleihen. Um einmal zu schweigen von den satten Einsparungen auf Seiten des Arbeitgebers, der nicht auf Kranken- und Pensionskassenansprüchen des Arbeitnehmers sitzenbleibt. Nächstes Jahr erfinde ich mich für meinen alten Arbeitgeber wieder neu. Der Fischmarkt, die Landungsbrücken, die Speicherstadt, sie sind in diesem Spielchen bestimmt auch bald wieder dran!

26. Juli: Niemand hat die Absicht, zu sagen, früher sei alles besser gewesen. Und dennoch muss ich jetzt an Tante Käthchen denken. Anders als all die anderen Tanten im Haus meiner Familie, die eher schmale Gestalten waren, ganz im Sinne der hanseatischen Norm, nicht aufzufallen, war Käthe ein echtes Schlachtschiff. Zuvorderst in die Schlacht warf sie ihren Atombusen, der es für uns Kinder nahezu unmöglich machte, ihre Wange für den Kuss zu erreichen, auf den die Tanten in unserem Haus bei jedem Wiedersehen unerbittlich Anspruch erhoben. Im Winter stolzierte sie in einem fulminanten Nerzmantel herum, dessen obere Knöpfe aus selbigem Grund stets offen standen. Als in den 1960er Jahren, so wird erzählt, das Mittelzimmer des Hauses für eine Unterwäsche-Modenschau vermietet wurde, und das, was zu sehen war, den männlichen Teil meiner Familie nach Luft schnappen ließ, soll Käthchen mit maximaler Lakonie kommentiert haben: «Meine sind größer!»

Später begann sie als Einzige von den Tanten, mich wahlweise für meinen älteren Bruder oder einen jüngeren Cousin zu halten. Sie sagte: «Kuckuck, hier ist das Vögelchen.» Dabei zeigte sie auf ihr Ohr, vielleicht war sie auch nur schwerhörig. Das große Gartenzimmer, in dem die Familie am Wochenende gemeinsam aß, verließ sie kaum noch. In dem Zimmer stand auch Käthchens Bett – so unberührbar wie ein Sarg. Ich kann mich jedenfalls nicht daran erinnern, dass wir Kinder jemals darauf herumgesprungen wären.

Nicht nur Käthe lebte in dem Gartenzimmer. Mein Großonkel Willi schlief zwar in einer Kammer im ersten Stock, in die er sich eine Dusche und ein Klo eingebaut hatte, verbrachte seine Zeit aber unten bei Käthchen und dem Wellensittich Kiki, der durch den Raum flog oder auf Käthchens Zeigefinger saß und mit ihr um die Wette fiepte. Einmal war Kiki nirgends zu finden. Käthchen war untröstlich, erst recht, als sie das offene Fenster sah. Wir Kinder wurden für eine großangelegte Suche im Garten und der Nachbarschaft rekrutiert. Vergebens. Kiki blieb weg. Käthchen saß im Lehnstuhl und weinte. Bis sie abends zu Bett gehen und ein Nachthemd aus ihrem Schrank nehmen wollte: Da flatterte Kiki heraus.

Käthe und Kiki, das war vielleicht ein Pärchen!

Wir Kinder dachten hingegen ganz selbstverständlich, Käthchen und Willi seien ein Paar. Sie lebten im selben Zimmer, saßen zu Tisch nebeneinander, und wenn in der Verwandtschaft ein Geburtstag begangen wurde, traten Willi und Käthchen gemeinsam auf. Wir lagen mit dieser Einschätzung weit daneben. Erst später erfuhr ich auch, dass es sich bei Käthe gar nicht um eine echte Tante gehandelt hatte. Sie war als Pflegerin meiner Urgroßmutter ins Haus gekommen, Käthchen musste da um die fünfzig gewesen sein, meine Urgroßmutter um die siebzig. Als meine Urgroßmutter zwanzig Jahre später starb, blieb Käthchen einfach bei uns. Sie half meiner Großmutter ein bisschen in der Küche, bügelte ab und zu die Hosen von Willi und kümmerte sich ansonsten um Kiki, den wir alle paar Jahre im Garten beerdigten und wiederauferstehen ließen. Als sie sich nicht mehr um Kiki den Fünften kümmern konnte, war definitiv der Zeitpunkt gekommen, dass sie selbst eine Pflegerin brauchte.

So kam Tante Berta ins Haus.

Tante Berta war ein Wirbelwind. Sie schien überall zugleich zu sein. Sie bezog ein Zimmer im Keller, scheuchte uns Kinder aus der Küche, mistete Kikis Vogelkäfig aus und fegte am liebsten die Veranda. Sie war vermutlich um die sechzig, und ich hätte gern die Geschichte erzählt, wie sie über der Pflege von Käthchen selbst zum Pflegefall geworden wäre. Aber leider geht diese Geschichte nicht so schön aus, wie sie begann.

Denn als ich einmal aus den Sommerferien zurückkam, waren Käthchen und Berta verschwunden. Das kam so: Käthchen hatte einen jüngeren Bruder, der sie zwar über all die Jahre, die sie bei uns lebte, nie besucht hatte, aber ganz genau zu wissen meinte, was für sie (oder ihn) im Alter am besten sei. Er kam also eines Tages aus Süddeutschland nach Hamburg und behauptete, er wolle nun seine Schwester mitnehmen und sich um sie kümmern. Käthe sträubte sich und tüdelte herum, der Bruder sagte, es werde alles gut, sie werde schon sehen, sie habe doch ihn. Kurz, Käthe musste ihren Lebensabend bei ihrem Bruder verbringen, weil er es auf ihre Rente und das bescheidene Erbe abgesehen hatte.

So verließ Tante Käthe unser Haus.

Mein Großonkel Willi war schon zu alt zum Reisen, er hat seine langjährige Zimmergenossin nie wiedergesehen. Und auch Käthe ist nicht mehr nach Hamburg gekommen, sie konnte genauso wenig reisen wie er, ja, noch viel weniger, weil der Bruder seine Hand über ihr Geld hielt. Aber mein Onkel ist einmal zu ihr hinuntergefahren. Er brachte Käthe die Briefe und Basteleien mit, die wir Kinder für sie angefertigt hatten, und die braunen Kekse, Kemm'sche Kuchen, die sie bei uns immer in ihrer Nähe gehabt hatte. Zurück in Hamburg erzählte er, wie Käthchen ganz aus dem Häuschen gewesen sei vor Freude, ihn zu sehen und von uns zu hören, wie sie dann aber gleich wieder zu tüdeln angefangen habe in ihrer Aufregung. Als er sich verabschieden wollte, sei dann ihre Stimmung vollends gekippt, sie habe nur noch geweint und geschluchzt.

Ein halbes Jahr später rief der Bruder an. Käthchen sei ruhig und schmerzlos gestorben.

Ach, Käthchen! Du musstest dich nie neu erfinden. Du konntest in unserem Haus einfach das sein, was du warst: eine wundervolle, warmherzige Frau.

27. Juli: Aber halt. Nüchtern am Morgen betrachtet: Welches Recht habe ich, das Arbeitsverhältnis zwischen Käthchen und meiner Familie zu glorifizieren und darin eine Form der Verbindlichkeit zu sehen, die heute nicht mehr möglich scheint? Wer weiß, vielleicht kam Käthchen das Leben bei uns manchmal wie eine Art Gefängnis vor? Jedenfalls hatte sie sich vollkommen ausgeliefert, und bald schon gab es für sie kein Außerhalb unserer Familie mehr. Man kann sich deshalb fragen, ob die Verbindlichkeit ihres Verhältnisses zu uns ganz und gar gewollt war oder ab einem bestimmten Augenblick bloß noch eine totale Ausweglosigkeit ausdrückte. Sie hatte schlicht keine andere Option, als bei uns zu bleiben.

Als Nächstes müsste ich die ökonomischen Bedingungen

in den Blick nehmen, die es meiner Familie erlaubten, sich auf Käthchen festzulegen und bei dieser Entscheidung zu bleiben, als man sich von Käthchen nichts mehr erhoffen konnte. Diese Form der Verbindlichkeit, zu der meine Familie bereit war, ist auch ein Luxus gewesen, den sie sich leisten konnte. Voraussetzung dafür war ein überzähliges Zimmer. Oder genauer: das Nachleben einer jahrhundertealten Sozialstruktur, die der Historiker Otto Brunner das «ganze Haus» nannte, weil ihr Konzept vorsah, dass die Angestellten einen Teil der Familie bildeten. Ich könnte aber auch sagen: Entscheidend waren die Reste des Vermögens, das meiner Familie einst über den Hafen zugeströmt war.

Wenn ich am Hafen entlangfahre, denke ich oft daran, was auch ich ihm verdanke. Am Ende wahrscheinlich die viele Zeit, die ich mich mit obskuren Büchern beschäftigen konnte statt mit dem Erwerb praktischen Wissens zum Zweck irgendeines Geschäfts. Die Familie hat zwar längst kein Geld mehr, es ist alles verlorengegangen, in den Kriegen, während der Inflation, teils auch durchgebracht von einer Verwandtschaft, die den Genuss liebte, die Muße, die englische Lebensart, Tennis, Hockey, Golf. Aber noch stehen die Häuser, das Haupthaus, das Gärtnerhaus, die Remise. Und sie geben mir die Sicherheit, immer irgendwo ein Zimmerchen zu finden, im schlimmsten Fall würde ich wie mein Großonkel enden und meine Liebe zur Literatur wie Willi auf Hochzeiten, Geburtstagen und Taufen ausleben, mit gereimten Reden auf den Jubilar. Diese Sicherheit hat mir erlaubt, mich ganz und gar in Bücher zu vertiefen. Man könnte auch sagen: Wenn Geld Sicherheit gibt, dann gab in meinem Fall noch die Tatsache Sicherheit, dass es einmal in der Familie Geld gegeben hatte.

Wie hartnäckig Geld doch wirkt, selbst wenn es gar nicht mehr da ist!

Ich habe die Geld-Frage lange verdrängt. Ich wollte auch nicht wissen, was es mit dem Haus auf sich hat, das in seinem Unschuldsweiß inmitten eines weitläufigen Gartens von südlichen, unbeschwerten Tagen zu träumen scheint. Tiefste Vergangenheit hingegen sind die Albträume des dreckigen Geschäftes, Albträume, die der Lohn der Ausgebeuteten waren, drüben, in Südamerika, so weit weg, dass der ehrbare Kaufmann davon keine Kenntnis zu nehmen brauchte.

Unter Bedingungen abgebaut, die ich mir nicht vorzustellen wage, verschiffte meine Familie Guano, das an der chilenischen und peruanischen Küste und auf den Felsen der Galapagosinseln über Jahrhunderte meterdick zusammengeschissen wurde, für den europäischen und kalifornischen Markt. Guano war im 19. Jahrhundert, vor der Erfindung des Kunstdüngers und während einer Zeit rasanten Bevölkerungswachstums, das weiße Gold der Landwirtschaft. Dieses Gold hat uns verschuldet. Bis heute und bis hinein in das, was ich als mein Eigenstes begreife. Was soll ich's leugnen? Mein Geist, er wurde mit Guano gedüngt, mit Vogelscheiß.

Und nun? Ich führe liebend gern nach Chile, um dort etwas gutzumachen. Aber wie? Und an wem? An den Südchinesen, die für den Abbau rekrutiert, um nicht zu sagen versklavt wurden? Und mit welchen Mitteln? Ich habe kein Geld, im Zweifelsfall nur ein Kellerzimmer, in das ich mich zurückziehen kann, wenn alle Stricke reißen, um mich dem Dichten von Geburtstagsgrüßen zu widmen, als das Einzige, was ich dann vielleicht noch gut machen kann, und um die Schuld, mit der ich diesen Rückzug bezahlen muss, zu vergessen. Oder besser: um sie abzuschreiben, weil ich dergestalt selbst ein armes Würstchen wäre, wenn auch inmitten eines klassizistischen Kleinods, diesem von einem Hamburger

Architekten mit Blick Richtung Berlin erbrachten Wunders der Transsubstantiation von Vogelscheiße in blendend weiße Schinkelscheiße.

28. Juli: Heute Morgen musste ich zur Kenntnis nehmen, dass nach den kleinen Tomatensträuchern auch die letzte Pflanze der Buschbohnen, die ich vor einigen Wochen in ein eigens angelegtes Beet vor dem Küchenfenster gepflanzt habe (eine an die Kinder adressierte pädagogische Aktion), von unbarmherzigen Schnecken verspeist wurde. Mit der Gärtnerei sollte ich es wohl lieber sein lassen. Zumal ich auch nicht weiß, was ohne Schnecken so alles aus dem Beet herausgewachsen wäre, als Städter ist es schließlich riskant, den Landmenschen zu spielen.

Gustave Flaubert hat uns davor in seinem Roman «Bouvard und Pécuchet» eindringlich gewarnt. Seine beiden Helden sind mit ausreichend Kapital ausgestattet, um sich in alle möglichen Liebhabereien stürzen zu können. Doch so viel sie dank gelehrter Bücher auch wissen und so groß zu Beginn stets ihre Begeisterung ist, am Ende buchstabieren sie nur sämtliche Tücken des Dilettantismus aus. Das Ergebnis von Bouvards landwirtschaftlichen Bemühungen etwa liest sich so: «Weil er die verschiedenen Arten nebeneinander gezüchtet hatte, hatten sich die Zuckermelonen mit den Wassermelonen vermischt, die großen portugiesischen mit den Mogulmelonen, und da die Nähe der Tomaten die Anarchie vervollständigt hatte, waren abscheuliche Kreuzungen entstanden, die wie Kürbisse schmeckten.» Man will sich nicht vorstellen, was die EU-Kommission, die zwischenzeitlich vorschrieb, eine Salatgurke der Klasse Extra dürfe sich auf zehn Zentimeter Länge um maximal einen Zentimeter krümmen, zu Bouvards Monstergemüse gesagt hätte!

Mit Schrecken habe ich auch folgende Passage im Buch gelesen: «Von Pécuchet angestachelt, verfiel er in einen Dünge-
mittel-Taumel. (...) Er benutzte belgischen Blutdünger, flüssi-
gen Schweizer Dünger, Lauge, Bücklinge, Algen, Fetzenwerk,
ließ Guano kommen, versuchte ihn selbst herzustellen (...).
Denen, die sich angeekelt zeigten, sagte er: – Aber das ist
Gold! Das ist Gold! Und er bedauerte, nicht noch mehr Dung
zu haben. Glücklich sind die Länder, wo man natürliche
Höhlen voller Vogelmist findet!»

Mein Geist: mit Guano gedüngt. Und nun dieses Lob des
Idioten Bouvard!

Die Düngewirkung von Guano hat übrigens Alexander
von Humboldt erstmals beschrieben. Gepriesen aber wurde
es nicht nur von Bouvard, sondern zuallererst von Joseph
Viktor von Scheffel:

> Sie sitzen in frommer Beschauung,
> Kein einz'ger versäumt seine Pflicht,
> Gesegnet ist ihre Verdauung
> Und flüssig als wie ein Gedicht.
> Die Vögel sind all' Philosophen,
> Ihr oberster Grundsatz gebeut:
> «Den Leib halt' allezeit offen
> Und alles andre gedeiht.»

Mit seinem Gedicht wollte Scheffel Hegels Idee verspotten,
das Geistige sei das eigentlich Wirkliche. Als Gründervater
des Biedermeiers diente er im Übrigen mit seinem Versepos
«Der Trompeter von Säckingen», das von Tugendhaftigkeit
und Sentimentalität nur so trieft, Nietzsche dazu, Schiller als
«Moral-Trompeter» zu verunglimpfen. Mit Nietzsche wie-
derum, ohne mich mit diesem Manöver in eine ehrbarere

Ahnengalerie einschreiben zu wollen, als es meine Vogel-schiet-Verwandtschaft ist, will ich nun zu erklären versuchen, warum hier gerade alles durcheinandergeht und was das mit der Moderne zu tun hat.

KAPITEL 3

DAS MODERNE-MASSIV

29. Juli: Wenn eine neue Verbindlichkeit die Antwort sein soll auf das zentrale private und politische Problem unserer Zeit, auf die Frage des Umgangs mit Fortschritt und Freiheit, muss ich wenigstens im Ansatz reflektieren, was es mit der Moderne auf sich hat, mit jenem weltgeschichtlichen Prozess, ohne den das Elend unserer Zeit ebenso

wenig verständlich würde wie ihr Glanz. Hinzu kommt: Um heute über Verbindlichkeit nachdenken zu können, müssen wir uns anschauen, wie sich in der Moderne alle Banden und Verbindungen gelöst haben. Nur ist das Problem der Moderne so gewaltig, dass einem der Mut abhandenkommt, steht man dann davor. Da mag Hesiod, der bedeutendste Bauer der Weltgeschichte, in «Werke und Tage» den Landmann, als der ich mich ein Stück weit zu erkennen gab, an seine Verlässlichkeit und sein stures Durchhaltevermögen gemahnen, wie er will («Nichts verschiebe auf morgen, auf übermorgen erst recht nicht!»): Das geht mir links rein, rechts raus. So modern bin ich allemal!

30. Juli: Hannah Arendt hat gesagt, die Moderne beginne mit Descartes' Satz: «An allem ist zu zweifeln.»

Ich weiß nicht mehr genau, wann ich den Zweifel für mich entdeckt habe, wann genau ich mich also aufgemacht habe in die Moderne. Als Kind muss ich auf ganz simple Weise an Gott geglaubt haben. Meine Mutter sprach schließlich jeden Abend ein Gebet mit uns: «Ich bin klein, mein Herz ist rein, soll niemand drin wohnen als der liebe Gott allein.» Warum hätte meine Mutter diese Worte sprechen sollen, würde es Gott gar nicht gegeben haben? Wir gingen auch in den Kindergottesdienst, den mein Großonkel Willi leitete.

Er war eine heiligmäßige Gestalt: groß, hager, langes schütteres Haar und völlig unbrauchbar fürs normale Leben. Gearbeitet hatte er nie. Ein bisschen Landwirtschaft studiert, abgebrochen, Theologie studiert, abgebrochen. Eine Weile übernahm er auf dem Grundstück die Verantwortung für eine kleine Schafherde. Für deren leibliches Wohlergehen zog er mit einem Handwagen durch die Nachbarschaft und sammelte Küchenabfälle ein. Einmal erwarb er auch eine

Ziege. Der Verkäufer hatte Willi damit überzeugt, dass er auf die Frage, wie viel Milch sie denn gebe, antwortete: «Jeden Tag mehr.»

Während der Rest der Familie im Haus gerne rauschende Feste veranstaltete, auf denen prächtige Abendgarderoben ausgeführt wurden – an jedem Damenhals schimmerten Perlenketten, Rubine oder Lapislazuli –, feierte Willi einmal im Jahr, Anfang Juni, ein Erdbeerfest, zu dem er die Kinder der Kirchgemeinde einlud. Eine heiligmäßige Gestalt eben, so sah ich ihn damals.

Nach und nach sah ich aber auch seine wunderlichen, profanen Seiten. Wie kam er bloß dazu, für den HSV zu schwärmen? Und zwar mit einem Eifer, der am Ende auch mich bekehrte? Die Spiele nahmen ihn so sehr mit, dass er es nicht wagte, sie im Fernsehen oder im Radio zu verfolgen, sodass er uns Kinder damit beauftragte. Nach dem Spiel hatten wir ihm dann zu erzählen, was alles vorgefallen war, und darüber wurden wir zu leidenschaftlichen Fans.

Oder warum erzählte er, wenn wir samstags und sonntags im großen Kreis der Familie aßen, immer denselben Witz, an dem nur amüsant war, dass Willi, während er erzählte, sich selbst nicht mehr halten konnte vor Lachen? Und konnte er nicht auch ganz schön ruppig sein, wähnte er sich unbemerkt? Einmal, als ich mich heimlich in die Küche geschlichen hatte, um nach Keksen zu suchen, hörte ich ihn vor der Tür meine Großmutter geradezu ankläffen: «Man kommt in dieser Familie ja noch auf den Hund!» Es ging, glaube ich, ums Essen, das meine Großmutter für ihn kochte. War er wirklich so heilig? Irgendwann meldete sich bei mir jedenfalls dieser Zweifel. Und da er der Repräsentant des Religiösen in unserer Familie war, fiel dieser Zweifel gleich auch auf sie, auf unsere Religion, den christlichen Glauben.

Das abendliche Gebet im Bett sprach ich Jahr für Jahr schneller. Ich zog es zusammen – «IchbinkleinmeinHerzsreinsollnimandrinwohnalsaliebeGottallein» –, bis es irgendwann nur noch ein Murmeln war. Dann ging ich dazu über, es lediglich mit innerer Stimme zu sprechen. Das Gebet schrumpfte weiter, es wurde zu einem rhythmischen Rauschen verdichtet und verflüchtigte sich schließlich ganz. Ich ließ auch die Wünsche weg, die ich immer ans Gebet gehängt hatte («Lieber Gott, bitte mach, dass ich dieses und jenes bekomme und schaffe und dass ich glücklich werde»). Wenn ich mir doch etwas wünschte, dann weiter nichts, als möglichst schnell einzuschlafen.

Mit sechzehn, siebzehn Jahren bin ich an den Buddhismus geraten. Ich war begeistert von der Idee, dass das mit dem Selbst nichts sei. Mit mir war es passenderweise auch nichts: ein kleiner, schüchterner Junge, der sich so seine Gedanken machte. Ich hielt mich an die Klassiker: Daisetz Suzuki, Wilhelm Herrigel und Allan Watts, las aber auch Benjamin Hoffs «Tao Te Puh. Das Buch vom Tao und von Puh dem Bären». Einmal brachte ich sogar den Mut auf, eine Meditationsgruppe zu besuchen. Ich hatte mir Datum und Adresse von einem Zettel notiert, der in der Innenstadt in Plastikfolie verpackt an einer Ampel klebte, unter dem Bild eines kahlgeschorenen, sanft, allzu sanft lächelnden Mönchs.

Ich fuhr also an den Stadtrand, auf die andere Seite Hamburgs, und fand den Tagungsraum im ersten Stock eines heruntergekommenen Siebziger-Jahre-Einkaufszentrums. Es waren gut zwanzig Leute gekommen, in denen ich wahlweise Arbeitslose, Penner, betrogene Hausfrauen und vereinsamte Alte erkannte. Ich setzte mich in die letzte Reihe. Vorne stand ein kleiner Mönch in Kutte und lächelte, bevor er zu sprechen anfing, ungemütlich lang vor sich hin. Mir ist von seinen

Worten so gut wie nichts im Gedächtnis geblieben, nur dass er einmal seinen Meister erwähnte, der gelegentlich das vollbringe, was man gemeinhin Wunder nenne, ohne aber davon Aufhebens zu machen, der bescheidene Mann, denn um die Wunder gehe es nicht, es gehe ihm nur um die Seele. Wir sollten am Ende gemeinsam meditieren, einen imaginären Punkt an der Wand anstarren, mit halb geschlossenen Lidern, atmen, tief atmen, leer werden, uns ganz entleeren. Ich versuchte es, so gut ich konnte, aber mir stieg nur der Uringeruch der vor mir sitzenden Person in die Nase.

Ich ließ mich nicht entmutigen und meditierte zu Hause auf eigene Faust. Mir gelang es dabei recht gut, die kleinen Probleme des Tages hinter mir zu lassen (die bevorstehende Lateinarbeit zum Beispiel). Unweigerlich aber tauchte an einem bestimmten Punkt der Meditation das Antlitz jenes Mädchens vor meinem geistigen Auge auf, hinter dem ich gerade her war. Warum also nicht die beiden Dinge verbinden? Ich überredete die Freundin, gemeinsam zu meditieren, was mir die Möglichkeit eröffnete, durch die halb geschlossenen Lider die Geschmeidigkeit ihrer gekreuzten Beine und ihre durch die aufrechte Haltung des Oberkörpers besonders gut zur Geltung kommenden Brüste zu bewundern. Als Nächstes erklärte ich ihr, dass wir uns gegenübersitzen sollten beim Meditieren, unsere Hände ineinandergelegt, unsere Knie aneinanderstoßend, so würden wir uns entgrenzen, und unsere innere Energie (ich glaube, ich sagte: «das Mana») könne ungehindert zirkulieren. Ich versuchte, an nichts zu denken, aber ich war nie weiter von irgendeiner Leere entfernt: ihre weichen Hände, ihre glatten Knie zu spüren, das erfüllte mich über die Maßen.

Schließlich erfuhren wir vom Besuch einer großen Gestalt irgendeiner Strömung des Tibetischen Buddhismus in Hamburg. Der in der schulischen Hierarchie weit oben stehende Mann empfing im Schauspielhaus. Wir saßen bequem gepolstert, auch der Mann saß sehr gemütlich im Schneidersitz auf der Bühne, zwei ebenso dienstbare wie hübsche Frauen um ihn herum, damit beschäftigt, ihm Tee einzuschenken oder Dinge wie einen Gong zu reichen. Der Mann kam nicht aus Tibet, sondern aus Dänemark, trug eine schlabbrige Hose, aber ein äußerst knappes T-Shirt, das seinen gut trainierten Bizeps freigab. Er redete davon, dass der Buddhismus wie geschaffen sei für die Moderne, dass alle Dinge, die in der Moderne Spaß machten, mit ihm kompatibel seien. Er liebe schnelle Autos, ganz besonders auf deutschen Autobahnen! Kein Problem, er ruhe beim Fahren ganz in sich, es sei eine Art Meditation, über die Autobahn zu brettern. Die Beschleunigung, das Gefühl, abzuheben, nicht mehr von dieser Welt zu sein, ja, das sei das Wesen des Buddhismus! Er liebe auch Extremsport! Warum denn nicht? Dem Buddhismus gehe es schließlich darum, all das zu überwinden, was einen einengt, all die kleinen Alltagsängste und die größte Angst, die Angst vorm Tod. Und genau das tue er, wenn er sich, befestigt an einem Seil, von der Brooklyn Bridge in die Tiefe stürze! Und natürlich liebe er auch die Frauen. Viele Frauen! Wir dürfen nur unsere Begierde nirgends festmachen, nicht an Besitz hängen, nicht mal an den Besitz einer Frau, weshalb er en passant liebe, nomadisch, ganz im Einklang mit dem Atem der Welt, dem Wind, der immer weiterzieht, denn die wahre Liebe, sie habe kein Haus.

31. Juli: Von da an ließ ich es mit dem Buddhismus erst einmal bleiben und wandte mich der Philosophie zu. Nietzsche! Da stand es ja, was mich umtrieb: dass Gott tot sei. Erstmals taucht dieser Topos vom Tod Gottes, der nicht aufgehört hat,

mich heimzusuchen, im dritten Buch der 1882 erschienenen «Fröhlichen Wissenschaft» auf. Da das Copyright längst abgelaufen ist, sich Nietzsches Stil ohnehin nicht paraphrasieren lässt und seine Rhetorik zudem entscheidend mitwirkt am Versuch, mit dem Tod Gottes klarzukommen, gebe ich hier einen Teil der Passage wieder, die mit dem Titel «Der tolle Mensch» überschrieben ist:

Habt ihr nicht von jenem tollen Menschen gehört, der am hellen Vormittage eine Laterne anzündete, auf den Markt lief und unaufhörlich schrie: «Ich suche Gott! Ich suche Gott!» – Da dort gerade viele von denen zusammenstanden, welche nicht an Gott glaubten, so erregte er ein großes Gelächter. Ist er denn verlorengegangen? sagte der eine. Hat er sich verlaufen wie ein Kind? sagte der andere. Oder hält er sich versteckt? Fürchtet er sich vor uns? Ist er zu Schiff gegangen? ausgewandert? – so schrien und lachten sie durcheinander. Der tolle Mensch sprang mitten unter sie und durchbohrte sie mit seinen Blicken. «Wohin ist Gott? rief er, ich will es euch sagen! *Wir haben ihn getötet* – ihr und ich! Wir alle sind seine Mörder! Aber wie haben wir dies gemacht? Wie vermochten wir das Meer auszutrinken? Wer gab uns den Schwamm, um den ganzen Horizont wegzuwischen? Was taten wir, als wir diese Erde von ihrer Sonne losketteten? Wohin bewegt sie sich nun? Wohin bewegen wir uns? Fort von allen Sonnen? Stürzen wir nicht fortwährend? Und rückwärts, seitwärts, vorwärts, nach allen Seiten? Gibt es noch ein Oben und ein Unten? Irren wir nicht wie durch ein unendliches Nichts? Haucht uns nicht der leere Raum an? Ist es nicht kälter geworden?»

Mich fröstelt es noch nach der x-ten Lektüre dieser Zeilen, obwohl zurzeit eine Hitzewelle auf dem Land lastet. So ist es ja seither: Wir irren durch ein unendliches Nichts. Manchmal stoßen wir auf etwas, das uns Halt gibt. Dann klammern wir uns daran – es mag eine Person, eine Idee, ein Wunsch, ein Wort sein – und lassen es nicht mehr los, wie ein Schiffbrüchiger die vielleicht rettende Planke. Aber rettet uns diese mehr oder weniger zufällig ergriffene Person, die zufällig entwickelte Idee wirklich? Wir wissen es nicht. Wir zweifeln. Denn was mit dem Tod Gottes verlorengegangen ist, das ist die Gewissheit. Alles wird fraglich, alles zweifelhaft.

Das menschliche Leben muss mit der Moderne durch die Verzweiflung.

Nietzsche ist aber alles andere als verzweifelt. Im fünften Buch der «Fröhlichen Wissenschaft», das den Untertitel «Wir Furchtlosen» trägt, kommt er vier Jahre später auf den Tod Gottes zurück. Jetzt heißt es:

> In der Tat, wir Philosophen und «freien Geister» fühlen uns bei der Nachricht, daß der «alte Gott tot» ist, wie von einer neuen Morgenröte angestrahlt; unser Herz strömt dabei über von Dankbarkeit, Erstaunen, Ahnung, Erwartung – endlich erscheint uns der Horizont wieder frei, gesetzt selbst, daß er nicht hell ist, endlich dürfen unsre Schiffe wieder auslaufen, auf jede Gefahr hin auslaufen, jedes Wagnis des Erkennenden ist wieder erlaubt, das Meer, unser Meer liegt wieder offen da, vielleicht gab es noch niemals ein so «offnes Meer».

So klingt die Moderne doch ganz anders! Von der Verzweiflung, die mit dem Tod Gottes, mit dem Verlust der Glaubensgewissheit einhergeht, ist nur noch ein Schatten übrig, die

Einschränkung, dass der Horizont, der im ersten Stück gänzlich weggewischt war, nun unter Umständen nicht gerade hell zu nennen sei. Ansonsten aber: die große Freiheit.

Wie kommt dieser Perspektivwechsel zustande? Entscheidend scheint mir dafür Nietzsches Entdeckung, dass es dem Denken letztlich um Werte geht. Die Wertfrage, schreibt er, «ist *fundamentaler* als die Frage der Gewissheit».

Was aber ist für Nietzsche der Wert? Nicht mehr die übersinnliche Welt, die Wahrheit, die Ewigkeit. Das alles hat mit dem Tod Gottes rapide an Wert verloren. Nein, als der zentrale Wert erscheint ihm nun der «Wille zur Macht». Werte selbst sind «Erhaltungs-, Steigungsbedingungen», der Wille zur Macht ist der Wille, stets mehr Macht zu gewinnen: «*Wollen* überhaupt, ist soviel wie *Stärker*-werden-wollen, Wachsen-wollen». Nietzsche, der auf hohem Niveau Klavier spielte und komponierte, der dichtete und zugleich einer der größten Stilisten des 19. Jahrhunderts war, hatte, wenn er an die Idealverkörperung des Willens zur Macht dachte, den Künstler vor Augen. Kunst, schrieb er, sei mehr wert als die Wahrheit. Sie sei der höchste aller Werte. Die Welt sah er «als sich selbst gebärendes Kunstwerk» und den Künstler, der aus sich heraus, ausgestattet nur mit dem Willen zur Macht, eine Welt schafft, als eine Art Gott.

Tatsächlich hat die Moderne – nach dem Tod Gottes – Nietzsches Flucht in die Kunst oft genug wiederholt. Als der alte Horizont weggewischt war, die Zentralperspektive, die Dur-Moll-Tonalität, der auktoriale Erzähler, ist die Kunst geradezu explodiert. Heute will jeder malen, bauen, schreiben. Wer eine Welt entwirft, braucht nicht nach Gott zu fragen. Die sinnliche Gewissheit des diesseitigen Werkes überstrahlt im besten Fall die Ungewissheit, ob es eine übersinnliche Welt gebe.

Nur hat sich nach dem Tod Gottes die von Nietzsche aufgefächerte Logik nicht auf die Kunst beschränken lassen. Mit dem Willen zur Macht als wertsetzendem Prinzip hat die alte Frage «Worauf kann ich mich verlassen?» ausgedient. An ihre Stelle tritt die Frage: «Was vermag der Mensch?»

Er vermag leider so einiges, wie er außerhalb der Kunst gezeigt hat. Er kann sich steigern – und zwar in allem. Der Mensch tritt ein in die Jagd nach den Superlativen, nach Formen des Ruhms, die an keinem anderen Wert als dem der Überbietung hängen. Kurz: Mit der Frage, was der Mensch vermag, wird er monströs. Willkommen im 20. Jahrhundert!

Kehren wir aber noch einmal zum Ausgangspunkt zurück, zu Nietzsches toll gewordenem Menschen und seinen Fragen, die nahelegen, dass uns mit dem Tod Gottes als dem obersten Wert das ganze Koordinatensystem abhandengekommen ist. Das heißt auch: Alles kann ein Wert sein, das Spiel der Werte wird nun nicht mehr begrenzt, die Werte, einer wildgewordenen Schafherde gleich, stürmen durcheinander, auseinander. Der Schäfer hat sich samt Hund vom Acker gemacht.

Genauer als Nietzsche sah Marx, dass sich in dieser Situation ein neuer Zentralwert einstellt, der zwar nicht eingreift ins Spiel und auch selbst keinen Wert von sich aus hat, sondern seine zentrale Stellung nur dadurch gewinnt, dass er alle anderen Werte miteinander in Beziehung setzt: der Tauschwert. Während Nietzsche sagt, alles könne nach dem Tod Gottes ein Wert werden, sagt Marx: Alles hat einen Preis. Hören wir also Marx über die Moderne:

> Kam endlich eine Zeit, wo alles, was die Menschen bisher als unveräußerlich betrachtet hatten, Gegenstand des Schachers, veräußert wurde. Es ist dies die Zeit, wo selbst Dinge, die bis dahin mitgeteilt wurden, aber nie

ausgetauscht, gegeben, aber nie verkauft, erworben, aber nie gekauft: Tugend, Liebe, Überzeugungen, Wissen, Gewissen usw., wo mit einem Wort alles Sache des Handels wurde. Es ist die Zeit der allgemeinen Korruption, der universellen Käuflichkeit oder, um die ökonomische Ausdrucksweise zu gebrauchen, die Zeit, in der jeder Gegenstand, ob physisch oder moralisch, als Handelswert auf den Markt gebracht wird, um auf seinen richtigsten Wert abgeschätzt zu werden.

Dieser «richtigste Wert» der nun zu Waren gewordenen Dinge drückt sich im Geld aus. Geld ist die Existenzweise des Tauschwerts. Das verführt uns, laut Marx, zum fetischistischen Kurzschluss, dem Geld Magie zuzusprechen: Als würden nun vom Geld her die Dinge ihren Wert erfahren, als würden sie vom Geld beseelt. Als erwachten die Dinge nur dann zum Leben, wenn ihnen das Gelddenken seinen Geist einbläst.

Marx nennt auch für diese Entwicklung Ross und Reiter: die Bourgeoisie!

«Die Bourgeoisie, wo sie zur Herrschaft gekommen, hat alle feudalen, patriarchalischen, idyllischen Verhältnisse zerstört.» Sie hat «kein anders Band zwischen Mensch und Mensch übrig gelassen als das nackte Interesse, als die gefühllose ‹bare Zahlung›». Und keine, wirklich keine Tätigkeit des Menschen ist dabei von der Bourgeoisie verschont geblieben, wie Marx resümiert: «Sie hat den Arzt, den Juristen, den Pfaffen, den Poeten, den Mann der Wissenschaft in ihre bezahlten Lohnarbeiter verwandelt.»

Um es kurz zu machen: Nietzsche sagt, nach der Schöpfung kommt das Schaffen der Kunst. Marx behauptet, selbst das Schaffen der Kunst wird zum Geschäft. Ich sage jetzt nur:

Art Basel Miami Beach! Die Zeit der universalen Künstlichkeit ist die Zeit der universalen Käuflichkeit.

31. Juli: Puh. Da haben wir ja mit den Bergführern Marx und Nietzsche schon eine gewisse Höhe, sagen wir: die mittleren Lagen des Moderne-Massivs, erklommen. Halten wir nun kurz inne, aber wirklich nur einen Moment lang, denn der Wind pfeift hier oben schon recht kühl.

Was bedeutet die Zeit der universalen Künstlichkeit für die Verbindlichkeit? Dass wir sie selbst entwickeln müssen. Es gibt keinen äußeren Bezugspunkt, keinen Gott, kein Naturrecht, das der Verbindlichkeit zu ihrer Kraft verhilft. Wir müssen, wie Nietzsche mit seinem Willen zur Macht, die Kraft zur Verbindlichkeit aus uns selbst schöpfen. Sie wird nur durch uns Menschen gestützt, kennt kein Außerhalb: Es gibt keinen «regelmäßigen Gang», kein «beständiges Naturgesetz», keine «Vollziehung eines verborgenen Plans der Natur» (Kant) im Lauf der Geschichte, keine «ewigen Gesetze» (Herder) und keinen «Weltgeist», der sich uns als «bewusstlose Werkzeuge und Glieder» bedient, «an und für sich aber sich den Übergang in seine nächste höhere Stufe vorbereitet und erarbeitet» (Hegel). Jedenfalls ist, wenn wir ehrlich sind, das Vorhandensein von derlei übersinnlichen göttlichen Instanzen dermaßen ungewiss, dass wir nicht mit ihnen rechnen können. Wir müssen so tun, als gäbe es sie nicht. Sollte es sie wider Erwarten doch geben, ist das weiter nichts als eine schöne Überraschung.

Was gibt es aber dann? Nur uns, dich, mich. Oder, schwer zu entscheiden, was schöner ist: dich, mich, uns.

Wir sind auf uns selbst zurückgeworfen, im Zeitalter der universalen Künstlichkeit. Wenn wir sagen: Jeder zuerst auf sich, dann haben wir den Individualismus als Kennzeichen der Moderne. All das, was dem Menschen der Vormoderne Halt und Heim zu sein schien, das ganze hierarchische Gefüge aus Gott, Familie, eherner Tradition: weggeblasen! Das Individuum steht nun allein in der Pflicht, sich seine Welt aufzubauen, jenseits der alten Ordnungsentwürfe, und allein steht es in der Pflicht, für seine Welt andere zu begeistern, sie einzuladen ins neue Heim, das heißt – denn allein will keiner bleiben –, eine neue Gemeinschaft zu finden. Zwangsläufig wurde deshalb der vom Hof entlassene Künstler der Frühmoderne zum Rollenbild eines gelingenden Selbstentwurfs.

Je weiter die Moderne voranschreitet, desto mehr Menschen finden sich in dieser Lage wieder. Ganz gleich, ob sie sich für einen Künstler halten oder nicht. Sie sind zur Kunst, sich selbst und eine Gemeinde zu erfinden, schlicht gezwungen. Auf sich selbst zurückverwiesen, müssen sie sich mit ihrer je eigenen Geschichte eine stets poröse Identität zusammenbasteln. Die Moderne demokratisiert fortschreitend, was das Schicksal oder Privileg des Künstlers und Autors war, nämlich sich zu exponieren. Die sozialen Netzwerke, in denen wir uns unablässig darstellen, sind so gesehen schlicht die vorerst letzte Stufe dieser Entwicklung. Man darf den Nutzern dieser Netzwerke, was immer sie von sich preisgeben, deshalb nicht Exhibitionismus vorwerfen, wie das die Kulturkritik mit großem Grusel und ebenso großer Häme tut. Man sollte lieber von einem Exponismus oder einem allgemeinen Publizismus reden und darin die notwendige Form der Vergesellschaftung in der Zeit der universellen Künstlichkeit erblicken.

Hier liegt der tiefe, oft unverstandene Grund, immer «ich» zu sagen. Alles muss ausgeplaudert werden, sonst sind wir nichts. Immerzu müssen wir uns zeigen, der Kunst folgend, deren Seinsweise, wie der Philosoph Hans-Georg Gadamer sagte, die Darstellung ist. Weil wir alle gezwungen sind, Künstler zu sein, müssen wir auch Gadamers weitreichendste philosophische Spekulation heute wörtlich nehmen: «Dass Sein Sichdarstellen ist.» Sein heißt, die Bühne betreten, sich exponieren, wieder und wieder die Worte zu sprechen: Hier stehe ich, ich kann nicht anders. Rimbauds «Il faut être moderne» heißt korrekt übersetzt: Man muss eine Rampensau sein!

Natürlich sind auch die Kritiker dieses Programmes genau das: Rampensäue. Sie stellen sich irgendwohin und sagen: Angesichts dieser jungen Leute, die ständig nur «ich» sagen, kann ich nur den Kopf schütteln. Der Trick ist: Man hat es nicht nötig, «ich» zu sagen, weil man bereits ein anerkanntes Ich ist. Oder weil man sich geradewegs als dasjenige Ich darstellt, das sich vornehm enthalten kann, «ich» zu sagen. Eine Stilfrage, weiter nichts.

Die Moderne ist die Zeit der Rampensäue. Hoppla, hier komme ich! Aber das heißt nicht: «Unterm Strich zähl' ich.» Ein solcher Strich wäre in der Tat falsch gezogen. Die Kunst verlangt, nach dem Rollenmodell des Künstlers, sich selbst durchzustreichen zugunsten des Werks. Die Kunst verlangt, dem Selbst nicht das letzte Wort zu geben, sondern all das, was man tut, all die Worte und Sätze, die man mit dem Ich beginnt, nicht für sich, sondern zugleich und vor allem für andere zu schreiben. Der Künstler verwirklicht sich nicht, er opfert sich für sein Werk, oder besser: für ein Werk. Denn das Kunstwerk spricht nicht mehr für seinen Autor. Es spricht, wie es Paul Celan ausdrückte, in seiner «eigenen, allereigensten Sache», «in eines Anderen Sache», ja, womöglich «ganz Anderen Sache». Kurz, Kunst ist als eine Figur des Allgemeingültigen konzipiert, beruhend auf dem Selbstopfer, und die ganze Problematik des neuen Publizismus in der Zeit der universellen Künstlichkeit beruht auf der Verkennung dieser paradoxen Figur von Selbstbehauptung und Selbstopferung, die im Werk der Kunst zusammenfinden.

Dass mir dieses Paradox, seit ich schreibe, bekannt ist, habe ich meiner Großmutter zu verdanken, die noch weitgehend in der Vormoderne lebte. Sie wusste das. Sie wusste, dass sie die Letzte ihrer Art war, die letzte große Dame der alten Hamburger Gesellschaft, einer Gesellschaft, in der man keine Kunst brauchte, weil man alles, was man hätte darstellen können, immer schon verkörperte. Sie konnte komplett von sich absehen, konnte es unterlassen, sich zu zeigen, schließlich wussten alle, dass es sie gab.

Sie musste sich nicht ins Arbeitsleben stürzen, um irgendwer zu sein. Zwar hatte meine Großmutter einige Semester an der Universität studiert, sprach Spanisch, Französisch, Englisch und las einen Großteil der Weltliteratur im Original. Aber sie machte um dieses Wissen kein Gewese und verspürte auch nicht die Neigung, zeitgenössisch-instrumentell gesprochen, es *anzuwenden* und *einzubringen*.

Bis ins hohe Alter (an ihrem neunzigsten Geburtstag sagte meine Großmutter, sie sei zu neunzig Prozent glücklich, und wir wussten natürlich, dass nur Bescheidenheit und Anstand von ihr verlangten, nicht einen höheren Wert zu nennen) war sie fast ausschließlich damit beschäftigt, im Gartenzimmer oder auf der Veranda zu sitzen und Besuch zu empfangen. Kam die Familie am Wochenende mittags zusammen, drehte sich das Gespräch um diese Besuche. Wer nun von den Vettern, Onkeln, Tanten zweiten und dritten Grades und den Freunden aus alten Tagen dieses und jenes tue oder lasse. Hunderte von Namen flogen durch den Raum und wurden verknüpft mit den Namen von Geschäften, Firmen, Golfplätzen – oder aber mit den Namen der großen Gestalten aus der eigenen Familienvergangenheit: Senator Soundso, Bürgermeister Pipapo. Ich habe mir das alles nie merken können, manchmal nur, auf Spaziergängen, gehen mir diese Bekanntschaften wieder im Kopf herum, wenn ich an den Rändern Hamburgs auf verwunschene Parkanlagen treffe, die ihren Namen tragen, oder auf klassizistische Bauten, die nach ihnen benannt sind und heute ein Bezirksamt oder eine Kita beherbergen.

Jedenfalls lebte meine Großmutter noch ganz selbstverständlich vom Erbe ihres Namens. Gerade weil ihr dieser Name jenes Maß an Glanz zu verbürgen schien, das sie brauchte (nicht viel), konnte sie darüber hinaus zum bescheidensten und liebenswürdigsten Wesen weit und breit werden.

Von sich selbst sprach sie selten. Und wenn doch, dann spielte sie in der Geschichte eine Randfigur. Sie ließ lieber ihre Gäste, ließ lieber mich reden, wenn ich neben ihr auf der Veranda Platz nahm. Sie war ein wandelndes «Après vous» – auch das im Wissen, ihr würde keiner folgen. Und käme doch einer nach und lebte im Haus, wie sie dort lebte, es wäre sonst keiner da, der ihn verstünde. Sie verstand, dass die Welt mittlerweile eine andere war. Sie abonnierte auf ihre alten Tage die damals noch recht junge Plaudertasche taz. Sie sagte über uns junge Leute: Ihr habt so viel Phantasie. Sie sagte zu mir: Du musst schreiben. Sie glaubte an mich und meine Phantasie. Und mir ist, wann immer ich schreibe, als schriebe ich für sie, an sie, mit ihr, in ihrem Namen. Als wäre dieses ganze Ich, das ich gelegentlich mein Eigen nenne (wenn ich es nicht gerade in Anführungszeichen empfinde), nur eine Art Auftragsarbeit.

Jetzt schreibe ich. Für dich. Und nach dem Muster von Witold Gombrowicz, der sein Tagebuch 1953 so beginnen ließ:

                                            Montag
Ich.

                                            Dienstag
Ich.

                                            Mittwoch
Ich.

                                            Donnerstag
Ich.

                                            Freitag

1. August: Heute ist Samstag. Ich habe zu lange geschlafen.
Nach dem Duschen habe ich mir ein Frühstücksei gekocht
und es verspeist. Laufen bin ich nicht gegangen. Jetzt stehe
ich am Schreibtisch, auf dem sich lauter Bücher stapeln. Auf
den Tisch und zwischen die Bücher habe ich einen kleinen
Acrylglastisch gestellt, darauf den dritten und dicksten Band
der «Geschichtlichen Grundbegriffe» gelegt, ganz oben ruht
mein kleiner Laptop. So kann ich im Stehen schreiben, auch
wenn ich dabei meist nicht von der Stelle komme, weil mich
zu oft die Kraft verlässt, und ich mich setzen und ausruhen
muss. Wenn ich dann sitze, sacke ich sofort in mich zusammen, und es dauert nicht lange, bis ich merke, wie mir der
Rücken zu schmerzen beginnt. Ich stehe ganz und gar nicht
auf Sitzen. Nietzsche stand übrigens auch nicht drauf: «Das
Sitzfleisch», schrieb er in der «Götzen-Dämmerung», «ist
gerade die Sünde wider den Heiligen Geist. Nur die ergange-
nen Gedanken haben Wert.»

    Also gut. Zurück ins Moderne-Massiv, allerdings erneut
mit Bergführern, auf eigene Faust sollte man dort nicht her-
umstolpern. Wir haben bereits gesehen, dass nach dem Tod
Gottes der Mensch auf sich selbst zurückgeworfen ist. Das
ist umso mehr der Fall, als die von Nietzsche beschriebenen

                                            83

Zentrifugalkräfte («Stürzen wir nicht fortwährend? Und rückwärts, seitwärts, vorwärts, nach allen Seiten?») um eine Bewegung ergänzt werden, im Anschluss an Adam Smith zuerst Hegel auf den Begriff bringt. Diese Bewegung ist die in der bürgerlichen Gesellschaft einsetzende «*Vervielfältigung* der Bedürfnisse und Mittel» sowie die «*Zerlegung* und *Unterscheidung* des konkreten Bedürfnisses in einzelne Teile und Seiten, welche verschiedene partikularisierte, damit *abstraktere* Bedürfnisse werden».

Das heißt, grob gesagt: Zerstreuung, Zersplitterung, Spezialisierung, Expertentum. Aber auch die heute so oft erhobene Klage, dass wir uns nicht mehr allabendlich um acht um das zentrale Herdfeuer der Tagesschau scharen, oder die völlig vergeblichen Versuche, verbindliche Kanons aufzustellen in der Literatur, der Musik, der Kunst – all das fängt dort an.

Parallel dazu entwickelt sich die Arbeitsteilung. Die Arbeit wird, laut Hegel, einfacher und abstrakter. Und es ist nicht klar, ob wir das begrüßen dürfen: «Die Abstraktion des Produzierens macht das Arbeiten ferner immermehr *mechanisch* und damit am Ende fähig, dass der Mensch davon wegtreten und an seine Stelle die *Maschine* eintreten lassen kann.» Das ist erst, in der Zeit von Hegel, den Webern passiert, aber wenn man bedenkt, dass Hegel auch die Form des schriftstellerischen Werks von «mechanischer Art» gekennzeichnet sah («weil der Gedanke nur in einer Reihe vereinzelter abstrakter *Zeichen*, nicht in konkreter Bildnerei dargestellt wird»), muss man davon ausgehen, dass er heute den Wortwebern ein ähnliches Schicksal bescheinigt hätte. Ich komme jedenfalls nicht umhin, beim Lesen dieser Zeilen vom Gefühl beschlichen zu werden, als zwinkere Hegel mir zu, mir, der ich schon nicht mehr mit Gewissheit sagen kann, ob mein erstes nicht zugleich mein letztes Buch gewesen sein wird, weil demnächst ein Computer mehr zu sagen hat und besser zu schreiben vermag als ich. So wie es der Satiriker Jonathan Swift vor mehr als dreihundert Jahren, 1704, mit bösem Blick vorausgesehen hatte, als er von einer riesigen Rechenmaschine fabulierte, einem «very skillful Computer», mit dessen Hilfe «der unwissendste Mensch zu vernünftigem Preis und mit wenig Körperarbeit Bücher über Philosophie, Poesie, Politik, Recht, Mathematik und Theologie schreiben kann, ohne die mindeste Unterstützung durch Begabung oder Fleiß».

Die Einschläge kommen unterdessen dichter. Ein paar Kollegen aus den Nachrichtenagenturen, die bislang recht mechanisch kurze Sportberichte zusammengetickert haben, soll es schon erwischt haben. Sie durften von der Arbeit «wegtreten» und ein Computerschreibprogramm «eintreten lassen». Hereinspaziert!

Die Moderne wäre aber völlig verkannt, würden wir nur die Ausdifferenzierung in den Blick nehmen, die durch das naturwissenschaftliche und technische Weltverhalten beschleunigt wird. Hegel selbst hat das Bild komplettiert, indem er aufzeigte, wie die partikularisierten Subjekte dank der gesteigerten Abhängigkeiten dialektisch in einer neuen Allgemeinheit aufgehoben werden, «so daß, indem jeder für sich erwirbt, produziert und genießt, er eben damit für den Genuss der Übrigen produziert und erwirbt». Nehmen wir als Beispiel eine Welt von Tischlern: Wenn der eine Tischler sich auf Tische spezialisiert hat, der andere auf Stühle, dann finden sie zusammen. Damit dieser Umschlag erfolgen kann, bedarf es allerdings, wie Hegel präzisiert, der «Forderung der Gleichheit», ansonsten würde derjenige, der nur Stühle produziert, womöglich davon absehen, aus Angst, über den

Tisch gezogen zu werden, wodurch derjenige, der nur Tische produziert, auf seinen Tischen sitzenbliebe. Wir haben also mit der Moderne das Problem von lauter durcheinanderwirbelnden Fachidioten, die aufeinander angewiesen sind und voneinander anerkannt und als Gleiche behandelt werden wollen. Die Lösung für dieses Problem ist dann die Ausweitung eines auf universellen Vernunftprinzipien beruhenden Rechts. Das moderne Recht und seine Rationalität, «vor allem natürlich: des ökonomisch relevanten Rechts», schreibt der Soziologe Max Weber deshalb ein Jahrhundert später, ist das Produkt des Fachmenschentums und des neuen, durch die Arbeitsteilung und die Vervielfältigung der Bedürfnisse ausgeweiteten Markts.

Die Bewegung der Zerstreuung und Ausdifferenzierung wird konterkariert durch eine Bewegung, die zu neuen Bindungen auf gesetzlicher Ebene führt. Das individualisierte Subjekt wird eingebunden in einen nationalen, einheitlich geregelten Raum, in dem der Austausch der Subjekte bestimmt ist von einem hochkomplexen Vertragswerk, das von einer übergeordneten Verwaltung mit eigens ausgebildeten Beamten gesichert und durchgesetzt wird: Da haben wir ihn, den modernen Staat! Mit ihm wird aus der Moderne die Zeit der universalen Rechtlichkeit.

Das also wären die vier Gipfel des Moderne-Massivs: Alles ist künstlich, alles ist käuflich, alles ist verstreut, alles ist rechtlich fixiert.

2. August: Für die Verbindlichkeit hat dieses wenig schmeichelhafte Ergebnis der Moderne dramatische Konsequenzen. Es bedeutet, dass die Verbindlichkeit viel stärker in unser Leben eingreift, als es uns gemeinhin auffällt, immer dann nämlich, wenn wir uns als Rechtssubjekte zueinander verhal-

ten. Die Verbindlichkeit ist geradezu im Recht implementiert. Sie läuft automatisch ab, ohne unser Zutun, hinter unserm Rücken, und sichert so ein möglichst reibungsloses Funktionieren des menschlichen Miteinanders.

Halten wir uns nur mal einen Zugfahrplan vor Augen. Das ist ein Katalog von Verbindlichkeiten! Die Deutsche Bahn sichert verbindlich zu, dass der Zug von Hamburg nach Göttingen um eine bestimmte Uhrzeit losfährt und um eine bestimme Uhrzeit ankommt. Ein Zugticket ist erst einmal weiter nichts als das verbriefte Versprechen, das die Bahn dem Käufer gibt, zu einem festgesetzten Zeitpunkt abzufahren und anzukommen. Der Kunde seinerseits sichert der Bahn verbindlich zu, nicht mehr als die mit dem Ticket versprochene Leistung in Anspruch zu nehmen, und sieht beispielsweise davon ab, bis München im Zug zu bleiben.

Anders liegt der Fall bei Mitfahrgelegenheiten, wie sie an Schwarzen Brettern und im Internet annonciert werden. Zwar gibt auch hier ein Fahrer das Versprechen, zu einem bestimmten Zeitpunkt loszufahren, der interessierte Mitfahrer hinterlegt seinen Namen und seinerseits das Versprechen, zum vereinbarten Termin zu erscheinen. Aber keins dieser Versprechen ist vertraglich gedeckt. Hier basiert alles auf Vertrauen. Die Verbindlichkeit, die jeder aufbringen muss, damit die Fahrt zustande kommt, ruht ganz und gar in den beiden Partnern selbst.

Es gibt demnach zwei Formen der Verbindlichkeit. Die eine beruht auf einem Vertrag, die andere auf Vertrauen. Und die Moderne ist der Prozess, in dem die Vertrauensverhältnisse zunehmend in Vertragsverhältnisse umgeschmiedet werden. Das Gefühl, in unverbindlichen Zeiten zu leben, trügt: Nur weil wir die in die Rechtsnormen eingewanderten Verbindlichkeiten übersehen, kann uns unsere Zeit als unverbindlich erscheinen. Trotzdem deutet dieses falsche Gefühl auf ein wahres Problem. Denn sobald die Verbindlichkeit auf dem Vertrag beruht, verliert sie ihre soziale Wärme. Der Handschlag als Zeichen, dass ein Versprechen gilt, wird abgelöst durch die kalte Münze des Gelds und der formalisierten, hochtechnischen Verfahren, über die sich im Zweifelsfall die Erfüllung des Versprechens einklagen lässt. Angesichts der Dominanz dieser kalten Verbindlichkeit, so scheint es, sinken die auf Vertrauen basierenden Formen warmer Verbindlichkeit in der Moderne zu einem lediglich persönlichen Stil ab, der nur dort ausgelebt wird, wo es nicht drauf ankommt. Die Arbeit wird durch den Arbeitsvertrag geregelt, die Ehe per Ehevertrag. Die warmen Worte einer persönlichen Verbindlichkeit spart man sich für die Verabredung mit Freunden, abends zum Bier.

3. August: Je höher ich im Moderne-Massiv aufsteige, desto trüber wird die Aussicht. Leider ist das in den Bergen durchaus üblich. Wie oft stand ich auf Gipfeln, schaute in blaue, unvergänglich wirkende Ferne, nur um mich kurze Zeit später, denn man sieht nicht, was sich hinter dem nächsten Gipfel zusammenbraut, in einem undurchdringlichen Grau wiederzufinden. Eingetrübt, als hätte sich mir ein Stück nasses Klopapier über die Augen gelegt, erscheint mir nun auch die Verbindlichkeit. Und sie ließe sich noch schwärzer malen. Ich schließe die Augen. Ich denke. Mir schwindelt.

Die auf Vertrag und Recht beruhenden Verbindlichkeiten bilden in der Moderne ein fast lückenloses Netz. In der Spätmoderne – sagen wir seit den 1970er Jahren, um eine grobe Zeitmarke zu bieten – erkennen wir allerdings, wie dieses Netz hier und da einzureißen beginnt. Wir sind immer noch in der Zeit der universellen Käuflichkeit, Künstlichkeit und

Zerstreutheit, aber das Vertragsdenken weicht stellenweise auf, weil sein Garant, der Nationalstaat, in der Zeit grenzenloser Ökonomie das Gleichheitspostulat der Moderne nicht mehr durchsetzen und absichern kann oder will. Genau das hat der Soziologe Ulrich Beck im Blick, wenn er schreibt: «Heute werden die Menschen *nicht* aus ständischen, religiös-kosmologischen Sicherheiten *in* die Welt der Industriegesellschaft, sondern *aus* der nationalstaatlichen Industriegesellschaft *in* die Turbulenzen der Weltrisikogesellschaft entlassen.»

Dieser Weltrisikogesellschaft steht der Einzelne gegenwärtig teils ebenso rechtlos gegenüber wie einst der Bauer seinem Fürsten in der ständischen Welt des Mittelalters. Welche Verbindlichkeit geht denn ein Global Player wie Amazon gegenüber den Leiharbeitern ein, die zu Tausenden in den Logistikzentren schuften? Und welche Verbindlichkeit geht eine Internetzeitung wie die *Huffington Post* ihrem Heer von freien Schreibern gegenüber ein?

Hier kommen alle Entwicklungen zum Zug, die in den letzten zwei Jahrzehnten unter dem sperrigen Begriff Postfordismus diskutiert wurden. Um den mit dieser Vokabel verknüpften Umbruch zu verstehen und ihn in unser Schema der Moderne einordnen zu können, müssen wir uns kurz die Industriegesellschaft vergegenwärtigen und ihren Clou darin erkennen, die mit der Moderne verlorengegangenen religiös-kosmologischen Sicherheiten im Arbeitsleben oder genauer: in der Fabrik wiederauferstehen zu lassen. Die Fabrik wurde für große Teile der Gesellschaft zur neuen Kirche. Sie bot dem transzendental obdachlos gewordenen Menschen eine neue Gemeinschaft, die Arbeiterschaft, und eine neue lebenslange Gewissheit, die Festanstellung, mit anschließenden Pensionszahlungen bis in den Tod. Das

Kreuz, zu dem diese Gesellschaft betete, war das von Henry Ford eingeführte Fließband der Massenproduktion. In einem arbeitsteiligen Produktionsgang, der Massen von Arbeitern erforderte, sorgte das Fließband für standardisierte Güter. Wer diese Güter kaufte, begab sich in die Gemeinschaft derer, die auf genau dieselbe Weise konsumierten. Die arbeitsteilige Produktionsgemeinschaft der Fabrik fand damit seine Fortsetzung in einer egalitären Konsumgemeinschaft. Im Konsum dieser kanonisierten Güter sind die Angehörigen der Industriegesellschaft ebenso gleich wie die Masse der Christen angesichts ihrer kanonischen Glaubenssätze.

Man kann also sagen, dass die Industriegesellschaft der Moderne ein Schnippchen zu schlagen versuchte, indem sie neue Gewissheiten und eine neue Gemeinschaft schuf. Auch Nietzsches Muster der selbsttätigen Arbeit freier Geister und Künstler wird durch die Industriegesellschaft durchkreuzt. Der neue Typus des Arbeiters entkam der Künstlichkeit in dem Maße, in dem ihm die stabilisierten Fabrikverhältnisse wie eine zweite, scheinbar unveränderliche Natur entgegentraten, zu der er nur noch Ja und Amen sagen konnte.

4. August: «Postfordismus» meint das Ende dieser Gesellschaft. Die Fließbänder und die standardisierte Massenproduktion werden abgeschaltet, die Mauern der Fabrik niedergerissen. Nun erst schlagen die Moderne und ihr zentrales Merkmal, die Ungewissheit, ganz auf die Arbeitsverhältnisse durch. Nun erst wird Nietzsches Modellcharakter, den er Künstlern und Philosophen bescheinigt, radikal demokratisiert: der freie Geist. Ökonomisch freigesetzt stützt er sich in die immaterielle Produktion eines zunehmend kognitiven Kapitalismus. Er arbeitet als Selbstunternehmer mit Zeichen,

Codes, Bildern und Programmen. Seine Fabrik ist die Groß-stadt, weil dort die Bedingungen für die immaterielle Produktion unvergleichlich besser sind als auf dem Land.

Ungewissheit begleitet ihn: Ob sich dem heutigen Projekt ein morgiges anschließt, ob die vier Wände, in denen er lebt und arbeitet, ohne sie sein Eigen nennen zu können, ihn morgen noch beherbergen werden? Denn die Gewinne, die er aus der immateriellen Produktion zieht, nehmen ihm die Fabrikbesitzer, also all jene, die in der Stadt über Grundeigentum verfügen, sogleich in Form steigender Mieten wieder ab. Das bisschen, was noch übrig bleibt, fließt in den Dienstleistungssektor, weil der meist solo lebende Selbstunternehmer nicht die Zeit hat, sich um die alltäglichen Dinge des Lebens zu kümmern und sie auch nicht auf die Schultern seiner Familie verteilen kann, die er nicht hat, da bei seinen Honoraren eine Familie nicht die beste Idee zu sein scheint.

Nun erst, bei einer auf Hochtouren laufenden Gentrifizierung, kennen die solchermaßen prekär Beschäftigten der «kreativen Klasse» bloß noch eine Form der Gewissheit. Niklas Luhmann hat sie wie folgt definiert: «Wir können nur sicher sein, dass wir nicht sicher sein können, wo irgendetwas von dem, was wir als vergangen erinnern, in Zukunft so bleiben wird, wie es war.» Freie Werber, Texter, Journalisten, Lektoren, Graphiker, Illustratoren und Künstler, die zur Miete in der Großstadt wohnen: der Gipfel der Modernität.

5. August: Was diese Leute von Nietzsches «freien Geistern» unterscheidet, scheint empirisch nur die mangelnde Euphorie angesichts dieses Zustands zu sein. Ich kenne zu viele freigesetzte Geister und bin selbst zu sehr freigesetzter Geist, als dass ich nicht wüsste, wie selten einer von uns sagt: Mein Herz strömt «über von Dankbarkeit, Erstaunen, Ahnung, Er-

wartung – endlich erscheint mir der Horizont wieder frei, gesetzt selbst, daß er nicht hell ist, endlich darf mein Schiff wieder auslaufen, auf jede Gefahr hin auslaufen». Ein beträchtlicher Teil der freigesetzten Geister des kognitiven Kapitalismus sehnt sich schlicht zurück in den sicheren Hafen der Festanstellung.

Kommen in dieser Sehnsucht bloß klassische Anpassungsschwierigkeiten in Übergangssituationen zum Ausdruck, die mit der Zeit vergehen, etwa wenn erst mal eine bessere Bezahlung für Freie gewährleistet ist? Vielleicht. Oder liegt das Problem nicht eher darin, dass wir gezwungen sind, freie Geister zu sein? Uns steht es ja nicht frei, etwas anderes zu sein! Schlimmer noch: Man kann durchaus den Eindruck gewinnen, dass unser Freisein gesteuert wird.

Das Argument müsste so gehen: Da mit dem Tod Gottes kein zentrales Sinnprojekt mehr auszumachen ist, und es also auch keine zentrale Steuerungsinstanz gibt, kann die Gesellschaft nur funktionieren, wenn die Steuerung dem Einzelnen übertragen wird. Das tut der Einzelne umso eher und vollständiger, je stärker er das Gefühl hat, selbst diese Steuerung zu wollen und ihre Ausrichtung zu bestimmen. So wie Gadamer meinte, die Selbstbesinnung des Individuums sei «nur ein Flackern im Stromkreis des geschichtlichen Lebens», so erscheint nun auch unsere Freiheit, unsere Freigeistigkeit als irrlichternde Chimäre im gesellschaftlichen Ganzen.

Das ist, ins schwärzeste Schwarz getaucht, das Bild Michel Foucaults von der Moderne. Wir und frei? Ach was! Frei erscheinen wir nur, wenn wir vergessen, dass wir lediglich frei sind, das zu tun, was die Gesellschaft ohnehin von uns verlangt. Der Selbstentwurf im Sinne Nietzsches, dass Sein in der Moderne Sichdarstellen ist, der neue Publizismus, von dem ich sprach, mit dem wir uns unsere eigene Identität schaffen und um deren Anerkennung wir werben – lachhaft! Diese Ideen würden für Foucault bloß die Verkennung der darüber installierten Kontroll- und Machtinstanzen ausdrücken. Um die zu beschreiben, bedient er sich des Panoptikums, wie es Jeremy Bentham skizziert hat, ein Gefängnis, in dem alle Zellen kreisförmig um einen zentralen Wachtturm gruppiert sind. Von dort kann ein einzelner Wächter sämtliche Zellen überblicken, ohne selbst von deren Insassen gesehen zu werden. Das mache den Wächter letzthin entbehrlich: Die Insassen würden schon deshalb die Regeln des Gefängnisses befolgen, weil sie nicht wissen, ob sie nicht gerade beobachtet werden. Foucault fasst es so zusammen: «Derjenige, welcher der Sichtbarkeit unterworfen ist und dies weiß, übernimmt die Zwangsmittel der Macht und spielt sie gegen sich selber aus; er internalisiert das Machtverhältnis, in welchem er gleichzeitig beide Rollen spielt; er wird zum Prinzip seiner eigenen Unterwerfung.»

Und hier Foucaults Pointe: Die Moderne ist die Zeit der universellen Sichtbarkeit. Wir alle sitzen im Panoptikum.

6. August: Foucaults Buch «Überwachen und Strafen» erschien 1975 in Frankreich. Die Sichtbarkeit bestand für ihn in neuen Aufzeichnungs- und Registrierungsverfahren, die Ende des 18. Jahrhunderts aufkommen. Er hatte den zentralistischen Staat im Auge, dem der einzelne Bürger meldepflichtig ist. Er nahm das schulische und universitäre Prüfungswesen unter die Lupe, das Befähigung und Wissen objektiv abzubilden versucht, in Zeugnissen festschreibt und vergleichbar macht. Er zeigte mit seinen subtilen Untersuchungen, wie das aus den alten Bindungen der Tradition herausgefallene Individuum in der Moderne zum «berechenbaren Menschen» gemacht wird, der «die Individualität des

denkwürdigen Menschen verdrängte». Was er über die Digitalisierung, Big Data, das Rechnen mit gewaltigen Datenmengen, über den totalen technisierten Raum, den wir uns mit Mikrosensoren (*smart dust*) und der Allgegenwart rechengestützter Geräte (*ubicomp*) basteln, über NSA, BND, Google, Facebook, Amazon gesagt hätte? Vielleicht die Worte, die Karl Kraus, der den Nationalsozialismus schon treffend charakterisiert hatte, als er noch in den Kinderschuhen steckte, über die «Machtergreifung» Hitlers schrieb: Dazu fällt mir nichts ein!

Ich habe für eine neue Verbindlichkeit plädiert, für einen neuen Publizismus als Teil des Wegs vom Ich zum Wir, und nun erscheint dieser Weg als einer der Knechtschaft! Wenn auch einer freiwilligen.

Das hat Foucault ebenfalls analysiert: Wie wir nicht mit Gewalt in den Raum der Knechtschaft hineingezerrt, sondern von einer geradezu höflich auftretenden Macht hineingebeten werden: bitte nach Ihnen. Von einer Macht, sagt Foucault, die Anreize bietet – «verleitet, verführt, erleichtert oder erschwert». Keiner muss sich an die Computer-Welt anschließen – aber der Anschluss bietet tausend Möglichkeiten, und ohne ihn geht kaum noch was.

Erneut das Beispiel der Mitfahrgelegenheit: Früher am Schwarzen Brett hinterließ man keine Spuren, die Annonce verschwand. Heute muss man sich, um eine Mitfahrgelegenheit zu finden, mit Klarnamen auf einer Internetplattform anmelden. Es wird registriert, gespeichert, ausgewertet: wer mit wem, wie lang, wohin gefahren ist. Das alles trägt zu Datenprofilen bei, deren Genauigkeit der Traum der Werber, Dienstleister, Betreiber und Geheimdienstler gleichermaßen ist. Das ist der militärisch-postindustrielle Komplex, den man zwangsläufig betritt, wenn man das Internet benutzt.

Angeführt hatte ich das Beispiel der Mitfahrgelegenheit als eine Form der Verbindlichkeit, die auf Vertrauen basiert. Durch Foucaults Brille sehen wir nun aber, wie das Internet auch diesem Vertrauen eine Kontrollinstanz vorgeschaltet hat, oder besser gesagt: Es hat das Vertrauen mit der Kontrolle kurzgeschaltet. Dieses kontrollierte Vertrauen verläuft über den Bewertungsmechanismus des Internets. Wer eine Mitfahrgelegenheit anbietet und kurzfristig absagt, wer eine Mitfahrgelegenheit in Anspruch zu nehmen angibt, dann aber nicht erscheint, muss von Seiten des Geprellten mit einer negativen Bewertung rechnen. Die ist für alle einsehbar, sodass es schwieriger wird, den Dienst für sich zu nutzen, sei es, dass ein Fahrer keine Mitfahrer mehr findet, sei es, dass ein Mitfahrer von keinem Fahrer mehr akzeptiert wird.

Zurzeit erleben wir eine radikale Ausbreitung dieses Bewertungsprinzips im Internet. Ja, es erscheint mitunter als eine einzige Bewertungsmaschinerie, im Dienst, das Individuum für alle sichtbar auf einer quantitativen Skala abbildbar zu machen: Wie viele Freunde, wie viele Posts, wie viele positive, wie viele negativen Bewertungen ... Banken, die vor der Kreditvergabe das Facebook-Profil analysieren? Längst Wirklichkeit.

Womit wir zurück wären bei der Verschränkung von privatem Lebenswandel und öffentlichem Geschäft. Der Satz aus dem *Neu eröffneten Kaufmannsmagazin* von 1748, niemand habe Kredit, «der nicht eines untadelhaften Wandels halber bekannt und belobet ist», gilt in der Zeit der universellen Sichtbarkeit für uns alle und zu jedem Zeitpunkt. Die universelle Käuflichkeit, das hatte Marx noch nicht gesehen, ist mit einer universellen Sichtbarkeit verknüpft.

7. August: Nochmals ein Versuch, das Leben in der Moderne zu skizzieren: Weil das Individuum jederzeit gesehen werden könnte, verhält es sich so, als würde es jederzeit gesehen. Es überwacht sich selbst, wie es von anderen Individuen, mit denen es in Kontakt tritt, überwacht wird, und erwirbt sich in diesem Procedere seine Kredite. Gemeinsam werden die Individuen von den Internetplattformen überwacht, die jede einzelne Interaktion zwischen den Individuen speichern, auswerten und ihrerseits nur in dem Maße rentabel sind, je mehr Individuen sie überwachen und je besser ihnen das gelingt. Über dieser Trias der Überwachung thront der Geheimdienst als Hyper-Überwacher, der alles sieht, alles weiß, dem nichts verborgen bleibt, der die Position dessen einnimmt, was vor der Moderne Gott genannt wurde.

Wenn ich mir nun in Erinnerung rufe, dass ich die Verbindlichkeit sich selbst gegenüber aus dem Umstand abgeleitet habe, dass alles, was ich tue, potenziell von anderen gesehen wird; wenn ich daran denke, dass heute jeder für sich und aus eigener Kraft verbindlich sein sollte; wenn ich mir überlege, dass die Verbindlichkeit immer bezeugt werden muss, dass man, wie ich schrieb, nicht im Geheimen verbindlich sein kann: Bin ich dann mit diesem Plädoyer nicht einfach nur ein Hansel der Überwachungsindustrie? Der nützliche Idiot all derer, die den berechenbaren Menschen fabrizieren wollen?

Darüber muss ich erst einmal eine Nacht schlafen.

8. August: Bin ich ein Hansel der Überwachungsindustrie? Diese Frage geistert mir auch nach dem Aufstehen noch im Kopf herum. Aber ich will eine Weile mein unbedeutendes Ich, mein überwachtes Ich, mein berechnetes Ich, also eigentlich dieses Nicht-Ich zurückstellen und mich fragen, wie man sich allgemein zur Moderne positionieren kann, zu der

Zumutung, die sie darstellt als Zeit der Künstlichkeit, Käuflichkeit, Zerstreutheit, Rechtlichkeit, Sichtbarkeit. Es gibt, scheint mir, vier mögliche Antworten darauf.

Die erste Antwort besteht darin, wesentliche Merkmale der Moderne zu verwerfen und sich zu refundamentalisieren im Namen irgendwelcher Werte, Glaubensinhalte oder Gemeinschaften, für die ein Jenseits der Käuflichkeit, Zerstreuung, Künstlichkeit behauptet wird. Der Faschismus lieferte für eine solche Refundamentalisierung bislang das schlimmste Beispiel. Wo immer die Moderne fortschritt, lief ihr bislang als Schatten eine Gegenmoderne hinterher.

Die zweite Antwort liegt im heroischen Aushalten der Zumutungen, also darin, wie Flaubert sagen würde, auf Seiten «der Wahrheit, der bitteren Wahrheit» zu leben.

Die dritte Antwort besteht in der emphatischen Annahme der Moderne, bei all denen, die von ihr materiell profitieren und nicht über genügend Phantasie verfügen, sich die damit einhergehenden Verluste von immateriellen Werten angemessen ausmalen zu können oder aber glauben, die technischen Neuerungen werden den Menschen ohnehin jeder materiellen wie immateriellen Zumutung entheben.

Die vierte und von mir favorisierte Antwort ist der Versuch, die Moderne von innen heraus zu reformulieren und die mit ihr einhergehenden Verluste durch eine Neuprogrammierung von Bindungen und Sinngehalten zu kompensieren.

9. August: Ich möchte die Moderne also weder überbieten noch hinter sie zurückgehen. Es ist mir auch nicht daran gelegen, das Leben im «ehernen Gehäuse» der kapitalistischen Moderne, aus dem es laut Max Weber keinen Ausweg gibt, stolz zu erdulden. Denn liegt nicht der Fehler dieser drei Sichtweisen schon darin begründet, dass sie eben nach einer alleinigen,

97

umfassenden Perspektive von außen auf die Moderne suchen? Um dann entweder Fortschrittsgläubigkeit, Ausweglosigkeit oder eine Rückkehr in die Vergangenheit predigen zu können? Liegt nicht schon der Fehler darin, zu glauben, es gebe eine *universelle* Käuflichkeit, Künstlichkeit, Sichtbarkeit?

Ist es nicht vielmehr so, dass vieles, aber eben nicht alles sichtbar, käuflich, künstlich ist? Ist das Problem nicht das Wörtchen «alles»? Welche Kreatur auf Erden kann schon ALLES sagen? Es ist nie ratsam, von allem zu reden. Und schon, wenn wir «die Moderne» sagen, machen wir meist den Fehler, an einen allumfassenden Begriff zu denken. Die Moderne folgt der Vormoderne, die damit ebenso passé ist, wie die Moderne selbst es sein wird, folgt ihr erst die Nachmoderne. Wirklich? Und hängt die Moderne nicht wie die Verbindlichkeit an ihrem Kontext und meint verschiedenes im Westen, im Osten, unten und oben? Gibt es statt der einen Moderne nicht vielmehr multiple Modernen?

10. August: Wir sind auf dem Weg zu einem Freund von mir auf der schwedischen Insel Gotland. In gewisser Weise bin ich ihm diesen Besuch schuldig. Er kam mich mal mit seiner Familie auf einer kleinen italienischen Insel besuchen. Ich hatte dort für zwei Wochen ein viel zu großes Haus gemietet, zusammen mit einem Freund, der kurz vor den Ferien abspringen musste, weil er arbeitslos wurde und es nicht über sich brachte, sein geringes Arbeitslosengeld für ausgedehnte Ferien in einer Villa im maurischen Stil am Tyrrhenischen Meer zu versenken. Ich selbst hatte die Villa überhaupt nur gemietet, weil ich sie mir nicht leisten konnte. Nach jahrelangen Geldsorgen als Freiberufler, die einen mehr plagen als jede Arbeit, hatte ich das Gefühl, jetzt müsse einmal Luxus her. Ich hatte es mir schlicht verdient, das Geld, das ich immer gezwungen bin zu-

sammenzuhalten, aus dem Fenster zu schmeißen. Die ganze Miete des Hauses allerdings, na, da hätte ich mich am Ende der Ferien vom Felsen ins Meer stürzen können. Dass es anders kam und ich nach dem letzten Frühstück auf der Terrasse über dem Meer ein Boot bestieg, aufs Festland fuhr, und von Rom zurück an die Arbeit, das habe ich dem schwedischen Freund zu verdanken, dem ich nun seinerseits aus der Patsche helfen muss. Sommer für Sommer sitzt er mit seiner Frau und den beiden Kindern im hintersten Winkel Gotlands fest. Bei seiner Schwiegermutter. Familienverbindlichkeiten! Die nächste Einkaufsgelegenheit 15 Kilometer entfernt! Der nächste lizenzierte Spirituosenladen, in dem es Alkoholika gibt, die anders als in den Supermärkten die Marke von 3,5 Prozent Alkoholgehalt übersteigen, erfordert eine 35 Kilometer lange Fahrt über kurvige Küstenstraße. Für einen passablen Whiskey zahlt man dort nahezu die Wochenmiete italienischer Villen. Ich habe ihm also letztes Jahr versprochen, mit meiner Frau und den Kindern nach Gotland raufzukommen. Wir haben das Haus drei Wiesen weiter neben der Schwiegermutter gemietet. Im Gepäck: zwei Liter Wodka.

Ich fliege nicht gern und habe in den letzten zwei Tagen diverse Bahnen, Busse und Fähren bestiegen, um nach Visby zu kommen. Wir spazierten ein bisschen in dem Städtchen herum, in Richtung des Busses, der uns zur Südspitze der Insel bringen sollte, da fingen meine Kinder an zu lamentieren. Die Große: Ich kippe gleich um vor Hunger. Der Kleine: Ich habe schon Magenkrämpfe. Das Frühstück lag zwar allenfalls ein Stunde zurück, wir kamen aber gerade an einem Grillrestaurant vorbei. Es blieb mir nichts anderes übrig, als ihnen zwei kleine Cheeseburger zu kaufen, für 14 Euro. Sicher muss ich jetzt ein Drittel der Seite füllen, nur um das Geld für die Cheeseburger wieder hereinzubekommen!

Im Bus nach Süden versuchte ich etwas zu lesen. Er holperte so sehr, dass ich kaum die Zeile mit den Augen zu halten vermochte und mir nach kurzer Zeit reichlich übel wurde. Ich blickte aus dem Fenster, auf eine Landschaft, die mich an Schleswig-Holstein erinnerte – wenn sie nicht gerade wie Niedersachsen aussah: Wiesen, verstreute Höfe, ein paar Kühe, Heuballen, das ist alles.

Ich frage mich, wie viel ich dem Freund schuldig bin.

Ich merke, wie sehr ich ihn schätze.

11. August: Ich muss nur ein paar Worte verlieren über das, was ich tue, etwa einen Freund besuchen, schon stecke ich in irgendeiner Form der Ökonomie drin: Ich *schulde* dem Freund den Besuch, ich habe ihm versprochen, zu kommen, und schulde ihm nun auch noch mein Wort, ich *schätze* diesen Freund sehr. Bislang habe ich nur Flachland gesehen, das kann ich auch in Hamburg vor meiner Haustür haben, aber wer weiß: die Küste, die Leute, Erlebnisse, Kinder am Strand. Am Ende, damit *rechne* ich, wird sich die Reise *gelohnt* und Gotland es *verdient* haben, in den höchsten Tönen Erwähnung zu finden.

Aber welche Art von Ökonomie ist das? Vor kurzem hätte ich gesagt: Die Allgegenwart eines Vokabulars, das eine Verbindung zum Geld unterhält, zeige schlicht und ergreifend den Siegeszug des finanzökonomischen Denkens in unserer Gesellschaft an. Das stimmt auch. Aber jetzt würde ich anfügen: allerdings nur zum Teil. Mir scheint es entscheidend, die Gleichzeitigkeit, das Nebeneinander ganz unterschiedlicher Werte herauszuarbeiten, die darin stecken, wenn ich sage, ich schulde jemandem dies und das. Entscheidend darum, weil man dem finanzökonomischen Denken wahrscheinlich keinen größeren Dienst erweisen kann, als ihm in einer totalisierenden Lektüre all jene Werte zuzuschlagen, die mit ihm gar nichts zu tun haben. Denn was man nicht mehr sprachlich unterscheiden kann, kommt nicht zur Darstellung und hört auf zu sein. Gesiegt und die Zeit einer wirklich universellen Käuflichkeit eingeläutet hätte das ökonomische Denken erst, wenn wir nicht mehr erkennen, dass es Werte gibt, die jenseits von ihm liegen.

Ich schulde meinem Freund den Besuch. Gut. Die finanzökonomische Seite liegt klar zutage. Er hat auf seiner Reise nach Italien tief in die Tasche gegriffen, nun bin ich dran. So kann ich meinerseits damit rechnen, dass er, wenn ich es nötig habe, bei einer erneuten Gelegenheit in die Tasche greifen wird und so fort. Gegenseitigkeit heißt diese Logik. Aber vielleicht, weil wir im Begriff der Gegenseitigkeit immer schon die Bewegung des Hin und Hers, einer Transaktion im weitesten Sinne vor Augen haben, übersehen wir, was noch alles in der Gegenseitigkeit steckt: etwas, das ich Nebenseitigkeit nennen möchte. Seite an Seite steckt in der Gegenseitigkeit ein ökonomisches Denken, ein zeremonielles Denken, ein Denken der Kooperation, des Vertrauens, der Anerkennung. Das eine tritt zum anderen hinzu.

Es gibt keinen Kern der Gegenseitigkeit. Und keine Nebensächlichkeiten. Nur Nebenseitigkeit.

Man liest und hört heute oft Dinge wie: In zehn Jahren wird keiner von uns mehr ein Auto steuern, es wird selbst fahren. Vor zwanzig Jahren hörte man: In zehn Jahren wird keiner mehr Schallplatten kaufen, die CD wird herrschen. Vor fünfzig Jahren hörte man: In zehn Jahren wird keiner mehr vorm Radio sitzen, alle finden sich vorm Fernseher ein. Vor hundert Jahren: Bald wird keiner mehr ins Theater gehen, alle werden in die Kinos rennen. Vor hundertfünfzig Jahren: Keiner wird mehr Bilder malen, die Fotografen treten an die

Stelle der Künstler. Was aber ist passiert? Fast nichts ist an die Stelle des anderen getreten, meist nur an dessen Seite: Wir schauen fern, lesen Zeitung, gehen ins Kino, ins Theater, kaufen Platten und werden uns nicht den Spaß nehmen lassen, gelegentlich ein Auto selbst zu steuern, auch wenn es allein vielleicht besser fahren kann.

Mit der Bewegung der Käuflichkeit, Künstlichkeit und Sichtbarkeit ist es nicht anders. Manches ist käuflich, anderes nicht, manches ist sichtbar, anderes nicht. Ein und dieselbe Sache zeigt uns die unterschiedlichsten Seiten.

12. August: Das also wäre die Moderne: ein großes Nebeneinander, Untereinander, Durcheinander. Sie ist kein ehernes Gehäuse, sondern eine riesige Rumpelkammer. Weil wir nicht aus der Zeit heraustreten können, gibt es, um im Bild zu bleiben, zwar kein Außerhalb dieser Rumpelkammer. Wir können uns aber in ihr einrichten, ein paar neue Zimmer einziehen, Raucherzimmer, Esszimmer, Bibliothek, Ankleide, wir können große Fensterdurchbrüche schaffen, um zuzeiten auf den sanften Schimmer eines verglühenden Abends zu schauen, und anbauen können wir an unsere Rumpelkammer auch, einen Wintergarten, eine Dachterrasse zimmern, um auf eine Welt zu blicken, die nicht die unsere ist.

Es ist klar, dass wir keine dieser Aufräum-, Umbau- und Anbauarbeiten allein verrichten können. Wir müssen stets gemeinsam anpacken. Genau dafür brauchen wir die Verbindlichkeit: als ethische Praxis des Zusammenlebens im großen Durcheinander.

Und jetzt raus aus dem Theoriemassiv der Moderne, in dem man sich doch nur versteigt! Hinein ins Durcheinander!

KAPITEL 4

DIE EHE

13. August: Ich sitze auf der Terrasse vor unserem Ferienhaus, wir hatten vorab keine Fotos gesehen und uns auf die Empfehlung des Freundes verlassen. Es ist alles genau so, wie man es erwarten konnte, nur noch etwas schöner: ein kleines rotes Holzhaus mit Kamin, eine Terrasse, Zedern. Von der Veranda aus schaue ich zu, wie Horden von Kaninchen

über eine Wiese ziehen, in ihre Löcher schlüpfen und wieder herausschießen. Die Vermieterin hat erzählt, sie hoppelten auch unter die Veranda, wenn niemand da sei, es seien so viele, dass sie das Haus in wenigen Tagen völlig untergraben könnten. Jetzt traut sich kein Kaninchen näher heran. Die Stille ist umfassend. Ich wage nicht, sie zu zerbrechen. Das Knäckebrot, das ich zum Rotwein essen wollte: Es bleibt unangetastet.

Aber die Abgeschiedenheit trügt. Das Haus verfügt über eine vorzügliche Internetverbindung. Ich müsste weiter hinaus, noch tiefer in die Abgeschiedenheit, und zwar pronto, denn bald wird es sie nicht mehr geben, nicht mal im Nirgendwo. Ich glaube nicht, dass meine Kinder die Abgeschiedenheit noch kennenlernen, es ist nur eine Frage der Zeit, bis es überall eine Internetverbindung geben wird. Doch das darf mich nun nicht bekümmern. Ich lasse die Hasen auf der Wiese hopsen und lese lieber im Netz eine amerikanische Reportage aus *Vanity Fair* über die neue Hook-Up-Culture, über die Abschlepp-Kultur, oder besser übersetzt, weil das, was ich da lese und erfahre, nicht wirklich den Namen Kultur verdient: über die neue Abschlepp-Praxis.

14. August: Ein Freund hat mir schon vorletztes Jahr in London von der technologischen Erleichterung des Datings vorgeschwärmt und mir begeistert sein Mobiltelefon hingehalten: Ich sah das Foto einer Frau.

– Gefällt sie dir?

– Na ja.

– Dann wische ich jetzt auf dem Bildschirm einfach mit dem Finger nach links. So. Was hältst du von der?

– Weiß nicht.

– Und die?

– Geht so.

– Und die oder die oder die?

– Mmh.

– Aber die hier?

– Interessant.

– Siehst du? Wir sind gerade mal zehn, zwölf Frauen durchgegangen, und schon sagst du: interessant. Aber es gibt Hunderte! Wenn auf dem Schirm eine erscheint und du dir sagst: wow oder zumindest: warum nicht, dann klickst du sie an. Du kannst einstellen, dass dir lediglich Frauen in deinem Viertel oder nur Frauen zwischen zwanzig und dreißig Jahren – oder meinetwegen auch zwischen dreiundvierzig und vierundvierzig – angezeigt werden sollen. Auf den Mobiltelefonen der Frauen passiert das Gleiche. Auch dein Bild wird dort auftauchen.

Ich schaute mir das Profilbild meines Freundes an. Ich schaute mir meinen Freund an, wie er mir gegenübersaß. Auf dem Foto sah er besser aus. Weißes Hemd, die ersten beiden Knöpfe offen, die Schultern leicht zurückgedreht, herausfordernder Blick, perfektes Licht, keine seiner Augenfalten zu sehen, auch die Massivität seiner Stirn, die durch den zurückweichenden Haaransatz von Jahr zu Jahr stärker hervortritt, schien auf dem Foto durch eine leichte Neigung des Kopfes gemildert. Er hatte dafür eigens ein Fotostudio besucht, eine sehr lohnenswerte Investition, wie er mir erklärte:

– Wenn dein Bild nicht im Bruchteil einer Sekunde auf die Frau wirkt, bist du weg vom Fenster.

– Und was, wenn sie dich anklickt?

– Dann bekomme ich das nur mit, wenn ich sie auch angeklickt habe. Das ist ein «match». Beide wissen nun, dass zwischen ihnen potenziell was laufen könnte. Und das wirklich Geniale an der Sache ist: Du bekommst nur die Zusagen mit. Wenn dich eine Frau wegwischt, erreicht dich das nicht. Du kannst dir sagen: Okay, vielleicht hat sie in einer anderen Altersklasse oder in einem kleineren Radius gesucht, also bist du ihr gar nicht erst angezeigt worden. Jedenfalls: kein Korb, nur Erfolgsmeldungen. Mit dem Treffer erscheint dann eine Kommentarfunktion. Ihr könnt euch irgendwas schreiben: Hey, Lust, abends ein Bier trinken zu gehen?

– Und das klappt?

– So gut wie immer! Und nur 50 Pfund gezahlt. Fürs Foto.

15. August: In der *Vanity Fair* wird ein Wissenschaftler mit den Worten zitiert, es habe zwei große Umbrüche im heterosexuellen Beziehungsverhalten der letzten vier Millionen Jahre gegeben. «Der erste passierte vor 10 000 bis 15 000 Jahren mit der landwirtschaftlichen Revolution, als wir weniger herumzuziehen begannen und sesshafter wurden», was zu Heiratsverbindungen im Stil kultureller Verträge geführt habe. «Der zweite große Umbruch ist mit dem Aufstieg des Internets verbunden.»

Die Reportage schildert eindrücklich, wie junge Leute in New York und anderen Metropolen, entbunden von der Angst, mit einer direkten Absage abgewatscht zu werden, und dies, wie beim Anbaggern im Club oder sonst wo, auch noch in aller Öffentlichkeit, sich entfesselt in unverbindliche Beziehungen stürzen. Der Kommunikationsprozess ist ja auch so unendlich einfach, manche würden sagen: verflacht. Kein hoher Stil, keine Eleganz im Verbergen und Zeigen des Begehrens. Eine Textbotschaft, meist nicht länger als ein Tweet, und schon geht es los. Ich lese von einem jungen Mann, der sich brüstet, ganz auf Worte zu verzichten, und bloß Emojis, also Bildsymbole aneinanderzureihen, wenn er mit dem Gegenüber in Kontakt tritt. Das Emoji einer Pizza, eines Fernsehgeräts und ein Smiley? Heißt ungefähr: Kommst du rüber zu mir, Pizza essen, fernsehen? Heißt so viel wie: schnell 'ne heiße Nummer schieben.

Ganz so neu ist die Sache dennoch nicht, denke ich, während eins der Kaninchen unter die Veranda des Nachbarhauses hüpft. Auch beim unverbindlichen Sex gilt, dass das Internet nur eine weitere Zuspitzung der modernen Großstadt-Revolution ist.

Mich erinnern die Beschreibungen aus der Internet-Dating-Welt stark an Ernö Széps wunderbaren Roman «Die Liebe am Nachmittag» über das urbane Leben im Budapest der 1930er Jahre, den ich gerade lese. Ein nicht mehr ganz junger Ich-Erzähler im Plauderton: «Der Besitzer eines Automobils hat mir anvertraut, wie viel hübsche Häschen er schon mit seinem Wagen eingefangen hat. Am Abend fährt er den Arena-Ring entlang oder hinüber nach Buda, lenkt den Wagen an den Gehsteig, sobald er etwas Nettes sichtet, wird er ganz langsam und grüßt. Dann fragt er: Herzchen, hätten Sie nicht Lust auf eine kleine Spazierfahrt?»

Wie sehr bereits das Stadtleben die alte ländliche vertragsähnliche Ehekultur ausgehöhlt hatte, zeigt Ernö Szép vielleicht am genausten anhand der Figur eines braun gebrannten Kavaliers, «der im Sommer den ganzen Tag im Strandbad herumliegt, im Winter zweimal die Woche sein Gesicht unter die Quarzlampe hält, immer gut gelaunt ist und behauptet: Am schönsten ist es zwischen fünfundvierzig und fünfzig.» Er genießt es, «die Bekanntschaft junger Witwen zu machen, in der Stadtseilbahn auf den Burgberg, im Autobus und auf der Straße, er verachtet aber auch die adretten Kinderfräulein nicht, setzt sich am Josefs- oder Eötvösplatz neben sie auf die Parkbank, erkundigt sich, welchen Roman sie da gerade lesen.» Die Passage endet mit den Worten: «Er ist übrigens verheiratet.»

16. August: Die moderne Großstadt hat durch ein Überangebot an Beziehungsmöglichkeiten feste Bindungen in die Bredouille gebracht. Das Internet hat es erleichtert, diese Beziehungsmöglichkeiten voll auszuschöpfen, indem die Technik wieder einmal den Menschen unverletzbarer gemacht hat: Die Schmach, abgeschmettert zu werden, zerschellt am Panzer einer App, die uns nur von der Zustimmung berichtet. Die Technik kann uns heute auch die Schmach ersparen, sagen wir, eine rote Nase zu haben, und vielleicht wird sie uns irgendwann die Schmach ersparen, überhaupt eine Nase zu haben. Ist also der Mensch die Summe seiner Möglichkeiten, verletzt zu werden?

Sicher scheint zu sein, dass dank des Internets die nun voll ausgeschöpften Beziehungsmöglichkeiten der modernen Großstadt zu einer neuen Form der Bindungsabneigung geführt haben. Wobei zu dieser Bindungsangst, scheint's, vor allem Männer neigen. «Es kommt selten vor, dass eine Frau unserer Generation einen Mann trifft, der sie als eine Priorität behandelt und nicht als eine Option», zitiert die *Vanity Fair* eine amerikanische Bloggerin.

17. August: Woher also kommt die Bindungsangst von Männern?

Auf der Ebene simpelster Marktlogik mindert ein Überangebot den Wert einer Sache. Unter der Bedingung des Überangebots eine Wahl zu treffen und eine Beziehung zu führen, kann dann nur bedeuten, in das moderne Spiel der rechnenden und vergleichenden Vernunft einzutreten: War die Wahl richtig? Welche Vorzüge, welche Nachteile hat die Person, verglichen mit den hundert anderen Personen, die für die Beziehung in Frage kommen? Wird noch eine bessere Partie um die Ecke biegen? Wird der Marktpreis der eigenen Person vielleicht steigen, und ergeben sich damit sogar Chancen auf eine Partie, die man zurzeit noch gar nicht zu erhoffen wagt?

Wann aber der eigene Marktpreis am höchsten ist, hängt ganz von der Gesellschaft ab, in der einer lebt. Gegenwärtig liegt der Marktpreis eines Mannes zum Beispiel oft dann am höchsten, wenn er seinen Karrieregipfel erreicht. Das ist meist um die fünfzig der Fall. Bei Frauen ist der Marktpreis weniger an die Position im Arbeitsleben gekoppelt. Nach wie vor gilt: Eine Frau erreicht aus Sicht der meisten Männer nur dann ihren höchsten Marktpreis, wenn ihre Physis nicht daran zweifeln lässt, dass ihre biologische Uhr noch tickt. Ab Mitte dreißig beginnt daher ihr Wert auf dem Beziehungsmarkt zu fallen.

Wir leben deshalb noch längst nicht in einer vollumfänglichen modernen Arbeitsgesellschaft. Es ist schlicht ein Relikt kulturell verankerter und medial fortgeschriebener patriarchalischer Strukturen, dass Falten bei Männern als Charakterfalten ausgelegt werden, faltige Frauenhaut aber unmittelbar die Minderung des Marktwerts einer Frau anzeigt. Es ist schlicht ein Relikt, wenn allgemein die Ansicht gilt, Männer alterten besser.

Ich meine, ich bitte euch, meine Liebsten: Wer hat denn hier den Bierbauch? Wem lichtet sich das Haar? Wem malen die Schlaflosigkeit und der Arbeitsstress tiefe dunkle Ringe unter die trüb gewordenen Augen? Wenn wir sagen, Männer altern besser, drücken wir damit in Wahrheit nur aus, dass der Abglanz irgendeiner gesellschaftlichen Stellung das entstellte männliche Antlitz zu verklären hilft.

In dieser Art der Gesellschaft ergibt sich zwangsläufig ein

Überangebot von Beziehungsmöglichkeiten für den Mann. Und innerhalb der Spielregeln des Marktes ist es für diesen Mann schlicht die beste Option, sich so lange wie möglich alle Optionen offenzuhalten.

18. August: Der Kybernetiker Heinz von Foerster, der sich mit den komplexen Steuerungstechniken der Moderne befasste, sah in dieser Möglichkeit, Möglichkeiten zu vermehren, einen Zugewinn an Freiheit. Die Formel, man sollte «immer so handeln, die Anzahl der Möglichkeiten zu *vermehren*», rief er als den neuen ethischen Imperativ einer der Freiheit verpflichteten Gesellschaft aus.

Ein befreundeter Biologie-Professor aus Berlin, Anfang vierzig, der für Vorträge und Konferenzen durch die Welt reist, berichtet mir, dass er sich dank der Dating-Apps noch vor Reiseantritt an seinem Zielort ein Rendezvous mit einer Unbekannten einfädeln kann: «Es gibt keine bessere Möglichkeit, die Fremde kennenzulernen als über Frauen.» Ob er sich vorstellen kann, sich irgendwann fest an eine einzige Frau zu binden? «Noch nicht. Es gibt so viel zu entdecken. Und, um ehrlich zu sein, die meisten Frauen schätzen mich, weil ich so viele Erfahrungen gesammelt habe.»

Ein Feuilletonredakteur, Ende dreißig, der die sozialen Dating-Apps nur dann nutzt, wenn ihm gerade keine Praktikantin oder Redaktionsassistentin über den Weg läuft, sagte mir: «Das sind alles tolle Frauen. Aber ich habe nie das Gefühl gehabt, ich müsse den Rest meines Lebens mit einer von ihnen verbringen. Ich halte natürlich nebenbei immer Ausschau nach dem großen Scoop.» Nur, könnte es nicht sein, dass sich diese eine große Geschichte gar nicht mehr einstellen kann, wenn man auf lauter Geschichtchen setzt? «Schon möglich.

Aber selbst wenn es so wäre: Wer sagt denn, dass eine Sammlung Kurzgeschichten weniger wert sei als ein Roman? Hat nicht Alice Munro für ihre Kurzgeschichten den Nobelpreis bekommen? Und Rainald Goetz den Büchner-Preis für sein fragmentiertes Schreiben? Wäre es nicht an der Zeit, sich von der Idee der allumfassenden verbindlichen Dauerbeziehung zu verabschieden?»

Ein Anwalt aus München, Anfang dreißig, gerade in eine Großkanzlei eingetreten, sagte mir am Ende des Gesprächs, in dem er bereits ähnliche Einwände wie der Feuilletonredakteur und der Biologe angeführt hatte: «Außerdem ist es ohnehin zu anstrengend, neben dem Beruf eine feste Beziehung zu führen, mit all dem Stress, den Absprachen und so.» Vollauf beschäftigt, seine Optionen zu vermehren, hat er keinen Nerv mehr, Optionen zu nutzen.

Heinz von Foerster hat mit seinem neuen ethischen Imperativ richtiggelegen, genau wie Nietzsche mit seinem prophetischen Satz: «Vielleicht gab es noch nie ein so offenes Meer.» Nur muss man wohl hinzufügen: für Männer.

19. August: Der Preis, den die Männer für die Freiheit in Zeiten des Überangebots entrichten, ist ihre Unverbindlichkeit. Wer sich bindet, verliert etwas. Wer sich bindet, verbaut sich etwas. Die Bindung selbst erscheint als Fessel, als ein reines Negativum, das die große Freiheit unterbindet. Verbindlichkeit erscheint als Bond, als Schuld, als Mangel an Möglichkeiten.

Was ermöglicht hingegen die Möglichkeiten? In der Sprache des Marktes: Angebot und Nachfrage. Und zwischen beiden Seiten als Vermittlung: das Geld.

Geld ist ein Versprechen darauf, dass man wählen darf aus einer großen Menge an Möglichkeiten. Wer unverbindlich ist und sich stets Möglichkeiten offenhält, handelt deshalb nach der Maßgabe des Geldes. Stets so zu handeln, dass sich Optionen vermehren, wäre demnach weniger ein ethischer, sondern ein ökonomischer und marktlogischer Imperativ arbeitsfetischistischer Gesellschaften.

Ich freue mich aus Gründen der historischen Gerechtigkeit für jede Frau, die eine Machtposition besetzen kann. Aber das hindert mich nicht zu sagen, dass Frauen heute im Begriff sind, den Siegeszug dieser Gesellschaft zu vollenden. Als sie vor hundert Jahren in die Arbeitsgesellschaft eintraten, konnte man sich da noch nicht sicher sein. Max Weber sprach um 1920 vom «traditionalistischen Schlendrian» und der Unflexibilität der Frauen, vor allem der unverheirateten. «Insbesondere ihr absoluter Mangel an Fähigkeit und Willigkeit, einmal erlernte Arten des Arbeitens zugunsten anderer, praktischerer, aufzugeben, sich neuen Arbeitsformen anzupassen», schreibt er, «ist eine fast allgemeine Klage von Arbeitgebern, die Mädchen, zumal deutsche Mädchen, beschäftigen.»

Heute klingt diese Klage völlig abstrus. Aber auch der jetzige Stand ist nur eine Etappe. Gerade wird durch das Einfrieren der Eizellen in jungen Jahren (social freezing) und späterer künstlichen Befruchtung die biologische Uhr abgeschaltet. Als Nächstes kommt dann die Gebärmaschine, die Muttermaschine, der ultimative Traum des avantgardistischen Feminismus, weil sich mit ihr der gordische Knoten zwischen natürlicher Reproduktion der Gattung und gesellschaftlicher Reproduktion von patriarchalischen Machtverhältnissen ein für alle Mal zerschlagen lässt.

Auch jetzt schon wird der Marktwert der Frauen zunehmend wie bei Männern von ihrer Arbeits-Performance bestimmt. Im selben Maße wird ein nicht unbeträchtlicher Teil der Männer den Wert physischer Attraktivität entdecken, um nicht zu sagen: sich zu Lustknaben erfolgreicher Frauen ummodeln. Junge Männer wittern bereits, dass sie mit Charakterfalten irgendwann nicht mehr durchkommen, tragen morgens und abends vorsorglich Anti-Aging-Cremes auf, meiden die Sonne und beginnen erst gar nicht zu rauchen. Was ihnen alles einmal die Haut retten könnte.

Nicht besonders laut, aber doch vernehmlich, wenn ich tief in mich hineinhorche und ringsherum die Stille groß ist, spricht diese Stimme auch in mir: Etwas sagt, hey, pass ein bisschen auf dich auf. Lass dich nicht so gehen. Wer weiß, wozu du dein Äußeres noch gebrauchen kannst! Du hast noch ein halbes Leben vor dir, und fest ist deine Stellung in der Arbeitswelt nicht. Was kannst du schon? Schreiben? Das können andere besser. Und bezahlt wird man dafür von Tag zu Tag schlechter. Was kannst du noch? Nichts? Aha! Dann erblicke ich im Spiegel plötzlich ein Härchen, das sich auf mein Ohrläppchen hervorgewagt hat. Was soll das? Ganz klein ist es nur, auch viel heller als mein Haar. Ich rupfe es aus, ahne aber, bald wird dort wieder eins sein, und noch eins und noch eins, auch aus der Nase habe ich hin und wieder eins herauszupfen müssen. Und mein Bauch! War nicht da, wo jetzt eine kleine, weiche Rundung ist, vor fünf, sechs Jahren ein Brett? Ich gehe aus dem Leim, wenn das so weitergeht. Ich sollte irgendwann mit Sit-ups anfangen, denke ich dann, aber weil ich weiß, dass die damit verbundene Anstrengung zurzeit außerhalb meiner Möglichkeiten liegt, greife ich in solch schwachen Momenten vor dem Spiegel erst einmal nach den Creme-Töpfchen meiner Frau.

Wenn wir so weitermachen, sieht jedenfalls die vollendete Gleichberechtigung in Zeiten der Arbeitsgesellschaft nach Büroschluss so aus: Unverbindlicher Karrierist verbringt den

Abend mit einer unverbindlichen Karrieristin. Oder: Unverbindliche Karrieristin vernascht einen am Ideal der Arbeitsgesellschaft gemessenen «Underperformer», der sich in eine feste Bindung retten will und dazu auf physische Attraktivität setzt. Oder: Ein unverbindlicher Karrierist vernascht das von der Arbeitsgesellschaft abgehängte Flittchen. Die Möglichkeit, dass zwei «Underperformer» aufeinandertreffen, um eine feste Beziehung zu führen, ist in der Arbeitsgesellschaft nicht vorgesehen. Nacht senkt sich über die Verbindlichkeit.

20. August: Ich schlug die Augen auf, nachdem ich mich schon eine Weile davon überzeugt hatte, dass mir der hämmernde Kopf keine Ruhe mehr lassen würde. Ein Blick auf die Uhr. Lange habe ich nicht mehr so lang geschlafen. Saß gestern mit dem schwedischen Freund bis spät nachts am Strand. Wir hatten ein Feuer entzündet, ein Stück Lachs gegrillt und, nachdem unsere Frauen mit den Kindern ins Bett gegangen waren, eine Flasche Wodka geleert. Wären wir jünger gewesen und mit Smartphones ausgerüstet, wir hätten über eine Dating-App die zwei Schwedinnen am Nachbarfeuer kennenlernen können. So blieb uns nur, hinauf in den Himmel zu schauen. Es regnete Sternschnuppen. Wir wünschten uns nichts.

21. August: Ich hätte mir vielleicht wünschen sollen, dass meine Ausführungen zum Feminismus nicht falsch verstanden werden. Keinesfalls betrachte ich den Feminismus als bloßen Erfüllungsgehilfen der Arbeitsgesellschaft. Es gibt solchen und solchen Feminismus. Mir ist er in allen Formen recht. Am sympathischsten aber ist er mir dann, wenn er die Werte und Charaktereigenschaften nicht gänzlich vergisst, die über die Jahrhunderte garten, als die Frau am Herd stand; Werte

und Charaktereigenschaften, die oft aufgrund dieser langen Geschichte als «weiblich» bezeichnet werden, aber natürlich auch jedem Mann gut zu Gesicht stünden: Warmherzigkeit, Sanftheit, Vermittlung, Geduld, Selbstlosigkeit, Empathie, Verzicht. Aus einer antikapitalistischen Perspektive ließe sich zu dieser Reihe vielleicht auch der traditionalistische Schlendrian, der Widerstand von Frauen gegen neue Arbeitsformen zählen, von dem Max Weber sprach. Jedenfalls frage ich mich, ob das antikapitalistische Moment, für das Frauen – nicht aufgrund eines besonderen Wesens, sondern aufgrund einer speziellen Geschichte – teils standen, sich trotz ihres Eintritts in die Arbeitswelt irgendwie retten ließe. Ob also Frauen – und ihrem Beispiel folgend auch Männer – «Karriere» machen und dabei zugleich ändern könnten, was unter diesem Begriff überhaupt zu verstehen ist. Kurz: Meine Hoffnung wäre, dass mit dem Feminismus eben auch jene Werte, für die Frauen einst standen, an gesamtgesellschaftlicher Relevanz gewinnen könnten. Ich weiß, dass ich diesen Werten damit viel aufbürde. Sie müssen fertig werden mit einer jahrhundertelangen Tragödie, die sich Geschichte nennt und nahezu eine einzige Abfolge von Katastrophen ist, bis hin zur jüngsten Spielart des Finanzkapitalismus und der Umweltzerstörung. Mit dieser weitgehend «männlich» konnotierten Geschichte müssen wir heute aufräumen, und zwar genau dadurch, dass wir auf jene Werte zurückgehen, die an dieser Geschichte den geringsten Anteil hatten.

Für uns alle sollte es nun nur eine Rolle im Spiel der Geschlechter geben: Wir müssen Trümmerfrauen sein!

22. August: Die Arbeitsgesellschaft honoriert den Bindungslosen. Wer eine verbindliche Beziehung eingeht, pfeift auf seine Optionen, im Arbeits- wie im Beziehungsleben, und

auf das Unwort der Beziehungsarbeit sollte er im besten Fall gleich mit pfeifen. Er pfeift auf all die möglichen Frauen, die noch des Weges kommen könnten, legt sich auf eine fest und geht in die Ehe – oder in eine eheähnliche Form des Zusammenlebens. Wir haben gesehen, dass die Ehe über Jahrhunderte eine sozioökonomische Zwangsveranstaltung war. Heute dagegen ist sie eine Option: Warum sollte sie einer wählen? Welchen Vorteil verschafft sie uns? Manchmal steuerliche Erleichterung, durch das Ehegatten-Splitting (was mir ein Relikt des alten sozioökonomischen Gedankens, eine falsch verstandene staatliche Subventionierung von Verbindlichkeit zu sein scheint). Aber darüber hinaus? Ich weiß es nicht.

Ich weiß auch nicht, warum ich geheiratet habe. Und wenn meine Frau mich fragt, warum ich sie liebe, weiß ich nicht mal das. Ich weiß, *dass* ich sie liebe. Aber warum? Warum, entgegne ich dann, warum eigentlich diese Frage? Ist die Liebe nicht ohne Warum?

Nein, das stimmt nicht ganz. Auch die Liebe ist, wenn wir ehrlich sind, auf vielfache Weise mit dem ökonomischen Denken verknüpft, mit dem Rechnen und Berechnen. Beim Historiker Arno Borst bin ich darauf gestoßen, dass Dante Alighieri in seinen Liebesgedichten «Il Fiore» die Beziehung von zwei Liebenden mit dem Wort «conto» belegt. Abgeleitet vom lateinischen «computus», das noch um 1250 verwendet wird, um astronomische Zeitrechnungen zu bezeichnen, ziele die Metapher bei Dante «konkret auf Abrechnung und Ausgleich zwischen Einnahmen und Ausgaben, auf ökonomische Buchführung» und spiegele die im selben Zeitraum in Italien um sich greifende kaufmännische Rationalität.

Was sich bei Dante ankündigt, aber von der Epoche literarisch sogleich verschwiegen wird – zu heikel das Thema, zu dominant noch das hehre anti-ökonomische Liebesideal des Mittelalters, der Hohen Minne mit ihrer Vergötterung der Erfolglosigkeit –, schlägt erst nach der Julirevolution 1830 in Frankreich voll durch. Die Verkoppelung von Liebe und Kalkül, die Liebe als Leiter des gesellschaftlichen Aufstiegs, der Verführer als Karrierist: Das ist die Welt von Balzac in «Vater Goriot», von Maupassant in «Bel Ami». Seither muss man damit rechnen, dass, wer liebt, auch rechnet.

Als ich meine Frau zum ersten Mal sah, was gefiel mir sogleich an ihr? Die sanften, grün schimmernden Augen, mit denen sie im Café ihre Tasse und das Zuckerdöschen besah; die Besonnenheit, mit der ihr Zeigefinger über die Faltung der Serviette strich; wie konzentriert sie zuhörte, während ich sprach, als höre sie noch irgendetwas anderes, die Kaffeemaschine, Geklirr von Besteck, das Geruckel der Stühle, und als müsse sie all diese Laute mit meinen Worten in Einklang bringen. Die Art auch, wie sie in der Umgebung versank und gleichzeitig ihr Mittelpunkt zu sein schien, wie sie mit vorsichtigen Bewegungen und in der äußersten Stille dieses große Durcheinander, das unser Leben ist, zu dirigieren schien.

Na gut. Aber wären mir ihre Vorzüge überhaupt aufgefallen, hätte nicht ihr um die Schultern drapiertes Plaid, ihr elegantes, dunkelgrünes Leinenkleid, das vorne genau so ausgeschnitten war, dass man fast nichts sehen, aber alles erahnen konnte, und die Weise, wie sich aus ihrem kunstvoll aufgesteckten blonden Haar gleichsam absichtslos eine Strähne herausgelöst hatte, die in Form eines Fragezeichens ihr Gesicht umspielte, hätte dies nicht eine Art höhere Bildung verraten? Oder zumindest ihre Herkunft aus einer ähnlichen ökonomischen Sphäre wie der meinigen? Womit sie, so könnte man es sehen, eine wie auch immer wahrschein-

117

liche Aussicht auf ein bescheidenes Erbe verkörperte, sagen wir, im besten Falle eine Summe, die mich dem Unbill enthoben hätte, Geld mit Dingen zu verdienen, die mir nicht zusagten, nicht hoch genug aber, mich irgendwie korrumpieren zu können.

Sieht die Liebe also wirklich von der Ökonomie ab? Bildet die Ökonomie nicht eher den Hintergrund, vor dem die Liebe spielt, einen Hintergrund, den wir bei Bedarf ausblenden können, um der Romantik die Bühne zu bereiten?

Als wir, meine spätere Frau und ich, abends das Café verließen, setzten wir uns noch eine Weile auf die Treppe vor einer Kirche und schauten dem Leben zu, das sich auf dem Platz vor uns abspielte. Immer neue Paare defilierten vorbei, eingehakt, untergehakt, die Arme um die Hüften gelegt, mal hatte auch eine junge Frau die Hand in die hintere Hosentasche ihres Kavaliers gesteckt, oder der Kavalier vier Finger seiner Hand im Rock der Frau versenkt, die er vor sich herschob, nur sein Daumen ruhte in aller Unschuld auf dem Saum des Stoffes. So viele Paare, so viel Nähe, so viel Zuneigung. Als irgendwann die letzten Paare in den Seitenstraßen verschwunden waren, als stattdessen ein kühler Hauch über den Platz zog, konnte ich altes Klappergestell Anzeichen eines Fröstelns nicht verbergen. Meine zukünftige Frau knöpfte sich ein leichtes Sommerjäckchen zu und wickelte mir, der ich nicht mit einem langen Abend gerechnet hatte, für meinen Heimweg ihr Plaid um den Hals.

Sie steht vor mir, zupft das Plaid zurecht, schaut mir in die Augen und sagt: «Gute Nacht!» Ich überzeuge mich beim Kuss auf ihre Wange, auf der meine Lippen ein Quäntchen länger ruhen als nötig, dass sie das Plaid wirklich nicht braucht, ja, dass sie innerlich zu glühen scheint. Aber erst als sie sich von mir abwendet und wir beide unsere Schritte in unterschiedliche Richtungen lenken, merke ich, dass etwas Grundlegendes passiert ist, dass mein Leben nun ein neues, anderes, ganz anderes sein wird, und ich ziehe ihr Plaid etwas enger um meinen Hals.

Ich lief den ganzen nächsten Tag an der Uni mit dem Unterpfand unserer aufkeimenden Liebe herum, in der Hoffnung, dass mich jemand darauf ansprechen würde. Doch dazu kam es nicht. Ich war für meine Kommilitonen geradewegs der, der ich immer war, nur halt mit einem etwas unpassenden Plaid. Keiner erkannte, dass nicht nur das Plaid, sondern alles an mir neu war. Keiner erkannte in mir den Verliebten, den Narr.

Am Abend besuchte ich sie, eine Kunststudentin, in ihrem Atelier und brachte ihr das Plaid zurück. Natürlich verguckte ich mich sofort auch in ihre Bilder. Auf den ersten Blick schienen sie monochrom, manche vollständig in Grautönen, andere in Grüntönen. Erst beim näheren Betrachten lösten sich klassische Motive der Landschaftsmalerei heraus: eine Reihe schlanker Kiefern im Wind, ein Stoppelacker, ein gewundener Flusslauf, die Zacken eines Tannenwalds. Sie sagte, wir sehen diese Landschaften kaum mehr, sie seien dabei, aus unserer Wahrnehmung zu schwinden. Das wolle sie zeigen, unseren medial veränderten Blick auf eine Natur, die selbst schon rein künstlich sei. «Und was soll das hier?» Ich wies über ihre Schulter auf einen Strich, der sich wie ein Riss senkrecht durch das Tannenwald-Bild zog, an dem sie gerade arbeitete. «Da ist mir der Pinsel abgerutscht», antwortete sie. «Aber diese kleinen Versehen, weißt du, ich lasse sie immer stehen. Sind sie nicht das Letzte, was uns an Natur bleibt?» Sie trat einen Schritt vom Bild zurück und mir dabei auf den Fuß, drehte sich um und sagte: «Oh, entschuldige, das wollte ich nicht.» Da lag sie schon in meinen Armen.

23. August: Warum liebte ich sie und nicht irgendeine andere? Warum liebte ich überhaupt? Und warum führte mich diese Liebe in eine tiefe Verbindlichkeit, statt, wie so oft, zu verpuffen? Ich kenne viele Leute, die sich damals unsterblich verliebten – und zwar alle drei Monate. Manche tun das immer noch. Warum also liebte ich auf diese andere Weise, stetig und verbindlich?

Ich könnte sagen: Ich liebte aus einer gewissen Faulheit. Die Aussicht, mich stets neu zu verlieben, wäre mir bei meinem phlegmatischen Charakter höchst abkömmlich gewesen.

Ich könnte sagen: Ich liebte auf verbindliche Weise, weil ich das Gefühl hatte, etwas Besseres würde sich gar nicht mehr ergeben. Was man hat, das hat man. Und war es in Hamburg, wo es quasi unmöglich ist, eine Frau auch nur anzusprechen, nicht geradezu schwer, unverbindlich zu sein? In Berlin wäre das weiß Gott leichter gewesen. Doch es ist nicht nur eine Frage des Ortes. Die Unverbindlichkeit geht wahrscheinlich all denen leichter von der Hand, die ohnehin stets von einem Schwarm ansehnlicher Männer oder Frauen umringt sind. So wie ja auch das Lob der Ehe immer etwas Mattes hat aus dem Mund derer, die nur mit größter Mühe unter die Haube gekommen sind, und an Überzeugungskraft gewinnt, bringt es einer vor, der schlafwandlerisch jede Frau für sich einnehmen kann.

Ich könnte sagen: Ich liebte irgendeine Form von Mehrwert, die ich mit der Beziehung verband. Träumte ich nicht damals, dass meine Frau die Kunstwelt erobern würde? Sah ich mich nicht manchmal, wenn die Phantasie mit mir durchging, an ihrer Seite bei prachtvollen Vernissagen mit anschließendem Gelage beim angesagten Italiener um die Ecke? An ihrer Seite abwechselnd auf den Edelkunstmeilen dieser Welt und in bohemistischen Kreisen subversiver Künstler, die sich so lange dem Kunstmarkt verweigern, bis sie mit Geld nur so zugeschissen werden? Liebt nicht anfangs jeder das mit der Liebe einhergehende Versprechen einer leichteren Zukunft? Will nicht jeder, der liebt, von seiner Liebe gerettet werden? Und liebt also schlussendlich aus kalter Berechnung, um seiner selbst willen?

So viel Berechnung!

Es wäre nicht schwer, dem noch mehr, sagen wir, halblautere Motive hinzuzufügen. Wer weiß, ob wir nicht lieben, weil wir das Alleinsein scheuen, erst recht, wenn wir das hohe Alter schon um die Ecke biegen sehen. Wer weiß, ob wir nicht lieben, weil wir den Tod fürchten, und uns die Liebe über den Umweg der daraus entspringenden Kinder in die scheinbar unsterbliche Kette künftiger Geschlechter schmieden kann. Wer weiß, ob einer liebt, weil er sich seine Angst, seine Schwäche, seinen Zweifel und seinen Kleinmut nicht vergibt?

Es gibt also Gründe für die Liebe. Meinen ersten Eindruck, sie sei grundlos, möchte ich dennoch nicht ganz aufgeben. Ich kann ihn nun präzisieren: Liebe ist da, wo all ihre guten Gründe von einer inneren Grundlosigkeit verschlungen werden.

Bleibt die Frage, warum ich geheiratet habe. Weiß ich es wirklich nicht? Wenn ich den Schleier meines eigenen Selbstbildes ein wenig lüfte (ich als derjenige, der in alles, was er tut, hineinstolpert), lassen sich womöglich auch dafür gute Gründe finden. Die glücklosen Episoden, bevor ich meine spätere Frau kennenlernte?

Nach dem Zivildienst ging ich für ein Jahr nach Taipeh. Dort lebte ein Vetter von mir, den ich sehr verehrte, vier Jahre älter als ich, Held meiner Jugend, der mir lauter nützliche Dinge fürs Leben beigebracht hatte, die ich aus Büchern nicht beziehen konnte, etwa wie man sich auf einer vollen Tanzfläche einen Joint dreht. In Taipeh unterrichtete er Englisch, es war seine Muttersprache. Mein Englisch reichte dafür nicht aus, also vermittelte er mir eine Stelle in der Küche eines Pubs, in dem sich die Expat-Szene mit einigen Einheimischen mischte. Ich lernte dort zu vorgerückter Stunde eine Chinesin kennen, Mitte zwanzig, die mich beeindruckte, weil sie so anders als ich mit beiden Beinen (von denen ich später, als alles vorbei war, noch manchmal träumte) im Leben stand. Sie war bei einer japanischen Bank angestellt, verdiente eine Menge Geld, war unheimlich schnell im Kopf und wusste immer, was sie wollte: zu meinem Leid meist arbeiten. Nie kam sie vor 23 Uhr aus dem Büro, immer ging sie morgens vor acht Uhr wieder aus dem Haus. Dazwischen musste sie schlafen, nicht unbedingt mit mir. Nach ein paar Wochen führten wir unsere Beziehung fast nur noch am Telefon, sie rief mich für gewöhnlich von ihrem Handy aus an. Unser letztes Gespräch werde ich nie vergessen. Sie erzählte gerade von ihrer Mittagspause, als es in der Leitung plötzlich laut zu rauschen begann. Eine Klospülung? Ich stellte sie zur Rede, sie antwortete ausweichend, ich bohrte nach, sie rückte genervt mit der Sprache heraus: «Du weißt genau, wie wenig Zeit ich habe, darum rufe ich dich halt an, wenn ich auf dem Klo sitze.» Was sollte ich da sagen? Schiete, auf gut Hamburgisch? Stille in der Leitung, während es in meinem Kopf dröhnte: Zieh ab! Zieh ab! So rauschte unsere Beziehung in den Orkus.

Drei Monate später geriet ich an eine Frau, knapp zehn Jahre älter, mit der ich eine Bilderbuch-Beziehung führte. Wir arbeiteten in derselben Branche – sie hatte ein kleines, gut laufendes Restaurant aufgebaut –, und sie schlief genauso lang wie ich. So harmonisch muss wohl eine Ehe sein, dachte ich mir und zog bei ihr ein. Alles lief wunderbar, bis sie damit anfing, ihre Sorge zu äußern: Sie sei zu alt für mich, ich werde mich irgendwann vom Acker machen, mit einer Jüngeren. Völlig aus der Luft gegriffenes Zeug. Aber sie hörte nicht auf damit, schlimmer noch: Sie fing an, mich zu überwachen. All die vorwurfsvollen Fragen: Wo bist du gestern Mittag gewesen? Hat wieder die kleine Lynn mit dir an der Bar gearbeitet? Sag mal, hast du der gerade hinterhergeschaut? Ich sagte, so gehe das nicht, so könne ich nicht mit ihr leben, sie sagte: «Wusste ich es doch, dass du dich aus dem Staub machen willst!» In was für eine Psycho-Schose war ich da geraten! Nachdem wir uns auf diese Weise eines Morgens wieder mal gestritten hatten, sagte ich mir: So, jetzt muss ich irgendwie den Absprung schaffen. Ich arbeitete den Abend über an der Bar, blieb später noch ein wenig in dem Laden hängen, schenkte mir einen Shochu mehr als nötig ein, setzte mich auf meinen Motorroller und fuhr nach Hause, um mit ihr ein finales Gespräch zu führen. Dann machte es Bums, und es hob mich aus dem Sattel. Ich erwachte im Krankenhaus, mit einem Schulterbruch, mit einigen lädierten Rippen, mit ihr an meiner Seite und mit dem unguten Gefühl im Bauch, es sei ihr Auto gewesen, das mich an der Kreuzung kurz vor ihrer Wohnung umgenietet hatte.

Heilfroh, vielleicht zum ersten Mal in meinem Leben, kam ich einige Wochen später nach Deutschland zurück. Die wahrhaftige Bilderbuch-Beziehung (verglichen mit dem, was vorher war) lernte ich dann erst mit meiner späteren Frau kennen. Und vielleicht waren die zurückliegenden Erfahrungen auch einer der Gründe, warum ich manchmal dachte, sie heiraten zu sollen, und sich diese vagen Gedanken eines Abends zu einem Entschluss verdichteten.

Ich kochte gerade in unserer kleinen Studentenbude, warf ein paar Lorbeerblätter in den Risotto (das Geheimnis nicht nur dieses Gerichts lautet: immerzu rühren!), als sie mit der Nachricht nach Hause kam, das Stipendium für zwei Semester an der Kunsthochschule von Barcelona bekommen zu haben. Ich sagte, das sei ja phantastisch, nahm sie in die Arme und dachte mit Schrecken an all die amourösen Verlockungen dieser sinnlichen Stadt! Wir waren ein halbes Jahr zuvor zwei Wochen dort gewesen, und nun sah ich sie an der Hand eines anderen die Ramblas entlangschlendern, an ihn gelehnt auf den geschwungenen Bänken im Park Güell mit Blick aufs Meer ein Päuschen machen und ihm, einem Möchtegern-Picasso, später in seinem stilvoll abgeranzten Atelier Modell sitzen, stehen, liegen. Halb aus Schmerz, halb im Scherz sagte ich: «Willst du mich nicht vorher heiraten?»

Stille.

Dann rief sie: «Der Risotto!» Ich löste mich aus ihren Armen, griff nach dem Kochlöffel, schabte den leicht angebrutzelten Reis vom beschichteten Pfannenboden, goss Gemüsebrühe nach, spürte, während ich schon wieder rührte, ihren warmen Atem an meinem Ohr und hörte sie flüstern: «Ich will – jetzt erst einmal essen. Und heiraten können wir später.»

25. August: Schweden ist ein schönes Land – nur nicht für meinen Kontostand. Auf der Rückreise kostet mich der Zug nach Malmö wieder ein kleines Vermögen, die Kinder müssen auch zahlen! Es war dummerweise ein verschludertes Vermögen, wie mich der Fahrkartenkontrolleur aufklärt: Hätte ich die Tickets am Automaten der privaten Bahngesellschaft und nicht am Automaten der schwedischen Staatsbahn gekauft, wären die Kinder umsonst gefahren. «Nächstes Mal dran denken», sagt mir der Schaffner, und das werde ich tun, nicht aber weil es mich so grämt, das kleine Vermögen ver-

schleudert zu haben, das werde ich ganz sicher bald wieder tun, es passiert mir ständig. Ich leiste mir als vielleicht einzigen Luxus (von den Ferien in italienischen Villen einmal abgesehen) ein gewisses Maß an Nichtwissen: nicht wissen, wie man einen günstigen Handyvertrag abschließt, wie man zu seinen Gunsten eine Steuererklärung ausfüllt und an welchem Tag man günstiger ins Kino gehen kann. Gerade für einen sogenannten Wissensarbeiter, wie ich es bin, ist diese Art von Nichtwissen viel wert! Wie Ferien!

Dass ich in Schweden nun dennoch nie wieder an den falschen Automaten gehen werde, ganz gleich, ob ich in den Ferien bin, hat mit dem Schaffner zu tun. Ein Schaffner, wie ich ihm zuvor nicht begegnet bin. Er trug zu den schwarz-weißen Turnschuhen ziemlich eng geschnittene dunkle Hosen und eine Weste, die Ärmel des blauen Hemdes waren aufgekrempelt, sodass seine Ganzarm-Tätowierung zur Geltung kam. Sein kurzes, leicht rötliches Haar hing ihm büschelweise in die Stirn, sein zart sprießender Bart wirkte, als sei er die letzten drei, vier Tage aufs sorgsamste vernachlässigt worden. Kurz: Jede Hipster-Bar hätte sich glücklich schätzen können, den Schaffner als Mann hinterm Tresen beschäftigen zu dürfen.

Der Zug hielt für einige Minuten in der kleinen Universitätsstadt Lund. Der Hipster-Schaffner sprang auf den Bahnsteig – schon hatte er eine hübsche junge Dame im Arm. Sie strahlte ihn an, blaue Augen zum blauen knappen Kleid, klebte förmlich an ihm und kniff mit Daumen und Zeigefinger in seinen Po, na, so was! Eine Reisende trat auf die beiden Schäkernden zu, hielt dem Schaffner ein profanes Papier hin, bekam vom Schaffner postwendend ein Lächeln aufs Gesicht gezaubert, während die leicht zurückgewichene Freundin kurz säuerlich guckte, aber dann entschied, lieber stolz zu sein auf die fesche Figur, die ihr Freund auf dem Bahnsteig machte – und wohl nicht nur dort.

Ich dachte, während ich aus dem Zugfenster die Szene beobachtete: Gleicht nicht die Verbindlichkeit viel zu oft einem biederen deutschen rechtschaffenen Schaffner? Wünsche ich sie mir nicht wie diesen schwedischen Schaffner? Lässig, stilvoll, verführerisch, flirtend mit dem Frivolen?

26. August: Das Schiff steuert auf Fehmarn zu, ich lehne an der Reling, schaue, die Augen zusammengekniffen, in die Nachmittagssonne. Die rotierenden Windräder künden vom Land der Energiewende – und vom Fluch der Rastlosigkeit, der über ihm liegt. Ich habe nichts dagegen einzuwenden, mag manches an diesem Land, in das ich hineingeboren wurde, auch wenn ich, hätte man mich vorher gefragt, vielleicht ein anderes, weiter südlich oder westlich, gewählt hätte. Ich lebe hier leidlich gut. Und trotzdem fange ich schon in Sichtweite von Deutschland an, mir meine Nase zu reiben. So ist es immer, wenn ich von einer längeren Reise zurückkomme: Kaum sauge ich diese mir so bekannte schwere Luft ein, lasse den Blick über die Ordnung der Felder, Wiesen, Wälder schweifen, über die hunderttausendfach gesehenen Häuser, Häuser, Häuser, jedes davon mit dem Spitzdach, dem Satteldach, dem Deutschen Dach, wie es zu einer Zeit hieß, als man die Schachtel-Architektur des Neuen Bauens als bolschewistisch verschrie und mit spießigen Aufbauten «arisierte»; kaum sehe ich all das und höre dazu den mir so vertrauten Zungenschlag – befällt mich ein Hautausschlag. Kleine rote, mich piesackende Pusteln! Drei Tage rubbele ich daran herum, dann schwillt der Ausschlag langsam ab. So wird es auch diesmal sein: Drei Tage noch, dann streiche ich mit dem Zeigefinger über meine wieder halbwegs glatte Haut, frage

mich ein letztes Mal halbherzig, ob das Land, in dem ich lebe, wirklich das Land ist, in dem ich leben will, und vergesse die Sache bald wieder, halbwegs vertieft in Arbeit.

Warum ich das überhaupt erzähle? Vielleicht um noch einmal Ernö Szép zitieren zu können: «Dies alles gehört nicht hierher, aber ich weiß auch nicht, wohin sonst.»

27. August: Um den Faden wiederaufzunehmen: Wie viel Berechnung steckt in der verbindlichen Liebe?

Am Beispiel meiner Frau und mir komme ich zu dem Schluss, dass vielleicht ein nicht geringer Teil von Berechnung in der Liebe stecken mag, dieser Teil aber zu nichts nutzt. Die Berechnung eröffnet ja die Möglichkeit, sich zu verrechnen. Was uns, wenn wir denn gerechnet haben, ganz sicher passiert ist.

Ich muss auch sagen, dass es eine gewisse Anstrengung erfordert – selbst bei meinem phlegmatischen Charakter –, stets dieselbe Person zu lieben. Ich denke dabei an den fatalen Prozess, wie sich die Gewohnheit in langanhaltenden Beziehungen anschickt, die Liebe sanft einzuschläfern, was dann den leicht verschwitzten Versuch erforderlich macht, dem alten Trott zu entkommen und der Beziehung eine Form von Ereignishaftigkeit zurückzugeben. Diese und ähnliche Dinge sind allerdings schon so oft gesagt worden, dass ich mir die Anstrengung erspare, sie hier zu wiederholen.

Wider Erwarten sind mir in Hamburg auch noch zwei, drei Frauen über den Weg gelaufen, für die sich zu erwärmen ein Leichtes gewesen wäre, eine Cellistin, eine beschlagene Kulturwissenschaftlerin, eine traumwandlerisch elegante Modedesignerin, die, wie mir schien, durchaus etwas übriggehabt hätten für mich (aber wahrscheinlich geht nur meine Phantasie wieder mit mir durch). Also selbst hier könnte ich an meiner anfänglichen Rechnung zweifeln. Dennoch bin ich an der Seite meiner Frau geblieben.

Zugegeben, das Argument, die verbindliche Liebe speise sich aus der Angst, allein zu sein, verlassen und vergessen zu werden, und aus der Spekulation, sich mittels Kinder ein Stück Nachleben zu sichern, dieses Argument kann ich nicht ausräumen. Zwar gibt es Menschen, die ein großes Maß an Einsamkeit in ihrem Leben auf sich nehmen können, weil sie mit Seneca sagen dürfen: «Die Nachwelt ist es, deren Sache ich betreibe.» Aber an dieses Nachleben durch große Worte oder Taten denke ich nicht mal im Traum. Also ja: Ich rechne mit ein klein wenig Nachleben dank meiner Kinder. Ich rechne damit, mittels Verbindlichkeit der Einsamkeit zu entgehen. Aber das alles heißt letztlich nur: Ich rechne mit dem Tod.

Die Spekulation auf ein Nachleben und die Angst vor dem Alleinsein stellt sich dem Tod, die Unverbindlichkeit flieht vor dem Tod. Das unverbindliche, sich nicht festlegende Handeln ist der Versuch, sich stets in diesem Leben ein Türchen offen zu halten. Wirkt nicht jede kleine, neue unverbindliche Eroberung in der Liebe wie eine Betäubung der Angst vorm Tod? Der Tod, nicht wahr, er kann so nah nicht sein, wenn wir noch Optionen haben. Ja, verdrängt nicht der Grundsatz, stets so zu handeln, dass sich die Optionen vermehren, notwendig den Tod als eben den Vernichter aller Optionen? Verbindlich zu handeln, ist demnach wie ein kleiner, täglicher Tod, seine Vorwegnahme. Verbindlich handeln und Schluss zu machen mit den Optionen heißt, Sterben lernen, dem Unberechenbaren ins Auge sehen. Ich will verbindlich sein, denn vielleicht bin ich morgen schon tot. Mich stimmt jedenfalls die Vorstellung äußerst unfroh, ich könnte sterben und hätte zuvor noch irgendeine unverbindliche Floskel in die Welt gesetzt. «Ich melde mich dann noch mal» als letzte Worte, das wäre so ungefähr – das Letzte.

«Bis gleich, mein Schatz.» Habe gerade eine SMS geschrieben. Träte jetzt der Tod auf mich zu … na gut, ich würde ihm nicht gerade um den Hals fallen, aber ganz zur Unzeit käme er nicht.

28. August: Meine Rechenkünste in der Liebe haben nicht viel geholfen. Ich würde also sagen: Womöglich gibt es in der verbindlichen Liebe viel Rechnerei, aber darin erschöpft sich die Liebe nicht. Es gibt einen Punkt, den springenden Punkt, der über alle Berechnung hinausgeht. Wer sich festlegt, eine Wahl in der Liebe trifft, der lässt die Rationalität hinter sich, der springt aus ihr heraus. Der lässt im Sprung, laut Kierkegaard, dem großen Theoretiker dieses Begriffs, Sicherheit und Gewissheit weit hinter sich. Die verbindliche Liebe betritt das Reich des Unberechenbaren. Sie ist die sich entfaltende Geschichte eines anfänglichen Kontrollverlustes. «Das wollte ich nicht», sagte die junge Frau, die mir auf den Fuß trat – und wenig später mit mir in die Ehe ging.

Wir haben also auf der einen Seite die Berechnung, den Vergleich, und das Gefühl einer unbegrenzten Verfügbarkeit. Auf der anderen Seite steht die Idee der verbindlichen Liebe als einer Art Vergöttlichung der Knappheit: Denn die geliebte Person ist einzigartig, jedem Vergleich enthoben, so wie die Liebe selbst jeder Verfügbarkeit enthoben ist und nur als Ereignis, als das Unberechenbare und Unwiederholbare schlechthin sich einzustellen vermag. Und ich glaube, dass wir hier in die Nähe der Lösung des Moderne-Problems gelangen.

Eva Illouz schrieb mit Edmund Burke: «Inwieweit die Vernunft vermag, unserem Leben Sinn zu verleihen, ist die grundlegende Frage der Moderne». Max Weber wusste hingegen bereits, dass Vernunft und Rationalität dafür nicht ausreichen konnten. «Der versachlichte Kosmos», heißt es bei ihm, «also gerade die rational höchste Form der für jede innerweltliche Kultur unentbehrlichen materiellen Güterversorgung, war ein Gebilde, dem die Lieblosigkeit von der Wurzel aus anhaftete.» Er folgerte, dass jede Sinnstiftung ein «Opfer des Intellekts» erfordere, ein «Ereignis», ja, die «unangreifbare Inkommunikabilität des mystischen Erlebnisses». Wenn wir uns einig sind, dass es keine Alternative ist, die Lieblosigkeit der Moderne heroisch zu ertragen, dann lautet die grundlegende Frage der Moderne also, wie wir das «Opfer des Intellekts» erbringen. Das öffnet im Übrigen nicht dem Irrationalismus Tür und Tor, weil es uns nicht von der Verpflichtung entbindet, Rechenschaft über die Folgen dieses Opfers abzulegen und rational begründen zu können, warum und an welcher Stelle der Intellekt geopfert, warum und an welcher Stelle gesprungen werden muss.

Manche plädieren für den Sprung in den christlichen, islamischen, jüdischen, buddhistischen Glauben. Dem einen oder anderen ist damit sicher gedient, aber eine gesamtgesellschaftliche Perspektive lässt sich der Rückbesinnung auf partikulare, historisch gewachsene Religionen unter der Bedingung moderner Ausdifferenzierung nicht entnehmen.

Andere plädieren für den Mythos irgendwelcher nationalen oder sonstigen Schicksalsgemeinschaften. Aber die Gemeinschaft, ob Glaubensgemeinschaft oder Volksgemeinschaft, hat sich immer nur durch den Ausschluss derer, die nicht dazugehören sollten, konstituieren können. Diese Idee taugt ebenso wenig für eine gesamtgesellschaftliche Perspektive, im Gegenteil, sie läuft Gefahr, mit Gewalt das große Durcheinander der Moderne zu beenden.

Diese beiden Versuche sind davon gekennzeichnet, dass sie eine schlechte Vermittlung von Universalismus und Partikularismus vornehmen, dass sie mit dem Abglanz des Universalismus einen partikularen Inhalt aufbrezeln: Gleichheit – für alle, die dieselbe Herkunft teilen; Erlösung – für alle, die desselben Glaubens sind. Die entscheidende Aufgabe wäre hingegen, nicht das eine mit dem anderen zu vermitteln, sondern zugleich absolut universalistisch und partikular zu denken. Genau zu diesem Zweck müssten wir das Opfer des Intellekts erbringen.

Fangen wir beim Partikularismus an. Nehmen wir die Vereinzelung radikal ernst! Springen wir als Einzelne! Wohin? In das, was ich eine Privatmythologie nennen möchte. Eine Mythologie, in die wir uns nicht flüchten können, die nicht bereits fix und fertig gezimmert ist, sondern eigens von uns zusammengebastelt werden muss mit dem, was zur Hand ist.

29. August: Eindrücklich ist das Opfer des Intellekts in der Liebe. Warum etwa die Liebe zu meiner Frau? Ich sagte es schon: Ich weiß es nicht. Wüsste ich es, ich würde nicht lieben. Sprung ins Dunkle. Aber dann die Frage: Liebe ich wirklich? Zweifel. Ich tappe im Dunkeln. Ich weiß es nicht. Mein Glaube ist keine feste Burg. Periodisch zweifele ich an allem. Noch am Wert dieses Lebens, dessen Genuss mir anderntags unermesslich scheint. Liebe ich? Ein einziges Dunkel. Bis, ja bis: irgendwas ... Manchmal kann schon eine merkwürdige Formulierung meiner Frau meine Liebe zu ihr entfachen. Neulich sagte sie: Verwindlichkeit. Ich fiel ihr sofort um den Hals. Oder sie zeigte mir die unscheinbare Schönheit einer kleinen blassgelben Blume im Garten, die mir nie aufgefallen wäre, weil sie zur selben Zeit wie die Rhododendren und Kalmien ringsum blüht. Gleich blühte auch meine Liebe zu

ihr auf. Oder ihre Neigung, alles in Bildern zu begreifen. Bei einem Klavierabend mit den Etüden von Skrjabin sagte sie mir in der Pause: «Ein Wasserfall aus Farben.» So was.

Aber nicht darum liebe ich sie. Plötzlich weiß ich einfach nur: Ich liebe, ich glaube. Sprung ins Dunkle. Mehr kann ich dazu nicht sagen, andernfalls würde ich über eine Vernünftelei sprechen, nicht über die Privatmythologie, die uns selbst opak bleibt, nicht mitteilbar, im Sinne Webers, beziehungsweise mitteilbar nur in seiner radikal äußeren Form, der Unverständlichkeit.

Die Frage wäre nun: Wenn ich immer wieder neu ins Dunkel meiner Liebe springe, lässt sich dann nicht auch in das Dunkel immer neuer Lieben springen? Also unverbindlich lieben, mal dies, mal das, heute den, morgen jenen? Aber gesetzt, wir täten es: Könnten wir unserem Glauben an die Liebe dann überhaupt noch Glauben schenken? Wäre es noch einer? Der Glaube und die Liebe, der Glaube an die Liebe: Das geht nicht ohne Dauer. Doch wo kommt die Dauer her? Warum büxen wir nicht aus, sobald der Zweifel um die Ecke biegt? Weil wir die Dauer selbst wollen. Das soll nicht heißen, wir liebten und glaubten ganz aus uns selbst heraus. Natürlich treten die Liebe und der Glaube von außen an uns heran, verzaubern uns. Aber lieben und glauben tut am Ende nur der, der auch den Willen hat, sich von der Liebe und vom Glauben binden zu lassen.

Dieser Wille, sich zu binden, ist der Beitrag, den die Verbindlichkeit zur Liebe und zum Glauben leistet. Wo dieser Wille ist, eröffnen sich uns das undurchschaubare Spiel des Glaubens und Zweifelns. Wo kein Wille ist, sich zu binden, tritt an deren Stelle eine absolut absehbare Abfolge von Verzückung und Ernüchterung, ein klar zutage liegendes Verhältnis von punktuellem High-Sein mit anschließendem Kater. Nach der baren Logik des Liebesakts: *Post coitum omne animal triste.* Die Unverbindlichkeit, der Mangel an Willen, sich zu binden, überantwortet uns damit vollständig dem Raum der Kontrolle und der Berechnung. Wir rechnen mit nüchternem Kopf, ob und wie und womit es sich überhaupt lohnt, high zu sein, wir haben noch den Rausch fest im Griff. Nutzen, Kosten, alles wird verbucht. Und wenn die Kosten über dem Nutzen liegen, ist's ein schlechtes Geschäft, das schnellstens eliminiert werden sollte. Raus hier. Nix wie weg.

Aber dieser Mensch, der keinerlei Willen hat, sich zu binden – womöglich gibt es ihn gar nicht. Wer könnte in einer totalen Unverbindlichkeit leben? In der reinen Punktualität stets offener Optionen? Niemand. Eher noch bindet sich der Mensch ans Nichts, als sich nicht zu binden.

30. August: Es stellt sich also wieder die Frage, an welcher Stelle man sich bindet. Wer die Privatmythologie der Liebe scheut: Wohin wird er springen? Nochmals meine Befürchtung: In die Sphäre einer schlechten Vermittlung von Universalismus und Partikularismus, in das Mittelding irgendeiner über Ausschluss und Abgrenzung funktionierenden Gemeinschaft. In ein Gebilde also, das dem Einzelnen verspricht, zusammen mit einigen anderen (aber bloß nicht mit allen, eher schon: gegen alle anderen!) über sich hinaus zu gelangen.

Das 20. Jahrhundert erzählt, was passiert, wenn sich weite Teile der Menschheit in Klassen, Nationalstaaten oder Ethnien fügen. Vor allem der Gedanke der Ethnie hat es auch ins 21. Jahrhundert geschafft, neu hinzugekommen und an die Stelle der Klasse getreten, ist der religiöse Fundamentalismus. Daneben lassen sich Anzeichen ausmachen, dass die großen Gemeinschaften unglaubwürdig werden. Von der Moderne ergriffen, gegen deren Zumutung sie doch errichtet waren, verflüssigen sich die großen Gemeinschaften wieder, allerdings nur unvollständig, gerade so weit, dass sie zu Gruppen gerinnen: Facebook-Gruppen, Dschihad-Gruppen, Stadtteil-Gruppen, Reisegruppen, Sportgruppen. Ein vielleicht kleineres Übel als die großen Gemeinschaften, aber eben doch ein Übel. Und was noch passieren wird, wenn sich weite Teile der Menschheit darauf einigen, sich in gegeneinanderstehende Gruppen und Clans zu fügen – man will es nicht wissen.

Aber kann die Privatmythologie wirklich einen Ausweg bieten? Läuft das nicht, könnte man jetzt einwenden, auf eine totale Überforderung der privatmythologisch verklärten Beziehung hinaus? Welche Beziehung ist stark genug, den mit der Privatmythologie geforderten Sinngehalt zu tragen?

Richtig ist: Mit der «Ausdünnung von Traditionen *wachsen die Verheißungen* der Partnerschaft» (Ulrich Beck). Das zeigt sich aufs schönste am Trend der derzeitig wieder pompös begangenen Hochzeiten. Mit Tradition hat das nichts zu tun, im Gegenteil: Die heutige Hochzeit setzt die Singularität und Unwahrscheinlichkeit des Paares angesichts all der Optionen, die ihm in der Moderne entgegenstehen, spektakulär ins Bild (wenn sie nicht sogar eine Art «Bildakt» ist, der die Singularität überhaupt erst erschaffen soll). Die Hochzeit ist das Opferfest der Optionen. Man hat sich für eine Frau entschieden, gegen alle anderen Frauen. Nur: Die Optionen sind damit ja nicht aus der Welt. Man hat sich zwar festgelegt, aber man könnte noch immer ... Die Optionen, die man geopfert hat, sie existieren auf eine ganz besonders heikle Weise, sie insistieren, sie persistieren. Sie schießen als Potenzialität ins Kraut. Und so ist der Gang in die Ehe der geradeste Weg, sich einen wild blühenden Garten der Versuchung anzupflanzen.

Ich stehe auf dem Rückweg von einer Party nachts auf der Straße. Ein Taxi kommt vorbei, leider ist es bereits besetzt, aber aus unerfindlichen Gründen winke ich trotzdem. Es hält an, eine Frau öffnet hinten die Tür, lehnt sich heraus und fragt, wo ich hinwolle? Ich nenne eine Straße, sie sagt, das treffe sich gut. Ich steige ein, das Taxi fährt los. Sie steigt mit mir aus ... Was, wenn eine solche Szene mehr wäre als eine unschuldige Tagträumerei? Ist sie überhaupt so unschuldig?

Läuft die Privatmythologie der Beziehung mit ihrem Singularitätsanspruch also darauf hinaus, dass auch die Versuchung durch spukende Optionen ganz einmalig wird? Gehört zum Alltag der Ehe das Ehebruchsverlangen? Mag sein. Zumindest sollten wir wohl lieber anerkennen, dass der Mut, den wir brauchen, um uns in eine verbindliche Beziehung zu stürzen, begleitet werden sollte von der Demut, sie nicht vollständig realisieren zu können. Andernfalls würden wir dem Hochmut der Treue aufsitzen, die an ihre absolute Gültigkeit glaubt und eine Art totale Gefolgschaft proklamiert. Treu' und Ehr' – das scheint mir darum die Sprache des Gewehrs. Es geht immer gleich um alles, um Leben oder Tod. Wer die Treue bricht, der begeht Verrat, hier ist kein Wägen mehr und kein Pardon. Wer sie einmal bricht, die Treue, der hat sie auf immer gebrochen, da gibt es nichts zu deuten.

Die Verbindlichkeit hingegen bricht mit dieser «Eindeutigkeitsmetaphysik» (noch einmal Ulrich Beck), die der Treue zugrunde liegt, sie bricht mit allen Totalitäts- und Ewigkeitsansprüchen und Reinheitsgeboten. Sie folgt, ich sagte es schon, dem schwachen Denken. Und wer ein Freund des schwachen Denkens ist, darf der nicht auch mal – schwach werden?

Vielleicht ließe sich so die Verheißung der Partnerschaft, die mit der Privatmythologie einhergeht, etwas tiefer hängen, statt sie zu überfrachten. Noch besser wäre, die Privatmythologie gar nicht erst auf die Partnerschaft einzuengen. Man kann sie kumulativ denken: als Summe all jener zwischenmenschlich verbindlichen Beziehungen, die über ein rein zweckrationales, berechnendes Verhalten hinausgehen. Man kann sie auf viele Schultern verteilen. Sie umfasst auch jene Art der affektiven Bindungen, die wir zu unseren Familienangehörigen und unseren Freunden unterhalten; das Opfer – oder besser: die Preisgabe des Intellekts, wie sie Max Weber forderte – ist gleichbedeutend mit der Hingabe, die unsere Freundschaftsverhältnisse konstituiert. Die Privatmythologie muss sich ebendeshalb nicht beschränken auf die eine große Liebe. Sie ist ein weit verzweigtes Gewächs, dem die Liebe, um Webers Wort zu wiederholen, «von der Wurzel aus anhaftet».

Wäre dann die Liebe zu meiner Frau der Stamm dieses weit verzweigten Gewächses? Auf jeden Fall bin ich hier weit entfernt von einem anderen Bild, das gemeinhin die Liebe symbolisiert: dem Ring. So etwas tragen wir nicht. Bei meiner Geldknappheit hätte ich ihn auch allenfalls aus dem Kaugummiautomaten ziehen können.

Aber der wirkliche Grund war ein anderer: Steht der Ring nicht für etwas Geschlossenes, Lebenslängliches? Zeilen von Rilke gehen mir angesichts dieser Frage durch den Kopf, die berühmten Zeilen über den unglücklichen Panther: «Sein Blick ist vom Vorübergehn der Stäbe so müd geworden, dass er nichts mehr hält. Ihm ist, als ob es tausend Stäbe gäbe, und hinter tausend Stäben keine Welt.»

Also lieber die freie Wildbahn? Aber nicht doch! Das Ergebnis wäre dieselbe Leere – auf dem entgegengesetzten Weg erreicht. Rilke über die Figur der sexuellen Freibeuterin: «Ihr Blick ist vom Vorübergehen der Bären so müd geworden, dass er nichts mehr hält. Ihr ist, als ob da tausend Bären wären, und hinter tausend Bären keine Welt.»

Weder ein Ring noch kein Ring. Was bleibt dann? Ein miteinander Ringen?

KAPITEL 5

DIE GRÖSSTE VERBINDLICHKEIT

31. August: Als ich vor zehn, zwölf Jahren heiratete, Mitte zwanzig, wusste ich so gut wie nichts über Frauen, erst recht nichts über schwangere Frauen. Ich hatte nichts davon gehört, dass schwangere Frauen gelegentlich etwas anders ticken. Während der norwegische Schriftsteller Karl Ove Knausgård immerhin die Erfahrung machen konnte, dass

alles, was er über die «plötzlichen und unvorhersehbaren Stimmungsschwankungen schwangerer Frauen gehört hatte, zutraf», machte ich die Erfahrung, dass alles, was ich über meine Frau zu wissen meinte, nicht mehr zutraf. Meine Frau war schwanger, ich war aufgeschmissen.

Ich wusste auch nichts über kleine Kinder. Es musste in grauer Vorzeit gewesen sein, dass ich mir so ein Wesen zuletzt angeschaut hatte, wahrscheinlich als ich selbst noch ein kleines Engelchen der fiesesten Sorte war und meiner Schwester nach ihrer Geburt zur Begrüßung ein bisschen im Gesicht herumkratzte. Mir war also nicht klar, dass dieses große, allergrößte Geschenk – Kinder – auch jenen Doppelsinn des Wortes «Gift» wie in den alten germanischen Sprachen annehmen konnte. Gift: Gabe, Geschenk, Vermählung einerseits, tödliche Substanz andererseits. Gift können kleine Kinder fürs Liebesleben sein, und in dem Maße, wie sie das Elternpaar zusammenbinden, sprengen sie es anfangs auseinander. Nichts wusste ich, nichts ahnte ich davon, dass die Ruhe, die Souveränität, mein stilles, bescheidenes, kleines kontrolliertes Glück der Vor-Ehejahre vorbei sein würde, dass mit der Ehe und den Kindern dämonisch zweideutige Zeiten anbrechen und ich über Jahre das Schicksal der Dioskuren teilen sollte: abwechselnd im Hades und auf dem Olymp zu leben, je nachdem, ob die Kinder die Nächte durchschliefen oder durchschrien, je nachdem, ob meine Frau … je nachdem, ob ich … je nachdem, wie wir … Es gab tausend Gründe für alles, weil der Alltag mit Kindern das größte Durcheinander im Zeitalter des großen Durcheinanders ist, weil die Perspektiven verrutschen, weil aus Nichtigkeiten riesenhafte Dinge werden (darum die Auslassungspunkte im Satz zuvor, man weiß schon am nächsten Tag nicht mehr, worum der Streit ging), weil alles herrlich ist und idiotisch zugleich. Was habe ich seither geflucht, gelacht, geliebt, geweint! Manchmal bin ich etwas müde, aber bereut habe ich dies neue Leben nicht einen Tag.

Das hätte allerdings auch nichts genutzt. Denn nichts legt einen mehr fest als Kinder. Und das auch noch auf unabsehbare Zeit. Ehen zerbrechen, Freundschaften zerbröseln, Beamte werden freigesetzt, Renten sind nicht mehr sicher, das Geschlecht lässt sich umwandeln, aber meine Kinder, hier kann ich Jankélévitchs Diktum widersprechen, werden IMMER meine Kinder sein, sie sind mit der Moderne zur einzigen Form geworden, die lebenslänglich hält. Nimmt man die Tatsache hinzu, dass Kinder durch die sinkende Geburtenrate an Seltenheitswert gewonnen haben, erklärt sich, dass sie durch diese Entwicklung extrem aufgewertet, ja für manche zum Wert schlechthin geworden sind: zum Gott der Familie. Die Verheißung der Partnerschaft geht über auf die Verheißung des geliebten Kinds. Was auch nicht gut ausgehen kann.

Jedenfalls: Kinder bringen die Verbindlichkeit schlechthin. Man ist dieser Verbindlichkeit völlig ausgeliefert, vom ersten Tag an. Rums – ist ein Kind da. Und dann passieren Dinge, die man sich nicht hätte träumen können, manchmal auch nicht hätte träumen wollen.

1. September: Zwei Tage noch, dann sind die großen Ferien, ist die Zeit des großen Ausschlafens zu Ende, die Kinder werden wieder Tag für Tag in die Schule gehen. Und meine Frau auch. Das kam so:

Erst kommt ein Kind.

Wir brauchen Geld.

Meine Frau stellt ihre Bilder aus. Ich schreibe an einer Doktorarbeit.

Wir brauchen immer noch Geld.

Meine Frau stellt weiterhin ihre Bilder aus, ich breche meine Doktorarbeit ab und übersetze für einen Kleinverlag kapitalismuskritische Bücher – selbstverständlich nicht wegen des Honorars, das nicht der Rede wert ist, sondern, wie es von mir erwartet wird, aus Solidarität und Idealismus.

Wir brauchen immer noch Geld.

Meine Frau malt ein paar mehr Bilder, ich lasse das Übersetzen und beginne eine Journalisten-Karriere – mit einem unbezahlten Praktikum.

Wir brauchen immer noch Geld.

Meine Frau malt nun nicht mehr so viel. Sie ist dafür sehr gefragt in den Galerien. Sie serviert bei Vernissagen Sekt. Ich schreibe als freier Autor Besinnungsaufsätze, die keiner lesen will, vielleicht, weil das Gravitationszentrum dieser Texte die unausgesprochene Frage ist, ob ich selbst noch bei Sinnen bin.

Wir brauchen immer noch Geld.

Meine Frau malt nur sehr selten, meist wuchernde Schlingen, die sich über unseren Wochenplan ranken, der neben dem Telefon liegt. Sie geht in die Schule. Sie unterrichtet Kunst. Ich gehe in eine Lokalzeitungsredaktion und kloppe kleine Berichte über Schweinswale zusammen, über Offshore-Windparks, den Matjesanstich, Krabbenfischer und Fischfangquoten.

Wir haben nun ein ganz klein wenig Geld.

Bis unser zweites Kind kommt.

Einmal abgesehen von den zwei oder drei Jahren, in denen ich täglich in eine Zeitungsredaktion lief, kümmerte ich mich um die Kinder, im gleichen Maße wie meine Frau. Zumindest scheint mir das so, meine Frau sieht es vielleicht ein wenig anders. Ich wickelte die Kleinen, wiegte sie in den Schlaf, schob sie in der Karre durch die Straßen, saß mit ihnen im

Sandkasten und hörte dort Müttern zu, wie sie über Wickelkommoden, Kinderwagen und Sandkastenspielzeug sprachen.

Manchmal fragte ich mich: Wie wäre mein Leben vor hundert Jahren gewesen? Ich hätte mich vielleicht ganz aufs Schreiben konzentrieren können, hätte morgens den Traumbildern der Nacht nachgehangen, wäre flanieren gegangen, um Eindrücke am Wegesrand auf mich wirken zu lassen, hätte feinen Empfindungen hinterhergespürt, Gedankengebäude errichtet oder zertrümmert, ich hätte eine feste Anstellung, bei einer Zeitung, an der Universität, oder einen Mäzen gefunden, hätte auch Frau und Kinder gehabt, eine Feierabendfrau und Feierabendkinder, die mit süßem Lächeln am gedeckten Tisch gesessen hätten, wäre ich heimgekommen, in der einen Hand einen Blumenstrauß, in der anderen eine Tafel Schokolade. Meine Frau wäre mir um den Hals gefallen, und die Kinder hätten auf meinen Knien reiten wollen, und wenn's mir zu viel geworden wäre, hätte ich bloß gesagt, gar nicht mal laut, aber bestimmt: «Schluss jetzt.» Ruhe wäre gewesen. Nach dem Essen wäre ich dann wieder los, als Rezensent in eine Theateraufführung, und nach dem Stück hätte ich auf eine Schauspielerin gewartet, sie für ihr Spiel gelobt, und dieses Lob hätte die elegante Dame schon halb verführt. Am nächsten Tag hätte ich wieder auf die Dame gewartet und wäre abends noch viel später nach Hause gekommen als am Tag zuvor. Herrje, die viele Arbeit, hätte ich morgens gejammert. Und mich wieder tapfer in die Welt, in die große Welt gestürzt, mit dem beruhigenden Gefühl, mich immer in die kleine familiäre Welt zurückziehen zu können. Wäre das, fragte ich mich, mein Leben vor hundert Jahren gewesen?

Bin ich, das frage ich mich heute, eigentlich ein Modernisierungsverlierer?

Na, wenn schon! So soll es sein! Im Übrigen war das alte glamouröse Ego-Leben meist nicht lustig, sondern eine Tragödie. Heute ist es eine Farce, für die sich allenfalls realsatirische Gazetten wie die *Gala* interessieren.

Also, ich laufe nicht als Rezensent ins Theater, lauere nicht vor Künstlergarderoben. Manchmal sehe ich abends einen Film, um ihn am nächsten Morgen zu rezensieren. Ich muss dafür nicht mal ins Kino, man schickt mir die DVD. Beim letzten Mal wachte mein Sohn mitten im Film auf und stand plötzlich im Zimmer. Ich brachte ihn zurück ins Bett, legte mich neben ihn und schlief natürlich sofort ein.

2. September: Sommerferienende. Ein Tag, der mich so teuer zu stehen kommt wie ein Ferientag in Schweden. Meine Einkaufsliste:
– zwei Schreibhefte DIN A4, Lineatur 4, ohne Rand
– zwei Schreibhefte DIN A4, Lineatur 4, mit Rand
– ein Matheheft, DIN A4, Lineatur 5, ohne Rand
– ein Matheheft, DIN A4, Lineatur 5, mit Rand
– sechs bunte Heftumschläge, DIN A4
– Schnellhefter in Rot, Blau, Grün, Lila, Schwarz, Gelb und Weiß
– ein Block (gelocht) oder Ringbuch mit Linienpapier
– Zirkel
– Geodreieck
– zwei normale Bleistifte (HB)
– ein Geometrie-Bleistift (2H)
– Tuschkasten
– Tintenkiller
Gratis gab es nur den Stimmungskiller: Schlangen in allen Schreibwarengeschäften.

3. September: Erster Schultag. Um 6:20 Uhr aufgestanden. Großtat! Um 7:40 Uhr wieder ins Bett gegangen. Den Tag vertan.

4. September: Man hat sein Leben eben nicht in der Hand – dafür wenigstens die Kinder im Griff? Erst recht nicht. Glaube nicht, du könntest sie in deine Richtung drängen, sie am Nasenring durch deine Welt ziehen, sie erziehen. Es läuft andersrum: Als Erstes ziehen sie dir den Boden unter den Füßen weg. Und wenn du dann taumelst, zeigen sie dir, wo es langgeht.

Als ich mit meiner Familie in den Vorort zog, verband ich damit die Hoffnung, dass die Kinder nicht immer auf Werbeplakate von Handy-Anbietern schauen müssen, dass ihr Blick stattdessen ins Unverkäufliche gehen könne. Ich zeigte oft aufs Grün vor unseren Fenstern. Das sind Bäume, sage ich. Man kann auf sie hinaufklettern. Wie oft ich da oben gesessen habe, sage ich. Ich gehe mit gutem Beispiel voran, ziehe mich an einem Ast hinauf. Sie stehen unten und denken (ich kann es förmlich fühlen, während mein Kopf vor Anstrengung rot anläuft): was für ein Hampelmann.

Die Bäume sind nicht ihre Welt. Ich sehe es ein. Mittlerweile habe ich auch verstanden, wie das mit dem Vorort läuft. Das ist der Ort, wo du deine Kinder zum Spielen nach draußen schickst, und dann gehen sie zur nächsten Tanke, Süßigkeiten kaufen. Nach einer Weile sind sie wieder da und sagen: «Wir waren nun 'ne halbe Stunde draußen. Können wir jetzt ans Tablet?» Dann tauchen sie im Tablet ab, tauchen mühsam wieder auf, reden von Minecraft und Clash of Clans und geben dir unmissverständlich zu verstehen, dass deine Zeit abläuft, die Welt, von der du meintest, sie zu kennen, verschwunden ist, verflossen, verblüht, ach!

Und obwohl du doch weißt, dass du nichts von deinen Kindern erwarten darfst (ganz zu schweigen von dem, was sie dich kosten: Hört man nicht manchmal, bis sie aus dem Haus sind: gut eine Viertelmillion?), dass sie, wenn dereinst dein letztes Update scheitern sollte, du in die völlige Funktionslosigkeit fällst und ihnen damit auf die Tasche, sie dir raten werden, wie es stets in der Geschichte gewesen ist, beiseitezutreten, zwar nicht mehr wie früher in den Wald, aber stattdessen ins Heim, oder dich sanft überzeugen, aber nein, das brauchen sie gar nicht, denn dir ist es schon klar, dass es wohl das Beste wäre und im Sinne aller, dein Betriebssystem nun endgültig herunterzufahren; obwohl du das alles weißt, lässt du nicht davon ab, an sie zu denken, zu glauben, an ihrer Seite zu sein, was da auch komme. Deine Verbindlichkeit ihnen gegenüber: der Sache ihren Lauf zu lassen, nachdem du dich einmal zu ihr entschieden hast. Deine Kinder: Sie werden es immer sein.

Erstaunlich ist allerdings, dass diese doch so verbindliche Beziehung zu den Kindern ein hohes Maß von Flexibilität erfordert. Der flexible Mensch, von dem der amerikanische Soziologe Richard Sennett spricht und den er auf Seiten der Unverbindlichkeit sieht: In mancher Hinsicht wäre er ein ziemlich guter Vater. Denn man legt sich zwar mit Kindern fest, muss sich aber immer wieder neu auf sie einstellen. Man muss nicht immer mit ihnen befasst sein, aber wenn es drauf ankommt, ganz und gar für sie da sein, mal morgens, mal mittags, mal abends. Zu sagen, heute ist Papa-Tag, Kinder, jetzt stellt euch bitte auf mich ein, ich will jetzt mit euch Spaß haben, bevor ich mich für den Rest der Woche wieder verabschiede – so läuft das nicht. Was heute ein Problem ist, kann morgen schon vergessen sein. Ja, doch. Kinder sind schnelllebig, wechselhaft wie das Wetter, zumindest wie das Wetter in Hamburg.

Weil ich nun mit dem Hamburger Wetter schon länger Umgang pflege als mit meinen Kindern, konnte ich ihnen die Lehren angedeihen lassen, die ich aus dem hiesigen Wechsel von Sonne und Regen gezogen habe. Wer den Hamburger Sommer mitmachen will, muss sich darauf einstellen, alles stehen und liegen zu lassen, wenn die Sonne sich zeigt, sich ins Freie stürzen, weil sich andernfalls die Sonne, während wir noch überlegen, welches Tanktop oder welche Shorts wir anziehen, bereits in ein Wolkenbett gefläzt hat. Es kommt vor, dass sich die Sonne nur ein halbes Stündchen am Tag zeigt, morgens oder mittags oder abends. Ich lasse dann ...

5. September: ... alles stehen und liegen, wie gestern, als sich die Sonne gegen sechzehn Uhr sehen ließ, und Hamburg wieder zu leuchten begann in allen Farben des Sommers, die so satt waren wie sonst nur mit Photoshop bearbeitete Bilder auf hochauflösenden Computerbildschirmen. Ich habe mich erst in den kleinen Hof vor dem Haus gesetzt, mit Bohumil Hrabals «Tanzstunden für Erwachsene und Fortgeschrittene», bin zwei Stunden später, als ich zum ersten und zugleich letzten Punkt des Buches, das nur aus einem Satz besteht, gekommen war, aufs Fahrrad gestiegen, zur Elbe gefahren, Richtung Blankenese, der Sonne entgegen, um einen Cider aus dem Alten Land zu trinken und in dem goldenen Apfelwein die Strahlen der schräg über dem Fluss stehenden Sonne sich brechen zu lassen, um das Klirren von leeren Flaschen zu hören, die in Bierkästen zurückgestellt werden, das Zischen einer Fritteuse, das sanfte Glucksen des an die Ponton-Mauer schwappenden Wassers, um in alldem das langsam ersterbende Lächeln des Sommers zu vernehmen, der ja so flüchtig ist in Hamburg, kürzer noch als die Kirschblüte, deren Vergänglichkeit die melancholischen Japaner so sehr

schätzen, sodass man allenfalls einen Zipfel des Sommers erhaschen kann, wenn man flexibel ist, wie man eben auch nur einen Zipfel der flüchtigen Kindheit erhascht, vorausgesetzt, man lässt alles stehen und liegen ...

6. September: ... wie ich das gestern Mittag tat, als die Kinder aus der Schule kamen, und mich gleich mit der Bitte bedrängten, ins Freibad gehen zu dürfen, Hausaufgaben habe es nicht gegeben, zwei Freunde wollten auch mitkommen, deren Mütter hätten es schon erlaubt.
– Und wer begleitet euch?
– Du.
– Und was ist mit meiner Arbeit? Ich muss doch schreiben!
– Das kannst du jeden Tag machen. Ins Freibad kann man nur an einem Tag so schön wie heute.
   Doch wie oft gelingt uns das nicht. Wie oft bin ich, wenn ich gebraucht werde, nicht da! Wie oft schon ist mein Kleiner ins Haus gestürmt und will mir irgendwas dringend erzählen, er reißt die Tür auf, ruft: «Papa, Papa, Papa.» Und ich, ich bin grade live bei der Verteidigung Kobanes dabei, live auf dem Syntagma-Platz inmitten der Griechenland-Krise, live bei der Ankunft der Flüchtlingszüge aus Ungarn am Münchener Hauptbahnhof. Gleich, gleich, mein Kleiner, sage ich, gleich bin ich bei dir, ein bisschen später, nachher. Aber dieses Nachher gibt es nicht. Weil der Moment, in dem Kinder leben wie der Fisch im Wasser, dann schon vorbei ist, verschwunden, verflossen, verblüht, ach!

7. September: «Vous êtes embarqués», schrieb Pascal. Ihr seid eingeschifft. Er trifft damit perfekt die Situation von Eltern, überhaupt von allen, die verbindlich leben. Es ist keineswegs so, dass eine Ehe, dass Kinder dem sicheren Hafen gleichen,

in den wir uns retten, haben wir uns mit letzter Kraft den Strudeln der Boheme entwunden. Das Gegenteil ist der Fall. Die Ehe, die Kinder, die Verbindlichkeit – das ist das Meer. Ganz genau: Das Meer ist die Metapher, die uns den Verlust der Kontrolle über unser Geschick bedeutet. «Vous êtes embarqués.» Vertraut der Welle, den Winden. Gute Fahrt!

«(G)lücklich eingeschifft, trug uns der Strom / Auf leichten Wellen ohne Ruder hin.» So steht es bei Goethe, im «Torquato Tasso». Aber die Verbindlichkeit führt auch in andere Situationen: Sie ist das große Abenteuer schlechthin. Ohne Ruder: So müssen wir in der Ehe, mit den Kindern auch dem Sturm entgegensehen. Wir müssen da durch! Mit einem Stoßgebet allenfalls. Mehr steht uns nicht zu Gebote. Weil das Abenteuer der Verbindlichkeit, wie jedes wahre Abenteuer, etwas ist, das wir erleiden. Weil das Abenteuer der Verbindlichkeit, wie jedes Abenteuer, von der Passivität gekennzeichnet ist. Dem Verbindlichen bleibt nichts, wie es Walter Benjamin über Hölderlins Dichterideal sagte, «als das reglose Dasein, die völlige Passivität, die das Wesen des Mutigen ist; als sich ganz hinzugeben der Beziehung». Hölderlin selbst nennt das die «Blödigkeit» des Dichters, und Benjamin greift das Wort dankbar auf.

Webers «Opfer des Intellekts», der Kontrollverlust durch die Verbindlichkeit, die Ehe, die Kinder, man kann es nicht leugnen: eine blöde Angelegenheit.

Der smarte Mensch der Unverbindlichkeit hingegen: Er hat das Ruder immer fest im Griff. Er ist der Kybernetiker im Wortsinn, das altgriechische *kybernein* bedeutet ebendies – steuern. Er bewahrt die Kontrolle, indem er sich in eine Feedback-Schleife begibt, er bezieht jede Veränderung auf sich und schaut, was die neue Situation für ihn bedeutet, wie er darauf am besten reagieren kann. Er kontrolliert sich permanent selbst. Seine unverbindlichen Beziehungen, seine kleinen Abenteuer, seine kleinen Fluchten sind eine sichere, überschaubare Angelegenheit: Sie sind nicht mehr als ein Hin-und-her-Kreuzen in Sichtweite der Küste. Sie sind nicht mehr als ein Handel. Wenn er genug von der Brise hat, und bevor ein Sturm aufziehen kann, rudert das schlaue Bürschchen zurück. Dem Verbindlichen, dem Blödian, kann es dagegen herzlich egal sein, wie sich die Welt dreht und wie der Wind weht, weil das seine bereits getroffene Entscheidung nicht mehr tangiert. Er hat aufgehört, zu steuern, zu rechnen, zu berechnen. Noch einmal Hölderlin: «Vorwärts aber und rückwärts wollen wir / Nicht sehn. Uns wiegen lassen, wie / Auf schwankem Kahne der See.»

Wer dann dem Schiffbruch entgeht (in der Ehe sind es bekanntlich immer weniger), so wie es Margarete von Österreich in einem fiktiven Dialog des Frühaufklärers Fontenelle zugeschrieben wird, darf mit ihr die Formel der größten Abenteurer sprechen: «Die Wahrheit zu sagen, ich starb diesmal nicht, aber es lag nicht an mir.»

Das sind so die Gedanken, die ich heute habe, am Ufer der Elbe, die hinausfließt ins Meer. In die Nordsee, die Mordsee.

8. September: Nachrichten aus der Utopie, Teil 1

Meine Frau begleitet eine Klassenreise. Für mich heißt das, den Traum von Marx aus seiner überschwänglichen Schrift «Die deutsche Ideologie» zu leben: «(H)eute dies, morgen jenes zu tun, morgens zu jagen, nachmittags zu fischen, abends Viehzucht zu treiben, nach dem Essen zu kritisieren, wie ich gerade Lust habe, ohne je Jäger, Fischer, Hirt oder Kritiker zu werden», beziehungsweise morgens die Wäsche waschen und staubsaugen, mittags kochen, nachmittags Hausaufgabenhilfe betreiben und abends schreiben. Utopie? Heiliger Marx, du Schnarch! Was wirfst du nicht so alles durcheinander! «Wie ich gerade Lust habe», das ist wirklich die perfekte Formel einer auf die Spitze getriebenen infantilen Unverbindlichkeit. Hätte Marx nicht nur so infantil gedacht, sondern auch gehandelt, die Folgen wären dramatisch gewesen: «Lieber Karl, kannst du uns mal ein kommunistisches Manifest schreiben?» – «Ja, klar, kann ich machen. Ich meine, wenn ich nicht doch lieber angeln gehe.»

Wir haben es hier allerdings mit einem recht ernsten Problem zu tun, das die Frage nach der Verbindlichkeit im Kern betrifft. Denn Marx glaubt, dass die Verbindlichkeit, die «unserer Kontrolle entwächst, unsere Erwartungen durchkreuzt, unsere Berechnungen zunichte macht» allein im Dienste der herrschenden Klasse und des mit ihm verbandelten Staates steht.

Diese Idee geistert bis heute durch viele Köpfe. Sich ja nicht festlegen! Heute dies, morgen jenes tun, heute dies, morgen jenes sein, dem Staat, den Zuschreibungen, der Kontrolle, der persönlichkeitsverarmenden Arbeitsteilung entwischen, alles und nichts tun, universeller Dilettant sein.

Dagegen müsste man nun einwenden, dass es kontraproduktiv ist, Maskenspiele zu betreiben und sich stets neue Hüte aufzusetzen. Man müsste zeigen, dass die Schlapphüte des Staates dann eben ihre Begriffe und Suchkriterien verfeinern, während der Kapitalismus ungerührt seine Produktpalette ausdifferenziert, um all die verqueren Typen wieder in die Konsumsphäre einzugliedern. Zugleich müsste man zeigen, wie heute gerade die Festlegung zu einer Vertiefung führt, in die die Netze der Kontrolle und des Konsums nicht mehr reichen. «Individuum est ineffabile», das Individuum ist nicht zu fassen, hieß es von Platon bis Goethe, und man müsste zeigen, dass dies mit den Festlegungen und Bindungen zu tun hat, die sich das Individuum im Namen seiner selbst wie im Namen eines anderen auferlegt.

Das mag jetzt dunkel klingen. Aber nachdem ich heute Morgen die Wäsche gemacht und Staub gesaugt, mittags gekocht und meinen Kindern nachmittags bei den Hausaufgaben geholfen habe, bin ich zu dieser späten Abendstunde schlicht zu müde, um noch klar zu denken.

9. September: Nachrichten aus der Utopie, Teil 2

Bei der Beantragung des Elterngeldes zeigt sich von Jahr zu Jahr: Der Hausmann ist ein Mythos, es gibt ihn schlicht nicht, niemand will es sein, allenfalls für zwei Monate. Ich kann auch verstehen, weshalb. Ein Wohnungsmann sein, das würde ja noch angehen. Aber ein Haus, das ist schlicht zu viel. In der Wohnung habe ich es geschafft, mit dem Staubsauger ohne Steckdosenwechsel in jede Ecke zu gelangen. Im Haus brauche ich fünf Steckdosen auf zwei Etagen.

Platz zu haben, ist ein Luxus. Und eine Last. Als wir die Wohnung aufgaben, hatte uns niemand erzählt, dass wir das Haus im Grünen mit einer ganzen Reihe ungebetener Mitbewohner zu teilen hätten. Weberknechte! Kellerasseln! Wespen! Ameisen! Silberlinge! Schuster!

Vor allem die Weberknechte mit ihren langen Beinen halten mich als Hausmann auf Trab. Anfangs habe ich sie eingefangen, ein Glas drübergestülpt, ein Blatt druntergeschoben, raus aus dem Fenster. Dann kam der Sommer, die Tage wurden länger, wärmer. Die Weberknechte wurden mehr. Wenn ich abends noch im Bett las, kam es immer häufiger vor, dass ein Weberknecht durch das Gebirge der sich pludernden Decken ging. Einmal sah ich, wie ein schon recht stattliches Exemplar über die holde Stirn meiner schlafenden Frau

spazierte. Ich möchte nicht wissen, was die Biester so treiben, wenn ich nicht hinschaue. Was ja meistens der Fall ist,
da ich im Bett allerhöchstens zwei Seiten (gewöhnlich dieselben) lese, bevor mir das Buch aus der Hand fällt. Ich griff
jedenfalls schnell zu einem leeren Glas, fing das impertinente
Ding ein und beförderte es schnurstracks aus dem Haus. Als
ich mich wieder hinlegen wollte, sah ich unter einem Brett
des Bücherregals am Bett schon den nächsten Kerl. Schwups,
hatte ich auch ihn aus dem Fenster befördert. Dabei fielen
mir in den Fensterkreuzen gleich zwei weitere Weberknechte
auf, die so taten, als würden sie mich nicht sehen. Hinaus
auch mit euch! Als ich mich genervt ins Bett legte, die Hand
ausstreckte und das Licht ausknipste, spürte ich ein leichtes
Kribbeln auf dem Finger. Ich knipste das Licht erschrocken
wieder an, sah am Schalter einen lädierten Weberknecht und
an meinem Finger eins seiner Beine!

Am nächsten Morgen sah ich: Sie saßen überall. Nicht nur
an den Zimmerecken, auch entlang der Fußleisten, in den ge-
rafften Gardinen, die Türzargen rauf und runter, über die Decken zogen sie feine, kaum sichtbare Fäden, die von kleinen
Punkten unterbrochen waren, die ich sofort mit dem Nach-
wuchs der Weberknechte zusammenbrachte. Was sollte man
tun? Ans Einfangen und Aussetzen all der Weberknechte war
nicht mehr zu denken. Vielleicht, dachte ich, würde sich die
Sache irgendwie einpendeln. Vielleicht wäre das schon der
Gipfel. Das Haus gewissermaßen voll, neue Weberknechte
würden nicht mehr einziehen wollen, Dichte-Stress, wie die
Schweizer sagen. Dem war aber nicht so. Die Weberknechte
schraubten einfach ihre Ansprüche zurück und schlugen ihre
Zelte noch in den unwirtlichsten Gegenden auf. Man musste
sie morgens aus den Schuhen schütteln! Und ich musste es
mir eingestehen. Die Sache lief – wie es verschreckte Bürger

einer Stadt sagen, die eine anfangs geduldete Besetzung zu beenden wünschen – aus dem Ruder. Und mich wurmte es mächtig, dass ich eben noch vom Glück fabulierte, «auf leichten Wellen ohne Ruder» dahinzutreiben, und nun das Ruder herumzureißen hatte.

Es begann mich auch zu stören, dass sich die Weberknechte immer hemmungsloser über unsere Kellerasseln hermachten und sie zu Unzeiten verspeisten. Ich habe zwar selbst nichts gegen ein kleines Mitternachtsmahl einzuwenden, aber mitten in der Nacht sich über eine Kuh hermachen, käme mir nicht in den Sinn. In dieser Größenordnung spielt sich aber das unzeitige Nachtmahl des Weberknechts ab, wenn er eine Assel schnabuliert.

Ihnen beim Essen zusehen zu müssen, ist dann wahrlich kein Vergnügen. Das mache ich bei meinen Mitbürgern ja auch nicht. Immer auf den Teller schauen, so habe ich es mir angewöhnt, auf die Hände des Gegenübers, aber nur, wenn sie über dem Teller sind, nicht wenn sie gen Mund wandern, dann sollte man schnell irgendwo anders hinschauen, an die Decke zum Beispiel, und erst dann das Gesicht des Gegenübers kurzzeitig fixieren, wenn die Kaubewegungen des Mundes es nicht mehr verzerren. Da das angesichts eines speisenden Weberknechts, der keine Hände hat und meist schon an der Decke sitzt, nicht funktioniert, wen sollte das wundern? Ich musste also mit ansehen, wie der Weberknecht die Assel erst durchrüttelte, mit allen seinen Beinen zugleich traktierte, sie mit irgendwelchen Beißwerkzeugen zwickte und mit einem plötzlich hervorgezauberten Rüssel anschließend auszusaugen schien. Ich konnte zwar von Glück reden, dass dieses Procedere immerhin in dezentester Stille vor sich ging, hatte aber trotzdem genug gesehen, um zur Tat zu schreiten. Ich rückte mit einem Staubsauger an. Der Weberknecht musste samt seines Schmauses in den Beutel. Saugen und gesaugt werden. Zugegeben: ein Scheißleben.

Seither ist der Staubsauger im Sommer einige Male zum Massengrab geworden. Es stimmt mich jedes Mal traurig, wenn ich saugen gehe, und stürzt mich in Verwirrung, weil ich mein halbes Leben damit zugebracht habe, in Gedanken Nietzsches Diktum, dass alles Leben immer auf Kosten anderen Lebens lebt, zu widerlegen. Und nun widerlegt mich das Leben, mein Leben, ausgerechnet mein Leben als Hausmann! Widerlegt mich diese blöde Saugerei! *Life sucks.*

Noch ein Wort zu den Kellerasseln? Oh, sie sind höchst vornehm! Es gibt hier im Haus genauso viele Kellerasseln wie in Hamburg Millionäre. Aber man sieht sie nie, genauso wenig wie die Millionäre. Nur manchmal taucht eine von ihnen aus der Deckung auf, es wirkt, als habe sie sich verirrt. Sie zieht dann provozierend langsam ihre Bahn, über den Teppich, schräg über die Wand. Wohin sie will? Was sie im Schilde führt? Man weiß es nicht. Schaut man dann nur kurz grübelnd auf seine Fingernägel: Schon ist sie vom Radar verschwunden. Wie hat sie das gemacht, wo Kellerasseln doch sonst so langsam sind? Sie tarnen sich und gehen ihren Geschäften in größter Verschwiegenheit nach. Sie sterben auch unter sich. Zusammengerollt werden sie hart wie kleine Kieselsteine. Zu Dutzenden liegen diese kleinen Steinchen dort, wohin kein Blick fällt, hinter Regalen, unter Sesseln und in den Tiefen der Wandschränke. Nehmen sie dann den Weg durchs metallene Staubsaugerrohr, die toten Kellerasseln – wie sie dann rasseln!

10. September: Nachrichten aus der Utopie, Teil 3

Eine Spülmaschine? So was Profanes kommt mir nicht ins Haus. Beim Abwaschen lassen sich alle Lehren des Zen beherzigen, auch wenn bislang eine Anleitung, etwa unter dem Titel «Die Kunst, einen Teller zu spülen», noch nicht geschrieben scheint.

Es verhält sich ganz genau, wie man es vom Zen kennt: Wichtig ist, so lange abzuwaschen und sich so sehr auf den Abwasch zu konzentrieren, mit allem, was uns an Sinnen gegeben ist, bis man nur noch abwäscht. Der Trick ist: Wenn man nichts als abwäscht, wenn man ganz und gar der Abwasch *ist*, macht sich ein Empfinden in warmen Wellen breit, als wüsche man nicht mehr ab. Als entginge man dem Abwasch, während man nichts als abwäscht. Als würden sich Tun und Nicht-Tun, Sein und Nicht-Sein berühren und, während man mit Gabeln, Messern, Löffeln hantiert, zu einer paradoxen Totalität runden. Man kann dann gar nicht mehr sagen: Ich wasche gerade den Teller ab, auch zwischen Subjekt und Objekt verschwimmen die Grenzen, dir ist, als wüsche der Teller dich. Aber was heißt dann noch Teller! Alles fließt und strömt und ruht zugleich. Du entrinnst dir, gurgelst im Abfluss, bist eine Schliere, ein Tropfen, und ein Tropf nicht minder.

Zugegeben, ganz so weit bin ich noch nicht mit der Praxis des Zen, komme aber der Sache näher, wann immer ich abwasche. Was ich dieser Tage unermüdlich tue, ohne dass mir doch der Schlendrian fremd wäre, wie ich heute wieder am hoch aufragenden Turm aus Geschirr und Besteck, Töpfen und Kännchen ablesen kann. Das ist gut so, denn sosehr wir abwaschen wollen, und beim Abwasch etwas wollen, im selben Maße sollten wir auch das Ziel aus den Augen verlieren, weil die Befreiung, wie uns der Zen lehrt, nie allein das Ergebnis künstlicher Disziplin sein kann.

Na, dann wollen wir mal. Und möchten auch lieber nicht.

11. September: Nachrichten aus der Utopie, Teil 4

Die Wäsche hängt sich nun wirklich wie von selbst auf. Vor allem, wenn man dabei Theodor W. Adorno, Arnold Gehlen oder Niklas Luhmann im Ohr hat. YouTube sei Dank! So ein philosophischer oder soziologischer Kurzvortrag, während man Hemden und Socken sortiert, ist besser als jede Vorlesung an der Uni, wo man ja doch nur nach einer Viertelstunde einschläft oder zumindest so sehr mit der Müdigkeit ringen muss, dass es schlecht angeht, nebenbei auch noch mit den in der Vorlesung ausgebreiteten Gedanken zu ringen. Ich möchte das gar nicht den Professoren anlasten, es hat eher mit der Atmosphäre an der Uni zu tun, die häufig zu dunklen Räume, stets zu wenig Luft, die immer gleichen Sitzreihen, überhaupt: das Sitzen! Von mir kann ich jedenfalls sagen: Jeden zweiten Tag eine halbe Stunde am Wäscheständer stehen – das ersetzt jedes Studium.

Als meine Frau heute Nachmittag von der Klassenreise zurückkam, fragte sie:
– Und, wie geht's, wie steht's?
– Na ja, es stand mal wieder Verbindlichkeit gegen Verbindlichkeit. Die Verbindlichkeit familiärer Häuslichkeit auf der einen Seite, die Verbindlichkeit meiner Aufzeichnungen auf der anderen Seite, und ich habe mich gefragt, ob es wohl geht, beides zu verbinden. Einen Versuch war es jedenfalls wert.

KAPITEL 6

DREI SIND EIN PAAR ODER:
UNTERWEGS ZUM UNIVERSALISMUS

12. September: Das Jahr 1837, irgendwann im Februar. Sören Kierkegaard schreibt in sein Tagebuch: «Alle wahre Liebe beruht darauf, dass man einander in einem Dritten liebt.» Fragte man mich nach einem elften Gebot, ich gäbe zur Antwort: Jeder Mensch sollte mindestens drei Tage seines Lebens über Kierkegaards Worte meditieren.

13. September: «Alle wahre Liebe beruht darauf, dass man einander in einem Dritten liebt.»

14. September: «Alle wahre Liebe beruht darauf, dass man einander in einem Dritten liebt.»

15. September: Den Begriff der Privatmythologie habe ich mit der Hoffnung verbunden, dass er die Moderne kurieren könne. Die Privatmythologie als solche ist aber nur ein Glück im Winkel, das ranzig wird, sucht man es nur dort, im Winkel. Auch die Liebe, die der Privatmythologie Leben einhaucht, muss weit über das Private hinausgehen, andernfalls ist sie nichts. Sie muss hineinragen in ein Drittes.

Nur: Was ist dieses Dritte? Für Kierkegaard ist die Antwort klar, wie das vollständige Zitat zeigt: «Alle wahre Liebe beruht darauf, dass man einander in einem Dritten liebt, und das angefangen vom niedersten Stadium bis hinauf zur Lehre des Christentums; dass die Brüder einander lieben sollen in Christo.»

In Christo? Andere würden sagen: in Mohammed, in Buddha, in Krishna und wie die Namen derer heißen, um die sich Gemeinschaften versammeln. Kierkegaards Satz würde dann zum Ausdruck bringen, dass die Dualität zwischenmenschlicher Beziehungen erst wahrhaft im Zeichen der Liebe stehe, wenn sie sich innerhalb einer größeren Ordnung wiederfindet.

Aber warum dann in Christo? Wo die Grenze ziehen, sobald man sich einmal aufgemacht hat, die Dualität hinter sich zu lassen? Wieso dann haltmachen bei Christus, Mohammed et al.?

Kierkegaard hat dieses Problem gesehen und mit einer genialen Argumentationsfigur zu lösen versucht. Weil Christus am Kreuz für uns alle gestorben sei, springe er als historische Figur gleichsam aus der Geschichte heraus. Der dänische Philosoph hat das Christentum – wo es nur ging – auf den Universalismus getrimmt und von allem gereinigt, was nach Historie roch. Der Universalismus, folgt man dieser Argumentation, kann nicht dabei stehen bleiben, ein partikulares Ereignis zu sein. Auch wenn der Universalismus historischen Ursprungs ist, streicht er diesen, sobald er in die Welt kommt, seinem Begriff nach durch.

Aber, frage ich mich dann, warum nicht gleich zu diesem, das Christentum überragenden Begriff fortschreiten? Kann man nicht in einen Glauben an den Universalismus springen, in einen universalistischen Mythos?

Diese Lösung wurde erstmals im «Ältesten Systemprogramm des deutschen Idealismus» skizziert. So nennt man das doppelseitig beschriebene Papier in der Handschrift Hegels, das 1913 auftauchte und mitten in einem Satz beginnt, mit einem –. Sprich: mit einem Gedankenstrich. Ob Hegel dieses großartige Fragment verfasst oder bloß eine Abschrift angefertigt hat und das Systemprogramm ursprünglich aus der Feder eines seiner Zimmerkollegen im Tübinger Stift stammt, also von Hölderlin oder Schelling – man weiß es nicht. Was man weiß, ist, dass der spätere Hegel, der den preußischen Staat glorifizierte, mit dem Programm nicht mehr viel hätte anfangen können, weil es darin klipp und klar heißt: «(J)eder Staat muß freie Menschen als mechanisches Räderwerk behandeln; und das soll er nicht; also soll er *aufhören*.» Der Autor will «das ganze elende Menschenwerk von Staat, Verfassung, Regierung, Gesetzgebung bis auf die Haut entblößen» – was dann fast zwei Jahrhunderte später Foucault mit Bravour getan hat. Gegen diese leblose, den Menschen vereinzelnde kleinmaschige Maschinerie – Foucault findet für sie die Formel der «Mikrophysik der Macht» – bringt der Verfasser des Systemprogramms den Gedanken einer beschwingten «Physik im Großen» ins Spiel. Er träumt von einer «Mythologie der Vernunft», die mittels der Idee einer im weitesten Wortsinn genommenen Schönheit uns alle vereinigen kann. Aber bis dahin ist es ein weiter Weg: «Ein höherer Geist, vom Himmel gesandt, muß diese neue Religion unter uns stiften, sie wird das letzte, größte Werk der Menschheit sein.» (Man beachte die feine Paradoxie: Vom Himmel gesandt ist diese Religion dennoch Menschenwerk!)

Schelling hat den Gedanken später ausgemalt. Er spricht von «jener nicht mehr ausschließenden Stadt Gottes (...), die ohne beschränkenden Zwang, ohne äußere Auktorität, welcher Art sie sey, durch sich selbst besteht, weil jeder freiwillig herbeikommt, jeder durch eigne Ueberzeugung, indem sein Geist in ihr eine Heimath gefunden, zu ihr gehört».

Und, ist sie gekommen, diese neue universalistische Vernunftreligion, zu der sich jeder freiwillig bekennen kann? Wie steht es um die von Schelling erträumte Stadt Gottes?

Man würde meinen können, nichts dergleichen habe sich gezeigt. Aber das täuscht. Eine Art Dekalog dieser neuen Religion oder, um in Schellings Bild zu bleiben, der Grundriss dieser Stadt Gottes steht bereits. Und zwar in Form der Allgemeinen Erklärung der Menschenrechte.

Tatsächlich scheint der Universalismus der Menschenrechte nicht mittels des Intellekts und der rationalen Überlegung begründbar. Jede Begründung stößt an den Punkt, der eine Setzung ist; die Idee einer «absolut gültigen Menschenwürde» etwa, oder das «Faktum der Vernunft» bei Kant. Diese Setzung verlangt von uns, dass wir sie glauben, sie verlangt von uns Webers «Opfer des Intellekts». Und sie ist selbst schon ein «Satz» im Sinne des Sprungs. Die Allgemeinen

Menschenrechte ergeben sich nicht aus dem Lauf der Geschichte. Sicher, es geht ihnen eine westliche Geschichte aus griechischer Philosophie und Naturwissenschaft, Christentum, römischem Recht und so weiter voraus, ja, auch jene unselige Verquickung von Universalismus und Machtpolitik, für die der Name «Kolonialismus» steht. Das darf uns aber nicht dazu verführen, den Universalismus als westliche, geschichtlich gewordene Besonderheit preiszugeben, wie es seine Verleumder so gerne hätten. Er lässt sich retten: als reflexiver Universalismus, der sich den dialektischen Fallstricken des westlichen Aufklärungsfundamentalismus stets bewusst ist. Zumal der ideelle Kern der universellen Menschenwürde ohnehin aus diesem kontingenten Geschichtsverlauf herausspringt, nach dem Muster von Kierkegaards Argumentation.

Nun sind die Menschenrechte für sich genommen eine recht dürre Mythologie der Vernunft. Was fehlt, ist die sinnliche, ästhetische und konkrete Ausgestaltung des mit den Menschenrechten gegebenen universalistischen Grundrisses. Das geht allerdings zurzeit über jedes Vorstellungsvermögen hinaus, ja, es ist fraglich, ob der Universalismus überhaupt einen ästhetischen Gehalt haben kann, der den absoluten Forderungen des Begriffs entspricht.

Hier hatte schon der Verfasser des «Ältesten Systemprogramms des deutschen Idealismus» seine Zweifel. Hinter seiner alles vereinigenden Idee der Schönheit steht deshalb bei ihm ein «Polytheismus der Einbildungskraft und der Kunst».

Das Wort Polytheismus verdeckt nur notdürftig, dass es keine vereinigende Idee der Schönheit gibt. Und heute, zwei Jahrhunderte später, ist dieser Anspruch vollends verfallen. Die Kunst ist gänzlich ausdifferenziert, sie vereinigt fast nichts und niemand, wir nähern uns nach der Epoche von Andy Warhol, in der jeder Mensch fünfzehn Minuten Ruhm erlangen konnte, einer neuen Epoche, in der alle Menschen Künstler, Schriftsteller, Musiker sind und fünfzehn Fans haben. Nein, nein, die Kunst ist ein Subsystem neben anderen gesellschaftlichen Systemen, ohne Anspruch, noch für alle sprechen zu können, nicht mal als Polytheismus.

Was aber lässt sich dann dem absoluten, abstrakten Universalismus an die Seite stellen? Nur ein absoluter Partikularismus. Die Privatmythologie zwischenmenschlicher Beziehungen, die nichts anderes ist als ein Sprung in den Kontrollverlust angesichts des anderen und die von der Verbindlichkeit forcierte, sich entfaltende Geschichte ebenjenes Kontrollverlustes. Ich glaube also, dass der Monotheismus der Vernunft, wie er in den Menschenrechten zur Geltung kommt, durch einen Polytheismus, nicht der Kunst, sondern schlicht der Liebe zu ergänzen wäre. Ja, mir scheint, als ob die Leere des absoluten Universalismus, der nicht über die Menschenrechte hinausgeht und keine Idee einer alles verbindenden Schönheit kennt, geradezu die Bedingung der Möglichkeit von Liebe ist. Gäbe es tatsächlich jene Stadt Gottes, in der unser Geist mit seinem Bedürfnis nach Schönheit eine Heimat fände, wie es Schelling vorschwebte, wir bräuchten die Privatmythologie der Liebe nicht. Wir würden einander schlicht nicht lieben.

Alle wahre Liebe beruht darauf, dass man einander in einem Dritten liebt – in der Leere des Universalismus, der uns wieder und wieder vor die Forderung stellt, einen ihm angemessenen Inhalt zu (er)finden.

Das heißt konkret, über die Zweisamkeit, die Innigkeit des Paares hinauszugehen. Das Paar kann sich nicht verschließen in seiner Liebe. Die Liebe ist immer auch Arbeit an der Welt. Wobei wir uns dann dem Umkehrschluss stellen müssen: Das

Kaputte und Heillose dieser Welt beschädigt unvermeidlich die Liebe. Die Kränkungen, Verluste, Niederlagen, Enttäuschungen, die man bei der Arbeit an der Welt erfährt, werden von der Liebe nicht kompensiert, im Gegenteil: Sie lagern sich als Stachel im Liebenden ab, der früher oder später gegen die geliebte Person sich kehrt. Dieser Stachel beschädigt die Liebe. Und hat doch wieder etwas Gutes: Gäbe es die unbeschädigte Liebe, uns könnte die Arbeit an der Welt egal sein. Wir würden schlicht nicht universalistisch denken.

Damit ist noch etwas anderes gesagt: Wer glaubt, das Heillose vor der Haustür lassen zu können, wie es in der langen Traditionslinie des biedermeierlichen «My home is my castle» bis hin zum heutigen Cocooning geschieht, wer das Band zwischen der Liebe und dem Universalismus zerreißt, wer die Liebe im gesellschaftlichen Vakuum ansiedelt, dem wird sie zum künstlichen Paradies, und das nimmt immer ein böses Ende.

16. September: Meine Hoffnung ist also, dass wir die Lieblosigkeit und die unter der Sonne reiner Rationalität verdampften Sinngehalte in der Moderne kompensieren können durch dieses doppelte Opfer des Intellekts: Sprung in den absoluten Universalismus einer im Zeichen der Menschenrechte agierenden Politik, Sprung in den zwischenmenschlichen Partikularismus einer im Zeichen der Liebe stehenden Privatmythologie. Beide Begriffe sind mit der Verbindlichkeit verwoben. Sie bilden den Doppelstern, der, um die Anfangsthese meiner Aufzeichnungen zu präzisieren, den Weg weist vom Ich zum Wir.

Menschenrechte gehören einerseits in die Sphäre des geltenden Rechts. Sie sind in Teilen übernommen worden in den Katalog der Grundrechte. Als Grundrechte lassen sie sich dort, wo sie gesetzlich verankert sind, in einem geregelten Verfahren einklagen, die Verstöße dagegen ahnden. Juristisch gesprochen: Ihnen wohnt rechtliche Verbindlichkeit beziehungsweise Rechtsverbindlichkeit inne. In der Sphäre des Rechts bezeichnet die Verbindlichkeit also die Gültigkeit des Rechts.

Die Menschenrechte nehmen eine Sonderstellung ein: Sie beruhen nicht auf einem Vertragsdenken, sind nicht an Pflichten gekoppelt, sondern haben aus sich selbst heraus eine absolute Gültigkeit. Zuvor habe ich unterschieden zwischen einer vertraulichen und einer vertraglichen Verbindlichkeit. Die Menschenrechte stehen dazwischen: Wie die vertragliche Verbindlichkeit lassen sie sich in einem formalisierten Verfahren einklagen. Wie die vertrauensvolle Verbindlichkeit haben sie eine affektive, soziale Seite. Sie sind Ausdruck eines tiefen Gefühls von Zusammengehörigkeit, dem Gefühl, einer Familie zu entstammen. Ihr Geist ist, da hatten die französischen Revolutionäre recht, die Brüderlichkeit, oder, wie wir heute sagen würden: die Geschwisterlichkeit.

In diesem Sinne sind die Menschenrechte natürlich eine Utopie geblieben, auch dort, wo man sich, wie hierzulande, ständig auf sie beruft. Das Menschenrecht auf Arbeit beispielsweise: Wir alle, die wir vollbeschäftigt sind, treten wir es nicht mit Füßen? Denn wer wollte schon, damit alle Arbeit finden, seine Arbeit mit einem anderen teilen? So gut wie niemand. Weil natürlich alle meinen, nur sie allein könnten diese eine spezielle Arbeit, an der sie gerade sitzen, diese Spitzenarbeit leisten! So kommt es, dass wir in vielen Zeitungen stets das gleiche Zeug der immer selben Schreiber lesen müssen. Angesichts der vielen guten Autoren, die es gibt, oder genauer: die es sofort gäbe, würden zweifelhafte Monopolisierungsstrategien nicht fortwährend das Feld bereinigen, könnte man es im Namen der Menschenrechte für ethisch fragwürdig halten, sagen wir, mehr als fünfzehn Artikel pro Jahr und zwei Bücher in zehn Jahre zu verfassen. Es lebe das unterbeschäftigte Prekariat!

Das sagt keiner gerne, ich schon gar nicht: Denn der, der etwas zu Gehör bringen kann, bringt naturgemäß lieber zu Gehör, dass er der Einzige ist, der etwas Gewichtiges zu sagen hat, nicht, dass ihm nur zufälligerweise gerade das Megaphon in die Hand gefallen sei und alles, was er sage, von dem, der neben ihm steht, ebenso gut hätte gesagt werden können. «WHO GETS TO SPEAK AND WHY», schrieb die amerikanische Schriftstellerin und Künstlerin Chris Kraus in ihrem wegweisenden Roman–Essay «I love Dick», «IS THE ONLY QUESTION.» Wer erhält die Möglichkeit zu sprechen? Und warum?

– Huhu, Herr Nachbar: Wie stehen Sie zur Verbindlichkeit?
– Was? Wie es um meine Befindlichkeit steht? Bestens, bestens. Haben Sie Dank. Und selbst?
– Ebenso, ebenso. Herzlichen Dank.

Ich sehe keinen prinzipiellen Unterschied zwischen einem solchen Gespräch und meinen Aufzeichnungen.

17. September: Habe gestern Abend meiner Frau im Bett auseinandergesetzt, wie ich an Geld kommen könnte. Leider war am Ende keine brauchbare Idee dabei.

Ob der Sozialstaat einspringt? Es gibt doch diese Möglichkeit, ein knappes Auskommen «aufzustocken», wie es mit dem Wort aus der Immobilienwirtschaft so schön heißt. Gefühlte Chefetage für alle! Ja, der Sozialstaat kann doch etwas sehr Schönes sein. Okay, er knausert arg, man müsste ihn mal wieder besser ausstaffieren, er könnte noch viel schöner sein, aber immerhin: Es gibt ihn noch, das gute alte Ding. Pierre Bourdieu hatte schon recht, als er gesagt haben soll, der europäische Sozialstaat sei so unwahrscheinlich und so kostbar wie Kant, Beethoven, Pascal und Mozart.

Der Vergleich ist treffend. Kant und Pascal haben durch und durch universalistisch gedacht, während die Instrumentalmusik der Wiener Klassik als der erste Ausdruck einer universalistisch ausgerichteten Kunst gelten kann. Sie hatte sich von allem gelöst – Gesang, Ritual, Tanz, Gottesdienst –, um nichts anderes zu sein als reine Musikalität, die «unabhängig und unbedürftig eines von Außen her kommenden Inhaltes, einzig in den Tönen und ihrer künstlerischen Verbindung liegt». Das schrieb 1854 der Musikkritiker Eduard Hanslick. Heute reicht ein Blick in den Orchestergraben, um dieses Heraustreten der Wiener Klassik aus der historischen Zweckgebundenheit der Musik in einen absoluten, universalistischen Bereich zu erkennen: Nirgends ist der Grad an Internationalität höher als dort.

Wie Kant, Pascal, Mozart und Beethoven ist auch der Sozialstaat verankert im Universalismus. Er geht aus dem Gleichheitspostulat der Moderne hervor, er ist Ausdruck eines geschwisterlichen Solidar- und Verantwortungsgefühls der in einem Staat zusammenlebenden Menschen. Er ist ein unverzichtbares Kompensationsmodell innerhalb der Moderne, weil es den zur Individualisierung verdonnerten, den ebenso freien, wie freigesetzten Menschen ein kollektiv gespanntes Sicherheitsnetz bietet.

Leider nur lässt sich, wie laut Montaigne alles Gute, auch der Sozialstaat missbrauchen. Im Nationalprotektionismus des späten 19. Jahrhunderts mündet sein Konzept im Nationalismus. Gleichheit und Solidarität nach innen, Abgrenzung und Aggressivität nach außen, lautete die fatale Losung. Im

Nationalsozialismus wurde der Gleichheitsgedanke und die Solidargemeinschaft noch weiter pervertiert, indem man sie auf eine exklusive Herkunft verengte.

Es gibt allerdings keinen vernünftigen Grund, den Gedanken der Gleichheit an irgendeiner willkürlichen, historisch gewachsenen Grenze haltmachen zu lassen. Der Sozialstaatsgedanke muss vom Geist des Universalismus belebt sein – oder er taugt nichts. Es ist wie mit der Unmöglichkeit des Glücks im Winkel, wie mit der Liebe, die auf ein Drittes hin liebt, die nur in der Zugluft am offenen Fenster zur Welt gedeiht.

Inmitten der finsteren Jahre des Ersten Weltkriegs, als der Gleichheitsgedanke ganz und gar von den europäischen Nationen gekapert wurde, sahen nur wenige so klar wie der Philosoph und Sozialdemokrat Karl Kautsky. Er schrieb 1917, dass die Souveränität der Einzelstaaten in Europa aufhören müsse «und sie alle Teile eines großen Ganzen werden, der Vereinigten Staaten von Europa, wobei unter Europa nicht der Erdteil, sondern das ganze Gebiet europäischer Kultur zu verstehen ist». Und er schloss: «Nicht die Differenzierung, sondern die Assimilierung der Nationalitäten, nicht der Zugang der Massen zur nationalen Kultur, sondern der zur europäischen Kultur, die immer mehr gleichbedeutend wird mit Weltkultur, ist das Ziel der sozialistischen Entwicklung.» Heute müsste es der Sozialstaatsgedanke sein, der darauf zielt, erst auf europäischer Ebene verwirklicht zu werden, bevor ihm auch Europa zu klein wird. Das ist zwar heillos utopisch, aber dennoch wichtig zu sagen. Denn wer das höchste Ziel aus den Augen verliert, läuft Gefahr, das Erreichte für das Ein und Alles zu halten.

Ich plädiere auch deshalb für den Sozialstaat, weil sein derzeitiger Rückbau im Namen des Neoliberalismus die ökonomische Verbindlichkeit des Staates auf die zwischenmenschliche Verbindlichkeit abwälzt. Wenn der Staat sich zurückzieht als Garant ökonomischer Solidarität, muss jeder sein eigenes ökonomisches Sicherheitsnetz knüpfen. Die wenigsten werden es sich leisten können, den Nächsten, den Freund, den Ehepartner, die Kinder nicht als potenzielle Knoten in diesem Netz zu sehen.

Die Sicherheit, die uns ein Kollektiv bietet, ist die Voraussetzung, ins Dunkel der Privatmythologie jenseits der Berechnung zu springen. Der Sozialstaat hilft, dass wir verbindlich sind im Namen des Nächsten, nicht mit Blick aufs nächste Portemonnaie. Wenn wir nicht wollen, dass Verbindlichkeit um ihrer selbst willen ein Luxus ist, etwas Exklusives (das in den Ruch geriete, ein Distinktionsmerkmal zu sein); wenn wir wirklich an den Wert einer neuen Verbindlichkeit glauben, die nicht mehr auf den alten sozioökonomischen Bedingungen beruht, müssen wir zwangsläufig auf Verteilungsgerechtigkeit und Chancengleichheit setzen, auf den Sozialstaat im Geiste des Universalismus. Ohne Sozialstaat keine Verbindlichkeit für alle! Ohne Sozialstaat pendelt die Verbindlichkeit zwischen kargem Tausch und kaltem Luxus.

Der Sozialstaat ist die Anerkennung der Tatsache, dass, im Vokabular der Philosophie gesprochen, Sein grundlegend als Mitsein gedacht werden muss. Der Mensch ist immer schon, von Anfang an, mit anderen. Und aus diesem Mitsein leitet sich unmittelbar die Verantwortlichkeit eines Für-Einander ab. Klingt banal – ist es auch. Dennoch geriet diese Einsicht über Jahrhunderte in Vergessenheit. Von Descartes bis ins 20. Jahrhundert hinein übersah die Philosophie schlicht den Anderen, sie ging aus vom Ich und kehrte zum Ich zurück. Der Andere war allenfalls ein Durchgangsstadium.

Dem Philosophen Paul Ricœur zufolge wurde dieses Vergessen des Anderen und der Bindungen, die wir immer schon zu ihm unterhalten, durch das neuzeitliche Vertragsdenken befördert: Die Vertragstheorien sind die Fiktion eines Zusammenlebens der vorweg als autonom konzipierten, voneinander getrennten Individuen. Es geht demnach heute darum, Gemeinsamkeiten vor jeder vertraglichen Fiktion zu finden, die unserer gemeinschaftlichen Existenz zugrunde liegen, und aus diesem ontologischen «Zusammen-Erscheinen», wie es der Philosoph Jean-Luc Nancy nennt, die politischen Konsequenzen zu ziehen.

Dieser Gedanke liegt dem Konzept der Gemeingüter zugrunde. Auf Wasser, Luft, Boden und Naturgüter sollte jeder Mensch Anspruch erheben dürfen. Ebenso kennt das soziale Leben geteilte Existenzbedingungen wie Sprache, Bräuche, kulturelle Errungenschaften, die nicht privatisiert werden können. Sich diesen Existenzbedingungen zu verpflichten, das Handeln an ihnen auszurichten, für sie zu sorgen, scheint mir die einzige Gesellschaftlichkeit zu sein, die widerspruchsfrei begründbar ist.

18. September: An dieser Stelle zeigt sich, dass die Verbindlichkeit nicht bei den Menschenrechten haltmachen kann: Sie muss auf kommende Generationen und deren Existenzbedingungen bezogen sein, auf die Ökologie. Ja, sie muss in letzter Konsequenz noch über den Menschen selbst hinausreichen, um ihn, neben nicht-menschlichem Leben, als Teil der Existenzbedingung der Welt im Ganzen zu umfassen. Ob uns notorisch selbstverliebten Menschen das gelingt? Danach sieht es zurzeit nicht aus. Aber es könnte nicht schaden, würden wir die Verbindlichkeit gegenüber der Natur überhaupt einmal anerkennen und ihr Gegenteil, das unverbindliche Tun und Lassen im eingeschliffenen Gefühl der Folgen-

losigkeit, als eine der großen mörderischen Ideologien unserer Zeit demaskieren.

Aber was folgt daraus? Im Alltag meistens ein Zielkonflikt. Soll ich zum Termin nach München fliegen? Jeder weiß: Der CO_2-Ausstoß ist beim Flugzeug um ein Vielfaches höher als bei Bahn und Bus. Jeder weiß: Die CO_2-Emissionen befördern den Treibhauseffekt und heizen das Klima an. Jeder weiß: Die Erderwärmung geht mit Überschwemmungen, Dürreperioden, Hungersnöten und Wirbelstürmen einher. Jeder weiß: Vor allem auf der Südhalbkugel verlieren Menschen deshalb ihr Leben, ja, weite Gebiete der Welt werden womöglich auf Jahrzehnte, vielleicht Jahrhunderte für viele Arten und Menschen unbewohnbar. Aber keiner will etwas davon wissen, sagt man ihm, sein Flug nach München sei keine so gute Idee.

Ich manchmal auch nicht. Eigentlich vermeide ich Flüge so gut es geht, nach Rom, nach Zürich oder Paris: lieber mit dem Zug. Aber neulich, wir hatten zu Hause Ärger, ich musste sehen, dass ich so schnell wie möglich zurück bin von einem Termin, nutzte ich für die besagte Strecke, von München nach Hamburg, den Flieger – nur um zwei, drei Stunden früher da zu sein, um die Kinder zu betreuen, das Abendessen zu kochen, ich weiß schon nicht mehr, warum genau das sein musste. Aber was ich weiß: Ich steuerte meinen Teil dazu bei, dass Hungersnöte, Wirbelstürme, Dürreperioden, Überschwemmungen das Leben auf der südlichen Erdhalbkugel verwüsten, und alles, was ich zu meiner Entschuldigung sagen kann, ist: Mir war der Familienfrieden wichtiger als der Weltfrieden.

Wie kann das sein?

Es kann sein, weil es dafür zwei ausgefeilte Strategien gibt, die immer schnell zur Hand sind. Die erste Strategie lässt sich als Adiaphorisierung bezeichnen. Der Soziologe Zygmunt Bauman versteht unter diesem Begriff einen Prozess, der moralische Gefühle zu neutralisieren vermag. Das geschieht, indem eine konkrete Tat herausgelöst wird aus der Kategorie der Handlungen, die einer moralischen Beurteilung unterliegen. Bauman macht für diesen Vorgang hauptsächlich die moderne Bürokratie und Technik verantwortlich. Es sei geradezu Kennzeichen der Moderne, «die moralische Verantwortung vom moralischen Ich auf gesellschaftlich konstruierte und verwaltete überindividuelle Agenturen zu verlagern oder durch eine freischwebende Verantwortung innerhalb einer bürokratischen ‹Niemandsherrschaft› zu ersetzen».

Die zweite geradezu klassische Strategie, moralische Gefühle zu betäuben, besteht im Wegschauen. Ich habe beispielsweise noch nie einen Klimatoten gesehen, ertrunken, verdurstet, verhungert. Wie auch? Ich habe noch nie die südliche Halbkugel betreten. Das alles ist weit weg. Und was man davon hört, erreicht uns über die Medien. Auch die müssen wir nicht lesen, den Artikel in der Zeitung überblättern wir einfach, haben gerade keine Zeit dafür, der Fernsehsender lässt sich wechseln, droht es, unangenehm zu werden, irgendein besserer Film kommt immer. Und: Stimmt es überhaupt, was in den Zeitungen steht, was über den Bildschirm eilt? Wir zweifeln, wir haben ja gelernt, an allem zu zweifeln. Warum nicht auch daran? Stimmt das überhaupt mit der Erderwärmung und dem CO_2, haben die Dürreperioden vielleicht andere Gründe, ist nicht meist irgendein afrikanischer Despot schuld? Ruck, zuck ist unser Teil der Verantwortung für die Stürme, Überschwemmung und Dürre versunken, vertrocknet, verweht.

Kurzum: An die Stelle einer klaren Kausalität tritt in der Moderne eine schwer überschaubare Verkettung fragmentierter Handlungen. Damit wird auch die Verantwortung fragmentiert, wenn nicht gleich zum Verschwinden gebracht. Wir sind aufs äußerste entrüstet, wenn eine kleine Gruppe von Menschen aus Holzscheiten einen Scheiterhaufen errichtet, um einen Andersgläubigen abzufackeln. Das ist der Fall im Nahen Osten. Wir sind kein bisschen entrüstet, wenn Millionen von Menschen aus Zahnstochern einen Scheiterhaufen errichten und ein paar Leute grillen, die das Pech haben, gerade des Weges zu kommen. Das ist die Erderwärmung.

Ich frage mich, was meine Kinder dazu einmal sagen werden oder meine Enkelkinder:

– Wie? Da hast du einfach so mitgemacht? Bist nach Spanien geflogen, nach London, bist mit dem Auto herumgebraust, hast konsumiert, als gäbe es kein Morgen, und dir nichts dabei gedacht?

– Ich habe schon darüber nachgedacht. Aber es ist schwierig. Ich musste ja nach London, nach Barcelona, nach Istanbul fliegen, das war Teil meines Berufs. Und hätte ich es nicht getan, ein anderer wäre an meine Stelle getreten.

Ich werde vielleicht noch sagen, dass ich mich immer redlich bemüht habe, dass man jedoch Abstriche machen müsse, man nehme nun mal teil am Leben seiner Zeit. Vielleicht werde ich sagen, es sei falsch, das Kollektiv aus der Verantwortung für die Erderwärmung zu entlassen und die Schuld gewissermaßen zu privatisieren. Nicht der Einzelne sei verantwortlich, nicht der Einzelne hätte an der Lage etwas ändern können, sondern nur ein gemeinsamer Beschluss, sprich: die Politik. Genau hier aber habe die Politik eben versagt, werde ich den Enkeln sagen. Die Unverbindlichkeit der Klimaabkommen, immer nur vage Absichtserklärungen der Staaten im Sinne: Wir werden den CO_2-Ausstoß reduzieren, es sei denn, wir überlegen es uns anders, weil wir sehen, dass auch alle anderen Staaten es sich anders überlegen, und wir ja nicht die Dummen sein wollen. Ein jahrzehntelanges Trauerspiel, werde ich sagen, aufgeführt rund um die Welt.

Schon richtig, könnten die Enkel mir darauf entgegnen. Du magst nach dem richtigen Leben gestrebt haben. Aber die Frage ist: Wie sehr hast du das getan? Wie sehr hast du dich angesichts dieser beispiellosen Katastrophe engagiert? Uns scheint, du bist unter deinen Möglichkeiten geblieben. Du hättest mehr tun können, du hättest dich gerade auch als Journalist stärker dem Kampf gegen den Klimawandel auf allen Ebenen verschreiben können. Schau doch in die Geschichte, schau dir an, wie andere Menschen mit dem Unrecht der Welt, das es zu allen Zeiten gibt, umgegangen sind: Einige sagten: Ich mache nicht mit und bin bereit, die Konsequenzen dafür zu tragen, und die Konsequenzen waren andere als bei dir, sie ließen im Kampf gegen das Unrecht ihrer Zeit nicht bloß irgendeine nette Erfahrung, sagen wir, ein Wochenende in London sausen, sie ließen bisweilen ihr Leben. Ja, Großpapa: Du hast bequem und schön gelebt, hast lieber über Literatur und Musik als über den Klimawandel und die korrupten Eliten geschrieben, die ihn vorantreiben, hast verschiedene Kontinente bereist und dir zu Hause nicht selten ein gutes Stück Fleisch und morgens eine frische Flugmango gegönnt. Natürlich wäre es unbequem für dich gewesen, ökologisch verantwortlich zu leben und dich gegen den Klimawandel zu engagieren. Denn so ist das ja: Es gibt diesseits der Utopie kein richtiges Leben, das nicht schmerzhaft wäre. Kein richtiges Leben, das nicht durch den Verzicht, die Verzweiflung, die Trauer, den Verlust hindurchmüsste. Aber nun schaue erneut in die Geschichte: Es gibt eine Art Lohn, nein, einen Trost für diese Menschen, die sich dem Unrecht ihrer Zeit entgegengestellt haben. Nur ist es ein Trost, mit dem man nicht hausieren gehen darf, auf den man sich nicht berufen kann, will man ihn nicht instrumentalisieren, der auch nicht als Argument taugt, weil er das ist, was jede Form von Gewinn und Verlust, jeden Tauschhandel hinter sich lässt, ein Trost, der nicht mal so genannt werden kann, weil er ins Unsagbare ragt. Dieser Trost bleibt nicht auf diejenigen beschränkt, die fürs richtige Leben so weit gehen, ihr Leben hinzugeben. Er teilt sich mit trotz oder gerade wegen seiner Unsagbarkeit. Von diesen Menschen und ihren Taten geht die Hoffnung aus, dass Universalismus mehr ist als ein sperriges Wort, die Hoffnung, dass Frieden sein könne auf Erden.

Was ich darauf antworten kann? Nichts als mein Schweigen, das die Enkel als Zustimmung auffassen werden.

19. September: Trost, Hoffnung, Frieden auf Erden. Immer wieder stoße ich in meinen Aufzeichnungen auf ein religiös eingefärbtes Vokabular. Woher das kommt? Womöglich, weil die Verbindlichkeit selbst eine Tangente zur Religion hat, wie sich mit einem kleinen Umweg über den Soziologen Ralf Dahrendorf zeigen lässt.

Dahrendorf blickte 1983 mit gemischten Gefühlen auf das Meer der Möglichkeiten, das uns die Moderne beschert hat: «Optionen sind leere Wahlchancen, wenn die Koordinaten fehlen, die ihnen Sinn geben», schreibt er und fährt fort: «Diese Koordinaten aber bestehen aus tiefen Bindungen, die ich Ligaturen nenne.» Gut zehn Jahre später greift er den Begriff der Ligaturen erneut auf. Nun heißt es: «Vielleicht kann man von einer Tiefenkultur sprechen, die Menschen hält und leitet. Alle Erwägungen dieser Art führen zurück zu ‹Bindungen›, die eine gewisse ‹Verbindlichkeit› haben: Religion, Obligation, die lateinische Vokabel *ligare* kehrt wieder, weshalb ich vorgeschlagen habe, hier von Ligaturen zu sprechen. Ligaturen sind also tiefe kulturelle Bindungen, die Menschen in die Lage versetzen, ihren Weg durch die Welt der Optionen zu finden.»

Die Moderne, in der alles Ständische und Stehende verdampft, ist für Dahrendorf geradewegs der Prozess, der die Ligaturen zerbricht. Was aus dem Gefängnis erstarrter Traditionen hin zur Freiheit führte, habe sich überdehnt: Sind erst einmal alle Ligaturen zerbröselt, fehle der Kompass, die neugewonnenen Freiheiten zu bewerten, alles erscheine gleich und werde dem Menschen dadurch gleichgültig. Gerade im Land mit der strahlendsten Freiheitstradition, im Land der unbegrenzten Möglichkeiten wird dieser Zusammenhang wieder und wieder literarisch thematisiert. Vom «Fänger im Roggen» über Walker Percys «Kinogeher» bis hin zu Saul Bellows «Mann in der Schwebe»: Stets leiden die Protagonisten an ihrer Beziehungs- und Bindungslosigkeit, an der Frage, wohin sie gehören und was sie eigentlich vom Leben wollen.

Laut Dahrendorf hat die Entwertung von Optionen dramatische Folgen: Wir würden jetzt «jenen Ekel der Desorientierung erreicht haben, der zu sinnlosen Akten der Identitätssuche führt, zum Terrorismus vielleicht, oder zu jener vertrauteren Reaktion auf Anomie, dem Selbstmord und seinen zahlreichen Präfigurationen, denen wir akzeptable Namen wie Streß, Nervenzusammenbruch und dergleichen gegeben haben. Die Zerstörung von Ligaturen hat menschliche Lebenschancen bis zu dem Punkt reduziert, an dem selbst Überlebenschancen wieder gefährdet sind.» Die Freiheit frisst ihre Kinder.

Als Beschreibung unserer Situation kann ich dem zustimmen. Wir brauchen die Vokabel *ligare*, das, was uns Menschen zusammenbindet. Ich bezweifle nur, dass dieses Band in der

Vergangenheit liegen muss, wie Dahrendorf mit seiner Rede von einer Tiefenkultur nahelegt. Nicht von ungefähr spricht er im selben Zug auch von «Zugehörigkeiten zu Familie und Gemeinde, Traditionsgruppe und Kirche». Das ist alles altes Zeug, kann zwar schön sein, ist aber keine Notwendigkeit. Mit Ausnahme vielleicht der Familie, die schon Adorno aus gutem Grund verteidigte. «Das Ende der Familie», heißt es in den «Minima Moralia», «lähmt die Gegenkräfte. Die heraufziehende kollektivistische Ordnung ist der Hohn auf die ohne Klasse. Im Bürger liquidiert sie zugleich die Utopie, die einmal von der Liebe der Mutter zehrte.»

Ja, da geht mir das Herz auf. Nur scheint mir Adornos Position in einer Hinsicht zu eng: Warum nicht die Liebe des Vaters? Und was ist mit Kindern, die weder mit einer liebenden Mutter noch mit einem liebenden Vater aufwachsen können? Warum nicht sagen: Die Liebe, die wir als Kinder von wem auch immer erfahren haben, nähre die Utopie? Damit wären wir wieder bei der Privatmythologie, die begrifflich über den zu eng gefassten Rahmen der Familie hinausgeht. Sie erfüllt, was Dahrendorf sich von den Ligaturen erhoffte. Aber von ihr aus muss der Weg keineswegs in die Begrenzung führen, in Traditionsgruppen und Gemeinden. Die andere Seite der privatmythologischen Liebe kann schlicht die Utopie sein, der Universalismus, Friede auf Erden, oder eine Stufe darunter: die Sorge um die gemeinsamen Existenzbedingungen. Man braucht zwischen den beiden keine weitere Vermittlung. Also wenn schon «Traditionsgruppen», dann müsste man sie ausgehend von einem universalistischen Standpunkt erschließen, nicht als eine Tiefenkultur mit Bindungskraft und ausschließenden Zugehörigkeitsattributen, sondern als Spiel und Stil.

Ich trage beispielsweise gelegentlich ein Tweed-Jackett.

Aber man sollte nicht meinen, der Tweed gebe mir Halt, die aristokratische Tradition, für die der Stoff vielleicht steht, gebe mir Orientierung. Nein: Der Universalismus ist es, der mir Orientierung verschafft. Etwa die Aussicht, dass es uns Menschen in Zukunft gemeinsam gelingen könnte, die Erderwärmung und die soziale Ungleichheit in den Griff zu bekommen, um so überhaupt erst die Bedingungen zu schaffen, unter denen sich ein Tweed-Jackett aus guten Gründen und besten Gewissens tragen ließe.

20. September: Aber halt. Ich habe einen gewichtigen Einwand bisher ausgeklammert. Es wäre eine heillose humanistische Dusselei, glaubte ich, wir könnten von der Privatmythologie einfach in den Universalismus eintreten, glaubte ich, die Vermittlung zwischen Subjekt und Welt verliefe ungestört über die Schiene des Intersubjektiven. Die Geschichte bislang ist ja nicht ohne Grund eine Geschichte der Überwältigung gewesen, eine Geschichte des Willens zur Macht, der Überwindung, des Wachsens auf Kosten anderen Lebens. «Stets den nächsten vor uns besiegen ist Glück; und das Rennen aufgeben heißt sterben», so steht es in brutaler Ehrlichkeit bei Thomas Hobbes. Ich will in diesem Wort nicht den anthropologischen Grundsatz menschlichen Lebens erblicken, als den Hobbes ihn gemeint hat, sondern ziehe es vor, ihn genealogisch zu interpretieren. Aber der Ehrlichkeit halber muss ich hinzufügen, dass wohl auch wir Heutigen in dieser Geschichte stehen, jeder von uns. Noch meine Aufzeichnungen sind davon gekennzeichnet, von einem gelegentlichen Willen zu glänzen, mehr zu glänzen als mein Nächster, ihn zu überstrahlen, vom gelegentlichen, kurz aufblitzenden Willen, mich kraft der Schrift über ihn zu erheben, ihn hinter, ihn unter mir zu lassen, ich meine, wo sind denn jetzt die anderen,

der Andere? Meine Leser? Was gehen die mich an? Was sind denn Leser anderes als Publikum, das applaudiert? Hat nicht Louis-Ferdinand Céline recht, wenn er in seinem Roman «Reise ans Ende der Nacht» schreibt: «Die Rolle des tumben Bewunderers ist mehr oder weniger die einzige, in der ein Mensch den anderen mit ein bisschen Vergnügen sieht»? Mein Programm heißt: Montag will ich glänzen, Dienstag will ich glänzen, Mittwoch will ich glänzen, Donnerstag … Auch donnerstags? Vielleicht nicht. Da bin ich schon so gut wie im Wochenende.

Die eigentliche Hoffnung aber wäre, dass wir noch weiter aus dieser Geschichte aussteigen könnten, dass diese Geschichte für uns nicht verbindlich, sondern, um den Versprecher meiner Frau zu zitieren, verwindlich wäre. Sie verwinden, in einem langen Ringen, in einer bangen Lässigkeit: wird schon gehen. Wenn auch hier nicht *tutto completo*. Glück ohne Macht? Schön wär's. Aber Glück, mit einem Schuss Macht versetzt, das sollte zu haben sein. So wie auch Heimat mit einer unendlich geringen Dosis Mythos, Religion mit nur einem Fitzel Dogma, Fortschritt fast ohne Zwang, Kunst mit lediglich einem Tropfen Schweiß. Wir kämen in eine Welt, in der Nietzsches Wille zur Macht nicht mehr das Leben selbst ist, sondern nur noch die Prise Salz, die es würzt.

Dazu müsste man allerdings die Mittelmäßigkeit ein wenig aufwerten, oder schöner gesagt, die Lässigkeit und Nachlässigkeit ehren. Der Arbeit Mattigkeit beimengen. Nicht immer alles bedenken. Gut sein lassen. Passt schon.

Doch so weit sind wir nicht. Wir sind noch weitgehend in der Geschichte der Überwältigung, in der Zeit des großen Glanzes. Wir kennen noch den Menschen, wie ihn Hobbes beschrieben hat: dem anderen ein Wolf. Und wer von der Liebe spricht, ist in unserer Welt immer dabei, zu faseln.

21. September: Es bleibt einem nichts erspart.

22. September: Gestern an der Elbe. Ein rostrotes Schiff, ein Seelenverkäufer, dümpelt vorüber. Meine Frau sitzt im kleinen Café auf dem Ponton. Sie weiß nicht, dass ich sie sehe, sie wähnt mich zu Hause am Schreibtisch, an dem ich eine Zeitlang vor mich hin gestarrt hatte. Den Rücken gebeugt, tippt sie in ihr Mobiltelefon. Weil sie nicht weiß, dass ich sie sehe, denke ich sogleich, nein, weiß ich sogleich, dass sie eine Nachricht schreibt, von der ich nicht wissen soll, dass sie sie schreibt, eine Nachricht, die, wie ich sogleich weiß, an einen Freund adressiert ist, den ich gar nicht kenne, von dem ich aber weiß, dass er ein größeres Interesse ihr gegenüber an den Tag legt, als man es gemeinhin verheirateten Frauen gegenüber tut. Was man nicht alles weiß!

So stehe ich schräg hinter ihr, der Wind spielt mit den Strähnen meiner Haare, die untergehende Sonne schickt einen letzten warmen Gruß herüber. Ich will mich freuen. Ich will mich freuen über ihr Glück. Erst gestern hat sie mit diesem Freund telefoniert, er rief sie an, und wie verwandelt war da ihre Stimme, als sie seine hörte! «Ach, hallo», flötete sie und rauschte aus dem Haus. Ja, ich will mich über ihr Glück freuen, die Sonne ist nun zwar untergegangen, aber der Wind weht leicht und schön – und meine Frau tippt noch immer, den Rücken gebeugt in ihrem roten Kleid, irgendwas in ihr Telefon. Was genau? Das Übliche, nehme ich an: «Mein lieber K., ich sitze am Hafen, die Sonne schickt ein paar letzte Strahlen und tüncht den Himmel gold. Ob nicht auch über unser Freundschaft ein goldener Schimmer liegt? Ich danke dir für dieses Geschenk! Sei herzlich umarmt von deiner ...»

Oh, wie sehr ich alles hasse, was glänzt. Aber ich möchte ihr dieses Glück nicht verderben – und weiß doch, dass ich auch heute Nacht nicht schlafen werde, wie schon gestern Nacht, aus Angst und verletzter Eitelkeit, aus Verzweiflung über meine Angst und Eitelkeit, über meine Lächerlichkeit, die darin besteht, so zu reagieren. Ja, lächerlich mache ich mich, vor mir selbst, vor ihr, vor ihm, dem Dritten, und damit vor der Welt. Ich verfluche mich, sie geradezu in diese Beziehung gedrängt zu haben. Aber ich Idiot hatte nun mal behauptet, eine Beziehung halte länger, akzeptiere man eine gewisse Offenheit.

Das sagte ich gleich in den ersten Tagen unserer Bekanntschaft, als mir der Schreck meiner taiwanesischen Gefangenschaft noch buchstäblich in den Knochen saß, die Brüche waren gerade erst verheilt.

«Du willst», fragte sie mich, «mit mir zusammen sein, aber dich nebenbei weiter umschauen oder was? Das klingt nicht sehr charmant!» – «Nein, nein. Ich meine das eher dialektisch: Offenheit als Abwehr! Gerade weil wir unsere Beziehung offen anlegen, werden wir gar nicht sonderlich interessiert sein, die sich bietenden Möglichkeiten zu nutzen.»

Ich hatte mir diese Gedankenfigur schon im Konfirmandenunterricht aus dem Römerbrief vom Paulus angeeignet. Da war ich dreizehn, vierzehn und kannte keine Beziehungsprobleme. Aber die Idee, dass erst das Verbot die Sünde attraktiv mache, dass Verbote erogen seien, weshalb man besser alles erlauben solle, leuchtete mir sofort ein: Ich wollte damals gerade für einen Gameboy sparen (den mir meine Eltern nie gekauft hätten) und verbot es mir, mein Taschengeld in Süßigkeiten zu investieren – was ich daraufhin mehr denn je tat.

Als meine spätere Frau sagte, das sei ja schön und gut, sie empfinde es aber als wenig schmeichelhaft, mit einem Gameboy verglichen zu werden, improvisierte ich schnell mit den

Begriffen des Philosophen und Religionswissenschaftlers René Girard, über den ich gerade einen Artikel gelesen hatte. Ich sagte, dem Begehren wohne eine mimetische Struktur inne, die immer eine dritte Person impliziere, dass wir immer, wo wir begehrten, auch das Begehren der Anderen begehren. Da wir also in der Liebe offensichtlich das Begehren eines Dritten nachahmen, könne es nicht schaden, wenn diese für unsere Liebe notwendige Person gelegentlich aus ihrer Potenzialität heraus in die Realität trete.

Das alles hatte ich in den letzten Jahren, auch nach unserer Hochzeit, mehr als ein Mal wiederholt, und nun habe ich den Salat und muss zu meinem Wort stehen. Welchen Wert hätten die Worte sonst, könnte man immerzu sagen, das habe man doch nur so gesagt?

Die Verbindlichkeit meiner Worte, die Verbindlichkeit unserer Beziehung. Verbindlichkeit gegen Verbindlichkeit. Und mein Wille, das alles zu verbinden, so schwierig es auch sei.

Es gibt kein richtiges Leben, das nicht schmerzhaft wäre.

23. September:
– Dass ihr abends gemeinsam essen geht, dass ihr spazieren geht, dass ihr ständig miteinander telefoniert, so habe ich das eigentlich nicht gemeint mit der Offenheit in der Beziehung.
– Wie hast du es denn gemeint?
– Na ja, ich meinte eher was Kurzes.
– Meintest du? Also, unterwegs sein, abends, die Familie weit weg, ein Flirt, morgens in einem fremden Bett aufwachen, so stellst du dir das vor, wenn du in Berlin oder München bist?
– Ja, nein. Ich meinte nur, nicht so was Gefühliges. Oder doch, schon auch gefühlig, aber nicht in dieser Tiefe! Das trieft doch nur so vor Romantik! Wo soll das denn hinführen?

– Es ist doch gar nichts vorgefallen. Er ist einfach ein sehr, sehr guter Freund.

– Das ist ja das Problem: nichts vorgefallen. Noch nichts vorgefallen. Das ist doch ein endloses Vorspiel! Und dann …

– Woher willst du das denn wissen? So muss es gar nicht sein. Ich fühle mich einfach nur sehr gut von ihm verstanden, das ist alles.

– Verstanden? Eine Kunstlehrerin fühlt sich von einem Sportlehrer verstanden?

– Da hast du es: deine blöden, arroganten Witze, du verstehst mich halt nicht.

– Okay, entschuldige, ich nehme es zurück.

– Zu spät,

sagt sie und stopft ein paar Kleidungsstücke in einen Koffer, der plötzlich zwischen uns steht.

24. September: Ich singe leise vor mich hin. I'm so tired / I haven't slept a wink / I'm so tired / My mind is on the blink / I wonder, should I get up and fix myself a drink / No, no, no.

25. September: Gestern zu später Stunde über Dinge geredet, die ich hier nicht wiedergeben mag.

26. September: Ich will so bald keine nächtlichen Gespräche mehr führen. Nichts ist gefährlicher als ins Dunkle zu sprechen, ist die Situation schon düster genug. Man sollte Problemgespräche grundsätzlich nur im Freien führen, wenn ein paar Vögel zwitschern und Zitronenfalter durch die laue Luft tänzeln. Aber es stimmt natürlich auch, dass alles Interessante sich im Dunkeln ereignet. Und dass vielleicht nur kalter Schmerz die Liebe konservieren kann.

27. September: Mein Herz zerspringt, doch mein Bauch sagt mir, dass ich lieber meinem Kopf folgen sollte. Ich weiß ja, was zu tun ist: Meinen Standpunkt verlassen. Mich auf ihre Seite stellen, wo immer sie steht. Das wäre es. Das wäre Liebe. Und? Liebe ich? Sprung ins Dunkle.

28. September: Heute regnet es. Schlieren an den Fenstern. Die Dinge nehmen ihren Lauf. Ich lasse ihnen ihren Lauf. Was ich in den letzten Tagen getan und geredet habe, fängt schon an, mir schleierhaft zu werden. Bald wird das alles so lange her sein, dass ich nicht mal mehr wissen werde, wann es gewesen ist. Aber ich erinnere mich noch sehr gut, wie ich meiner Frau, zwei Wochen ist es her, den Satz aus Kierkegaards Tagebüchern vorlas: «Alle wahre Liebe beruht darauf, dass man einander in einem Dritten liebt.» Sie sagte dazu nichts. Sie lächelte nur still in sich hinein.

Auch ich bin kein Kind von Traurigkeit.

KAPITEL 7

SCHULDEN UND GABEN:
DIE POLITIK DER VERBINDLICHKEIT

29. September: Es ist nun überfällig, das Thema der Schuld und Schulden aufzugreifen: Verbindlichkeiten. Mir kommt es vor, als hätte ich es länger verdrängt als die Griechen ihre Schulden vor der Finanzkrise. Ohne über Schuld und Schulden zu sprechen, lässt sich aber nicht verstehen, was Verbindlichkeit ist und wie sie uns heute aus der Patsche helfen

kann. Dass der Begriff im Plural, also Verbindlichkeiten, im Sinne des wirtschaftsjuristischen Vokabulars Schulden sind, ist sprechend genug.

Doch selbst die Verbindlichkeit im Singular kommt nicht ohne Bezug auf Schuld und Schulden aus. Bereits das Versprechen, das ein verbindlicher Mensch gibt, ist eine Form der Verschuldung. Wie der kanadische Dichter Robert W. Service sagte: «A promise made is a debt unpaid.» Welche Art der Schuld liegt also im verbindlichen Handeln vor? Dazu müssen wir erst den Begriff der Schuld selbst betrachten. Am besten gehen wir dafür von Walter Benjamins Hinweis aus, dass ihm eine «dämonische Zweideutigkeit» eigen ist. Mir scheint, mit der Verbindlichkeit verhält es sich nicht anders. Sie meint – das war die Anfangsthese dieser Aufzeichnungen – den Weg vom Ich zum Wir. Nun kann ich präzisieren: Die im Begriff der Verbindlichkeit ruhende Schuld ist es, die uns verbindet. Das kann auf zwei Weisen geschehen. Die Schuld kann ein ethisches Verhältnis der Gegenseitigkeit stiften, oder ein ökonomisches Verhältnis von Macht und Überwältigung.

Nietzsche hat den Begriff in diesem letzteren Sinn interpretiert. In der «Genealogie der Moral» heißt es unmissverständlich, dass «jener moralische Hauptbegriff ‹Schuld› seine Herkunft aus dem sehr materiellen Begriff ‹Schulden› genommen hat». Damit es aber überhaupt so etwas wie Schulden geben konnte, musste der Mensch laut Nietzsche erst lernen, versprechen zu dürfen, versprechen nämlich, die Schuld in Zukunft zu begleichen oder eine entliehene Sache zurückzugeben. Voraussetzung dafür ist, dass der Schuldner erinnert, sich verschuldet zu haben, weshalb es für Nietzsche zur entscheidenden Frage wird, wie man dem Menschen ein Gedächtnis machen konnte. Seine Antwort: Über Strafe und

Schmerz, denn «nur was nicht aufhört, *weh zu thun*, bleibt im Gedächtniss».

Nietzsche bezog seine Ausführungen auf nicht näher bezeichnete «frühe Zeiten», aber die Pointe besteht natürlich darin, auch heute nach diesem Muster moralische Verhältnisse und Bindungsformen als materielle Machtverhältnisse entlarven zu können.

Nehmen wir das Beispiel der Griechenland-Krise. Unübersehbar sind hier die moralischen Schuldkriterien (die faulen, verlogenen, hochmütigen Griechen) aus den ökonomischen Schulden abgeleitet. Mehr noch: Es geht, wie bei Nietzsche, weniger um Rückzahlung als um Machtverhältnisse und Strafe. Warum die Griechen strafen? Dafür lassen sich drei Motive erkennen. Das erste lautet: ein abschreckendes Exempel statuieren. Nicht, dass die anderen Staaten der PIGS-Truppe (Portugal, Italien, Spanien) auf Ideen kommen.

Das zweite Motiv: Den Griechen soll eine Lektion erteilt werden. Ob Merkel Nietzsches «Genealogie der Moral» gelesen hat? Der frühere griechische Premier Georgios Papandreu jedenfalls hat berichtet, die Kanzlerin habe 2010 die Sparauflagen für sein Land mit ebendiesen Worten begründet: «Es muss weh tun.» Die Sozialkürzungen, die steigenden Arbeitslosenzahlen, die schrumpfende Wirtschaftskraft infolge der EU-Politik in Griechenland: «Mit Hülfe solcher Bilder und Vorgänge», schreibt Nietzsche, «behält man endlich fünf, sechs ‹ich will nicht› im Gedächtnisse, in Bezug auf welche man sein *Versprechen* gegeben hat, um unter den Vortheilen der Societät zu leben.» Ich will nicht über meinen Verhältnissen leben, ich will nicht länger Korruption dulden, ich will keinen Schlendrian dulden. Das sollen die Griechen zu memorieren lernen, wollen sie teilhaben an den Vorteilen der Europäischen Gemeinschaft.

Und das dritte Motiv für die Strafe? Das ist, laut Nietzsche, die pure Lust an ihr, das Festliche, was ihr innewohnt. Das große Publikum läuft zusammen, zerreißt sich das Maul, vorneweg der Boulevard, das Fernsehen, die Online-Magazine, Griechenland über alles! Weil es uns Deutschen, weil es dem Schuldner ein «Herren-Recht» zuteilwerden lässt: «endlich kommt auch er einmal zu dem erhebenden Gefühl, ein Wesen als ein ‹Unter-sich› verachten und misshandeln zu dürfen».

30. September: Dass es laut Nietzsche materielle Schulden waren, die als erstes gemeinschaftsstiftendes Element gewirkt haben, diese Schulden aber ein Machtverhältnis ausdrückten, wirft ein Schlaglicht auf den Neoliberalismus. Schließlich sind die Schulden in den letzten Jahren weltweit explodiert, die Schulden sowohl des Staates als auch der privaten Haushalte. Für die Verbindlichkeiten im Plural würde dann gelten, was ich von der Verbindlichkeit im Singular anfangs gesagt habe: Sie wären ein Weg vom Ich zum Wir. Aber ein pervertierter Weg, ein Leidensweg, weil dieses Wir der Schuldgemeinschaft im Neoliberalismus von einem Antagonismus durchzogen ist – von der Differenz zwischen Schuldnern und Gläubigern, von der Differenz zwischen denen, die Macht haben, und solchen, die der Macht unterworfen sind.

Wie aber bringt der Neoliberalismus Menschen dazu, sich zu verschulden? Stark verkürzt müsste die Antwort lauten: indem Steuern gesenkt und neue Anreize und Möglichkeiten erfunden werden, sich zu verschulden. Die Steuersenkungen reißen Löcher in den Staatshaushalt. Renten, Versicherungen, Arbeitslosengeld und staatliche Ausbildungsangebote müssen sodann gekürzt beziehungsweise privatisiert werden. Der Neoliberalismus ersetzt den Menschen, der Ansprüche und

Rechte gegenüber dem Staat hatte, durch den Menschen, der sich bei anderen verschulden muss, oder euphemistisch ausgedrückt: der nun das Recht hat, sich jederzeit bei anderen zu verschulden. Was von der sozialen Sicherheit übrig bleiben wird, entnehme ich der Aufforderung, die meine Bank, bestens unterrichtet von meinen finanziellen Engpässen, mir alle paar Tage ins Haus schickt: «Sichern Sie sich jetzt Ihren KomfortKredit!» Na sicher!

Im Land der unbegrenzten Kreditmöglichkeiten ist man im Übrigen schon einen Schritt weiter. Dort sind im selben Zug neue Formen des Handelns mit den Schulden entstanden, man denke an die Verbriefung von Hypothekenkrediten, die zur Subprime-Krise geführt hat.

Der Neoliberalismus betreibt auf diesem Weg zielgerichtet die Ausweitung zwischenmenschlicher Machtverhältnisse, während der Staat, gegen den der Neoliberalismus kämpft, seinem Ideal nach als Repräsentant aller eine Art Gemeingut ist. Als Sozialstaat neutralisiert er Machtverhältnisse oder hegt sie zumindest ein.

1. Oktober: «Kann ich Ihnen helfen», sagt die Frau am Schalter. «Vielleicht. Ich sollte mich hier melden, am ersten Tag», ein kurzes Zögern und merklich leiser: «meiner Arbeitslosigkeit.» Ein Stockwerk rauf, nach links, die Türen öffnen sich von selbst, ah, hier werde ich mich wohl anstellen. Eine Menschenschlange, das macht nichts, man hat ja Zeit, nur der Geruch ist störend, scharf, beißend, säuerlich. Der Geruch eines exzessiven Putzmitteleinsatzes, der daran denken lässt, dass diejenigen, die ihn verordnet haben, Schmutz in diesen Räumen wittern müssen. Etwas stinkt dann auch an den freundlichen Schildern, die verkünden, man gewähre Diskretion. Wer nicht namentlich aufgerufen werden will, möge

das den Sachbearbeitern bitte mitteilen. Der Subtext lautet: Arbeitslosigkeit wird in unserer Gesellschaft als ein selbstverschuldeter Makel angesehen, als etwas, über das man besser den Mantel des Schweigens breitet.

Warum eigentlich? Nichtstun – das war doch mal eine höchst adlige Angelegenheit. Die Aristokratie macht, wo es sie noch gibt, bis heute nichts anderes, als bei Pferderennen, Festspielen und Ausstellungseröffnungen ihre vollendete Nichtsnutzigkeit publikumswirksam zu zelebrieren. Und wir sollen uns dafür schämen?

Die Episode meiner Arbeitslosigkeit liegt schon etwas länger zurück, ich hatte nach einem Praktikum nicht gleich den Einstieg in die Arbeitswelt gefunden. Heute Morgen aber wurden die Erinnerungen wieder wach. Ich begleitete einen Freund aus meinen Germanistik-Studientagen, der schon einige Jahre ohne geregelte Beschäftigung lebt, zu einem Termin beim Arbeitsamt, pardon, beim «Jobcenter».

Warum ich mitkommen soll, fragte ich den Freund? Er hob seine Hand auf Brusthöhe, zeigte zwischen Daumen und Zeigefinger einen Abstand, den eine Cent-Münze gut ausgefüllt hätte, und sagte: «Man ist da so klein mit Hut.» Die Sachbearbeiter ließen es manchmal an Respekt fehlen, es könne passieren, dass sie mit diesem und jenem drohten, dass sie mit «Auflagen» und «dringend zu ergreifenden Maßnahmen» wie mit einem Säbel herumfuchtelten. Komme er in Begleitung, sei der Säbel bislang immer in der Scheide geblieben.

So war es auch heute Morgen. Es blieb ruhig. Eine äußerst zuvorkommende Sachbearbeiterin erging sich in warmen hoffnungsvollen Worten von allergrößter Allgemeinheit, dem Freund wurde es erspart, Dutzende Bewerbungen an Verlage zu schreiben, die schon vor zwei Jahren nach keinem Lektor suchten, er durfte weiter arbeitslos sein und machen, was er wollte; in seinem Fall: Flüchtlingskindern ehrenamtlich Deutsch beibringen. Wir gingen nach dem Termin in einen Backshop um die Ecke. Der Freund wollte mir zur Feier des Tages ein Brötchen mit Maurermarmelade spendieren, was ich dankend ablehnte. Ich zahlte ihm stattdessen einen Kaffee. Zufrieden radelten wir beide, die Fahrkosten der S-Bahn sparend, nach Hause.

Zurück am Schreibtisch denke ich daran, wie geschickt doch der Neoliberalismus den Staat verhext hat. Jetzt kultiviert er selbst die Ideen derer, die ihn zerstören wollen. Auch der Rechtsanspruch gegenüber dem Staat beim Arbeitslosengeld ist also zu einem Schuldverhältnis geworden. Und was man dem Staat alles schuldet: Bewerbungen schreiben, Fortbildungen besuchen, zu Motivations- und Beratungsgesprächen erscheinen, jederzeit abrufbar sein! Jede dieser Maßnahmen ist aus dem Misstrauen geboren, aus der Idee, einer könne sich unrechtmäßig etwas erschleichen oder auch vergessen, was er schuldig ist. Ja, ein Arbeitsloser könne, schlimmer noch, sich unschuldig fühlen, in einer Hängematte liegen, aufs Wasser schauen, das Leben genießen. Das aber steht ihm nicht zu! Auch Arbeitslosigkeit muss weh tun.

Das Misstrauen ist der Dreh- und Angelpunkt des Neoliberalismus. Weil er danach trachtet, Gesellschaft ganz und gar auf Machtbeziehungen zu fundieren, muss er immer damit rechnen, dass einer nicht mitspielt, nicht mitmacht, den Wertmaßstab nicht akzeptiert und damit die Schulden nicht bedient. Ein solches ökonomisches Machtverhältnis lässt sich folglich nur aufrechterhalten, wenn unablässig kontrolliert wird. Daher ähnelt das Leben im Neoliberalismus einem Dauer-Testbetrieb: Auf allen Ebenen wird evaluiert, auf jeder Lebensstufe ein neues Rating hervorgezaubert, das Leben muss sich Tag für Tag neu bewähren, wird Schritt für Schritt bemessen. An die Stelle der alten Schuld des Menschen gegen Gott treten in der modernen neoliberalen Gesellschaft die Schulden der Menschen untereinander. Der Satz von Margaret Thatcher: «Es gibt keine Gesellschaft», hat dieses Verhältnis präzise vorweggenommen. Noch korrekter hätte er gelautet: «Es bedarf keiner Gesellschaft» – weil im Neoliberalismus finanzielle Schulden die Bindungskraft der Gesellschaft ersetzen.

Für die Verbindlichkeit ist dieser Fund problematisch, um nicht zu sagen dämonisch zweideutig.

Ökonomische Verbindlichkeiten können demnach Ausdruck eines kruden Machtverhältnisses sein. Das fängt mit Voraussetzungen an, die uns heute völlig natürlich erscheinen, was immer ein Indiz dafür ist, dass sie ideologisch sind: Dem Gläubiger steht es frei, sein Geld zu verleihen, dem Schuldner aber nicht, ob er das Geld zurückzahlt. Der Gläubiger muss nicht, will aber sein Geld verleihen. Der Schuldner will sich kein Geld leihen (am liebsten hätte er selbst welches), muss es jedoch zurückzahlen.

Es ist dieses Zwangsverhältnis auf Seiten des Schuldners, das die ökonomischen Verbindlichkeiten beschädigt. Der Kontrollverlust, das Vertrauen, das Abenteuer der Passivität – diese Werte, die ich der Verbindlichkeit bescheinigt habe, können sich nur entfalten, wenn das Verhältnis auf Freiwilligkeit beruht. Die aber ist im Fall der ökonomischen Verbindlichkeiten nur beim Gläubiger vorhanden. Der Gläubiger verleiht sein Geld, weil er will und wann er will. Analog sollte der Schuldner das Geld nur zurückzahlen, weil er will und wann er will. Das wären positive ökonomische Verbindlichkeiten, die uns auf eine würdige Weise zusammenbänden.

Ich habe mir jetzt beispielsweise 2000 Euro von einem Freund geliehen, der in Genf bei der Uno arbeitet. Was für ein

Elend wäre es gewesen, hätte ich den «KomfortKredit» meiner Bank akzeptieren müssen! In wie viel Misstrauen wäre ich getaucht, in welch ungemütliche Kontrollmechanismen geraten! Ganz zu schweigen von Zins und Zinseszins, um die es ja am Ende geht.

Ob ich dem Freund das Geld zurückzahle, weiß ich noch nicht, vielleicht gebe ich ihm auch etwas anderes wieder, etwas, das sich mit Geld gar nicht aufwiegen lässt. Gewiss ist nur: Ich werde versuchen, ihm mehr zu geben, als ich empfangen habe, also auch eine Art Zins drauflegen, nicht aber, um ihn zu entschädigen und seinen durch Inflation und Opportunitätskosten entstandenen Verlust auszugleichen, sondern einzig und allein, um den Spieß umzudrehen, oder nein, im Grunde sind wir uns eh einander so viel schuldig geworden in unserer Lebenszeit, dass sich schon längst nicht mehr berechnen lässt, wer bei wem, sei es moralisch, sei es finanziell, in der Kreide steht.

Nun hat nicht jeder einen Freund in Genf. Genau dafür, ein letztes Mal sei es gesagt, sollte dann der Staat da sein. Er sollte den Leuten, denen er Geld gibt, auch sein Vertrauen geben und die Gabe an keinerlei Bedingungen koppeln, sie also nicht kreditieren. Man wird ihm schon etwas zurückgeben, mal mehr, mal weniger, aber immer etwas. Hat nicht auch «Florida-Rolf», wenn es diese Figur wirklich gegeben haben sollte, sein Lächeln aus Miami mitgebracht, sein sonnengegerbtes Gesicht und gute Geschichten? Und wird es nicht umgekehrt mit jedem Tag wahrscheinlicher, dass unserem zunehmend auf Misstrauen und Kontrolle beruhenden Sozialsystem demnächst ein Maschinenpistolen-Rolf entspringt – zumal als Vorboten der Barbarei diesem System womöglich schon lauter zündelnde Pegida-Rolfs entsprungen sind?

In dem halben Jahr meiner Arbeitslosigkeit, in dem ich

weitgehend verschont geblieben bin von staatlichen Gängelungsversuchen, habe ich viel Marx gelesen. Bloß zum eigenen Vergnügen? Ganz bestimmt nicht! Hier also eine Fundstelle, auf die ich damals gestoßen bin und mit der ich mich nun als eine Art milder Gabe für die empfangenen Wohltaten des Staates erkenntlich zeige:

> Im Kreditwesen, dessen vollständiger Ausdruck das Bankwesen ist, gewinnt es den Schein, als sei die Macht der fremden, materiellen Macht gebrochen, das Verhältnis der Selbstentfremdung aufgehoben und der Mensch wieder in menschlichen Beziehungen zum Menschen. (...) Aber diese Aufhebung der Entfremdung, diese Rückkehr des Menschen zu sich selbst und daher zum andern Menschen ist nur ein Schein, sie ist eine um so infamere und extremere Selbstentfremdung, Entmenschung, als ihr Element nicht mehr Ware, Metall, Papier, sondern das moralische Dasein, das gesellige Dasein, das Innere der menschlichen Brust selbst ist; als sie unter dem Schein des Vertrauens des Menschen zum Menschen, das höchste Misstrauen und die völlige Entfremdung ist.

Kurz und gut, wir brauchen Verbindlichkeiten, Schuld und Schulden, die aus der Gabe hervorgehen, nicht aus dem Kredit und der Verpflichtung. Und diese Gabe beginnt mit einem ungesicherten Vertrauen, das wir einander, wie es so schön heißt, schenken. Allerdings meine ich damit nicht die Form des «Vertrauens», von der in den Wirtschaftsteilen der Zeitungen seit Jahren die Rede ist, das Vertrauen in die Finanzmärkte, das jetzt überall eingefordert wird, weil es das Schmiermittel der Wirtschaft sei. Marx hat recht, wenn er hinter dieser Art des Vertrauens die Vollendung des Misstrauens erblickt. Ein wiedergewonnenes «Vertrauen» in die Märkte würde darum nichts an der allgemeinen Misstrauens- und Kontrollkultur ändern können – und nicht verhindern, dass es bei der nächsten kleinen Erschütterung sofort wieder verlorengeht. Wie gewonnen, so zerronnen, heißt es an den Spieltischen des Finanzkapitalismus, auch fürs Vertrauen. Und das heißt für uns: Eine Krise folgt der nächsten. Wenigstens damit kann man heute rechnen.

Wollen wir hingegen mehr als rechnen, wollen wir wirklich Vertrauen zurückgewinnen, dann müssten wir nicht auf den Finanzmärkten anfangen, ja, nicht einmal bei der Politik, zumindest nicht bei der Parteipolitik, sondern in unserem Alltag. In unserem Zusammenleben, in der Schule, an den Universitäten, im Arbeitsleben, dort spielen sich die eigentliche Vertrauenskrisen ab. Dort wird der Mensch überwacht, der permanenten Sichtbarkeit durch Evaluierung und Prüfungen unterworfen, in immer neue Feedback-Schleifen eingespeist, bis er schließlich selbst sein Privatestes, die Liebe, ökonomisch-rechtlich fixiert (Eheverträge!). Vertrauen hieße, die Dinge im Halbschatten zu belassen, statt grell auszuleuchten, was nun dieser Schüler in Englisch alles kann, jener Student punktgenau sich an Wissen angeeignet hat und jener Arbeitnehmer in welcher Zeit zu erreichen vermochte. Vertrauen hieße, einem Glaubenssatz zu folgen, der besagt, mit dem Besten des Menschen lasse sich nicht rechnen. Weil es – ein Geheimnis – im Dunkeln bleibt.

2. Oktober: Dürfte ich einen Feiertag einführen, ich würde ihn «Tag der Keinheit» nennen. Man sollte an diesem Tag nichts tun, nicht mal dem Nichts-Tun frönen, das wie von selbst geschähe. Alle ließen alles sein, alle ließen alles geschehen, ohne dass auch nur das Geringste passierte. Keine

Arbeit, kein Schweigen, kein Spiel, kein Yoga, keine Träume, kein Sex, keine Hoffnung, keine Furcht, kein Warum. Tod sein für einen Tag! Schon klar, das ist keine Option. Der Tag der Keinheit – ein unmöglicher Feiertag. Ein Tag zur Feier des Unmöglichen. Das wäre womöglich gar nicht so schlecht.

4. Oktober: Mit Nietzsche habe ich die ökonomische Seite der Schuld als ein Überwältigungsverhältnis beschrieben. In einem sehr viel weiteren Kontext behandelt der französische Soziologe und Ethnologe Marcel Mauss zu Beginn der 1920er Jahre in seinem klassischen Essay «Die Gabe» das Thema. Mauss geht von der Beobachtung aus, dass in archaischen Gesellschaften Schuld und Schulden bloß als Teil eines umfassenden Systems der Gaben verstanden werden können. Beim Geben, schreibt er, gibt man sich selbst, «und zwar darum, weil man sich selbst – sich und seine Besitztümer – den anderen ‹schuldet›». Die anderen, das sind in diesem Fall nicht individuelle Gläubiger, sondern «Kollektive, die sich gegenseitig verpflichten, austauschen und kontrahieren» und zwar mittels Gaben und Geschenke. Entscheidend ist dabei, dass diese scheinbar freiwilligen Gaben erwidert werden müssen, dass sie «streng obligatorisch sind, bei Strafe des privaten oder öffentlichen Kriegs».

Mauss erblickt in dieser Art der Gabe und Gegengabe eine «totale gesellschaftliche Tatsache», sie berühre gleichzeitig juristische, religiöse, wirtschaftliche, moralische und ästhetische Aspekte. Er übersieht in der Gabe nicht den nietzeanischen Machtaspekt, dass sie also ein Mittel sein kann, Hierarchien zu etablieren und, wie er selber sagt, «andere Menschen zu kontrollieren». Vor allem und viel wichtiger stiften aber Mauss zufolge Gabe und Gegengabe in den archaischen Gesellschaften den Umlauf von Gütern, Menschen, Festen,

Riten, Zeremonien. Sie sind der Weg zum prallen Leben! Zu schulden, zu geben, zu empfangen und wieder zu geben, wird damit zur Bedingung einer positiven Gesellschaftlichkeit und Fülle.

Die Pflicht zur Erwiderung der Gabe ist bis heute lebendig geblieben, «so rivalisieren z. B. wir selbst», schreibt Mauss, «bei unseren Weihnachtsgeschenken, Parties, Hochzeitsfeiern, Einladungen, und wir fühlen uns noch heute verpflichtet, uns zu ‹revanchieren›». Stets schuldet, wer etwas empfangen hat, eine Erwiderung. Dank ist das mindeste. Auch eine Erklärung ist man oft schuldig. Schuld selbst erscheint damit als das, was Gesellschaft konstituiert, als das soziale Band schlechthin. Und die Verbindlichkeit wäre dann der Modus, diese Schuld zu begleichen, das Schmiermittel sozialer Systeme.

Jetzt aber ein harter Schnitt! Expertenbesuch. Warum? Ich bin es schuldig. Schließlich darf jeder Leser, der das erzählende Sachbuch eines Journalisten kauft, gemäß den Genre-Konventionen damit rechnen, dass der Autor einen interessanten, im Stoff steckenden, möglichst prominenten Wissenschaftler aufsucht. Dabei lässt sich berichten, wie er wohnt und einen empfängt. Man kann die Nähe durchscheinen lassen, die man zu ihm aufbaut, gut wäre etwa ein bisschen wörtliche Rede des Experten, am besten natürlich eines amerikanischen, da wäre die Vertrautheit, zumal in der Übersetzung, schnell gegeben und strahlte auf den Autor ab: «Well, Max, du hast vollkommen recht mit deiner Ansicht, dass Verbindlichkeit ein soziologischer Grundbegriff ist. Ich würde sagen: Verbindlichkeit ist der Mörtel der Gesellschaft.» Ganz so glorios geht es in meinem Fall leider nicht zu. Mein Experte heißt Werner Hamacher und ist Literaturwissenschaftler in Frankfurt. Nie gehört? Kein Wunder. Hamacher ist so schlau, dass ihn außerhalb einschlägiger Kreise kaum einer kennt. Er ist Experte für Fragen, die so kompliziert sind, dass sie gemeinhin gar nicht erst gestellt werden.

Wie immer, wenn ich Heroen der Geisteswissenschaften, große Autoren und Philosophen treffe, rast mein Herzschlag, als wäre ich im Laufschritt die Zugspitze hinauf. In meiner Vorstellung sind diese Männer und Frauen riesenhaft wie Berge. So wie ich mir nicht vorstellen kann, dass Rilke morgens beim Frühstück Sachen gesagt hat wie «Mami, reichst du mir mal die Butter», so kann ich mir auch nicht vorstellen, dass Charles Taylor, Jürgen Habermas, Judith Butler oder eben Werner Hamacher profane Existenzen führen und, sagen wir, wie ich jeden Morgen Socken, Hemden und Unterhosen vom Wäscheständer nehmen, sie zusammenfalten und auf unterschiedliche Schränke und Kommoden verteilen.

Nun gut, ein Herz gefasst, hineinspaziert, ah, da ist er, Hamacher – und er ist in der Tat so gar nicht profan. Er will mir etwas anbieten, eine runde Keksdose hat er gefunden, die er, während er bereits über Aporien, Double-Binds und unzulässige Komplexitätsreduktionen referiert, aufzumachen versucht. Ich blicke auf seine Finger, kurze, gepflegte Nägel, mit denen er vergeblich die Plastikverschweißung des Deckels einreißen will, während er über das Scheitern im Leben ganz allgemein spricht, und in diesem Zusammenhang Flaubert erwähnt, «Die Erziehung des Herzens», und das wunderbar bittere Ende des Romans, als sich der Protagonist mit einem Freund daran erinnert, wie sie als Jugendliche der Patronin eines Puffs Blumen brachten und über diese Episode sagen, es sei vielleicht der beste Moment ihres Lebens gewesen. Ich bringe, als er kurz Luft holt, eine Schere oder einen anderweitig scharfen Gegenstand ins Spiel, auch ein Stift, sage ich, könne helfen, ein Kugelschreiber findet sich auf dem

Schreibtisch, Hamacher reicht ihn mir, ich stoße ihn durch die Folie, hake mit dem Finger nach und ziehe die Plastikhülle vollständig von der Dose ab. Geschafft! Ich gebe sie ihm zurück, er öffnet den Deckel und stellt die Dose zwischen uns. Ich nehme mir einen Butterkeks, der mit großen Zuckerkristallen bestreut ist, und freue mich über dieses etwas altbackene Gebäck, wie ich es sonst nur von meinen Großtanten kannte, die es aus Bauernschränken hervorzauberten. Hamacher hingegen enthält sich tapfer der Versuchung, in die Dose hineinzugreifen, und scheint sich zu sagen: Besser einen Gedanken im Kopf als einen Keks im Mund.

Okay, ich gebe es zu: Mit der Präsensform will ich verdecken, dass mein Besuch bei Hamacher schon einige Jahre zurückliegt, ich recherchierte damals für einen Artikel übers Scheitern. Die Gedanken, die Hamacher mir ausbreitete, waren aber so ausgefuchst, dass ich daran scheiterte, sie in die Zeitung zu bringen. Die Hamacher-Passage war das Erste, was im Redigat gestrichen wurde.

Mir waren dieses Scheitern und mein Text übers Scheitern am Ende so peinlich, dass ich mich nicht mehr bei ihm gemeldet habe, obwohl er sich doch reichlich Zeit für mich genommen hatte. Ich versank einfach in meinem Scheitern und scheiterte noch dran, die Erklärung zu geben, die ich ihm schuldig war. Von Tag zu Tag wurde die Sache für mich peinlicher. Ich brauchte nur daran zu denken, was Hamacher jetzt von mir denken musste, schon wurde mir ganz unsäglich zumute. Oft dachte ich daran, wie es wäre, ihm zu schreiben, einen Brief, voller Erklärungen und Ausflüchte. Aber es war zu spät, ich wusste, ich würde diesen Brief nicht mehr schreiben können, es war wie ein unentrinnbares Verhängnis, ich hatte den Zeitpunkt verpasst und konnte nun nicht mehr in den Lauf der Geschichte eingreifen, völlig gelähmt musste ich zusehen, wie die Schuld, die ich auf mich lud, wuchs und wuchs.

Aus Hamachers Sicht habe ich wahrscheinlich schlicht unverbindlich gehandelt. Aber aus meiner Sicht stellt sich die Geschichte anders dar. Denn zu keinem Zeitpunkt bin ich in den Genuss der Gleichgültigkeit, Leichtigkeit und Unbedarftheit gekommen, mit dem unverbindliches Handeln gemeinhin einhergeht. Ich habe äußerlich unverbindlich gehandelt, es ist passiert, aber geradezu gegen meinen Willen. Oder aus einer Art perversem Vergnügen, Schuld auf sich zu laden, sie nicht zu begleichen und darunter zu leiden? Was stünde dann dahinter? Das müsste ich mal einen psychoanalytisch geschulten Experten fragen!

Aber nein: Die Kindheit ist an allem schuld, weiß man ja. Ich erinnere mich an ähnlich peinlich-quälende Verschuldungen um die Weihnachtstage herum. Ich hatte aus der Verwandtschaft per Post 50 Mark bekommen und sollte einen Dankesbrief schreiben. Ich spielte aber lieber mit den neuen Geschenken. Ein paar Tage später fragte meine Mutter nach, ich sagte, ja, ja, ja, tat jedoch nichts, nichts, nichts. Vielleicht aus Faulheit, weil ich lieber auf der Seite des Vergnügens stehe, nicht auf der Seite der Pflicht. Es hat mich immer einen großen Aufwand gekostet, nicht das zu tun, was ich aus reinem Lustprinzip heraus tun wollte, Tennis- oder Fußballspielen, Bücher lesen, Fernsehen. Wer möchte diese Tätigkeiten schon unterbrechen, nur um einen Brief zu schreiben? Und erst recht nach Weihnachten, das ist wie Hausaufgaben in den Ferien. Nach den Ferien? Das liefe auf Hausaufgaben nach den Hausaufgaben hinaus. Irgendwann vergaß meine Mutter die Sache, aber ich vergaß natürlich nicht, dass ich den Brief nie geschrieben hatte. Ich verfluchte diese teuer bezahlten 50 Mark, wünschte mir im Stillen, man möge mir bitte nicht noch einmal Geldgeschenke senden, und auch keine Brettspiele und Bücher, überhaupt nichts per Post, wo man verpflichtet war, den Dank schriftlich zu übermitteln.

Faulheit. Und: Widerwille gegen Konventionen, in meinem Fall komischerweise aber nur, wenn es um schriftlichen Ausdruck ging. Ich habe nie gegen Konventionen ganz allgemein gekämpft. Ich rede gern übers Wetter, und wenn irgendwo ein Schlips verlangt wird, na gut, dann binde ich mir halt einen um, ist ja nicht so schwer. Aber einen Brief schreiben mit den Worten: Vielen Dank, hat mich sehr gefreut, ich werde mir vom Geld was Schönes kaufen? Nahezu unmöglich.

Vielleicht hasste ich diese Konvention auch deshalb so, weil sie mir meine Unfähigkeit vor Augen führte, irgendetwas anderes an ihre Stelle zu setzen. Nie fiel mir etwas Sinnvolles ein, das ich hätte schreiben können, und ich weiß nicht, waren es die Worte, die mir fehlten, oder die Gefühle. Geldgeschenke – ich geriet nun einmal über blanke Zahlen nicht aus dem Häuschen. Ich hatte keinen Bezug zu Geld, Geld, das war irgendwie immer da. Also schrieb ich die paarmal, die ich mich doch dazu durchringen konnte, äußerst beschämt diese idiotischen Worte: «Vielen Dank, hat mich sehr gefreut, ich werde mir vom Geld ...» Obwohl, jetzt fällt mir ein, dass ich das Wort «Geld» nie verwendet habe, ich empfand es als ungehörig, ich umschrieb es mit Ausdrücken wie: «Vielen Dank für den großen Schein.»

Erst heute vermag ich darin eine gewisse Rache am Beschenkten zu entdecken, Geld – ein Schein; die Konvention – ein Schein; das Geschenk – ein Schein; der Dank – ein Schein! Da sind wir bei Nietzsche, dem großen Entlarver. Mit Nietzsche könnte ich sagen: In Abhängigkeit bringen wollte mich die Verwandtschaft durch die Geldgeschenke, sich die Gunst der jungen Generation sichern, jawoll, während

203

man selbst dem Alter, der Hilfsbedürftigkeit entgegengeht! Aus Liebe schenkte sie? Aus Eigenliebe, denn derjenige, der schenkt, verbucht die Summe sogleich auf das Konto seiner Generosität!

Nur: Entlarven heißt immer auch Reduktionismus betreiben, die Fülle des Phänomens einer griffigen Formel opfern.

Das lässt sich am grundlegendsten bei Jacques Derrida zeigen. In seinem Buch «Falschgeld» versteigt er sich zur Behauptung, dass es die Gabe, von der Mauss spricht, gar nicht gebe, weil sie durch die Forderung nach Erwiderung immer schon eingespeist sei in einen «ökonomischen Kreislauf». Wer gibt, rechne mit einer Gegengabe, tausche also in Wahrheit. «Eine Gabe», folgert Derrida, «darf also in ihrer Reinheit nicht *gebunden* noch selbst *bindend*, verbindlich oder verpflichtend sein.»

Entscheidend ist hier die Formulierung «in ihrer Reinheit». Auf diesem Weg, der Idee der Reinheit, geraten wir in die uns hinlänglich bekannte Sackgasse der Moderne. Wenn es die Gabe in ihrer Reinheit nicht gibt, bleibt nur die «Äquivalenz von Einnahmen und Ausgaben» übrig, Symmetrie, Metrik, Kalkül, dann ist alles berechnend und lässt sich durch das Gesetz jenes Rechnens vorhersagen. Kurz, dann sind wir wieder ganz und gar im Zeitalter der universellen Käuflichkeit, nicht in dem der Nebenseitigkeit, das mehrere Aspekte zu kombinieren erlaubt.

Genau dieser Nebenseitigkeit, diesem Durcheinander lässt sich hingegen mit dem Begriff der Gabe als totaler gesellschaftlicher Tatsache im Sinne von Mauss gerecht werden. Dabei ist es keineswegs so, dass Mauss in seinem Essay über die Gabe die Macht kalter Ökonomie unterschätzen würde, im Gegenteil. Der moderne Homo oeconomicus ist ihm ein Graus. Er warnt, es sei gar nicht lange her, seit der Mensch «eine Maschine geworden ist – und gar eine Rechenmaschine», setzt aber beschwichtigend hinzu: «Doch sind wir noch nicht alle Wesen dieser Art.»

Mauss' Essay kann uns deshalb vor der Einseitigkeit bewahren, alles auf das rechnende Denken zurückzuführen. Er lässt mich verstehen, dass meine Geld schenkende Verwandtschaft mitnichten aus Eigenliebe handelte, dass dies nur ein mögliches Motiv neben anderen gewesen war, dass sie ebenso aus liebender Aufopferung, aus zeremoniellen Gründen, aus einem Gefühl der Zusammengehörigkeit und aus Lust am Spiel schenkten. Mauss besteht darauf, dass in der Gabe Ökonomie, Ästhetik, Religion, Moral und Recht ihre Bindungskräfte nebeneinander entfalten können. Das zu gewährleisten, sagt Mauss, sei heute Aufgabe der Politik. Ich würde hinzufügen: einer verbindlichen Politik, einer Politik der Verbindlichkeit.

5. Oktober: Unverbindlicher Politik fehlt diese Vision vom Nebeneinander. Sie spannt sich immer hinter den Gaul, der gerade am stärksten zieht (zurzeit die Ökonomie). Sie lässt sich vom Lauf der Dinge mitreißen (Sachzwänge genannt), statt ihren Verlauf zu gestalten. Merkel? War selten die Verbindlichkeit in Person. Über die Abhöraffäre der NSA schrieben drei gewitzte Journalisten, und damit schien eigentlich alles gesagt: «Jetzt wissen die Amerikaner endlich auch, was die Deutschen schon längst wissen: Sie isst gern Streuselkuchen und legt sich nie fest. Nicht mal auf Streuselkuchen.»

Dann aber kam die Flüchtlingspolitik. Und Merkel zeigte, dass sie die Kraft hat, zu ihrem Wort zu stehen, selbst noch, als ihr der Gegenwind mächtig ins Gesicht blies.

Wir schaffen das, sagt Merkel. Wir wollen das nicht, sagen ihre Gegner. Ich sehe in diesen beiden Positionen die gegenwärtig zentralste Zuspitzung im Kampf um das, was es zukünftig in Deutschland heißen soll, verbindlich zu sein.

Vor dem Bundestag sagte Merkel: «Wenn Europa in der Flüchtlingsfrage versagt, dann ginge ein entscheidender Gründungsimpuls eines geeinten Europas verloren. Nämlich die enge Verbindung mit den universellen Menschenrechten, die Europa von Anfang an bestimmt hat und die auch weiter gelten muss.» Ihre Position ist im besten Sinne universalistisch. Das Besondere an Europa definiert sie ausgehend von der besonderen Bindung Europas ans Universelle. Andersherum ergibt der Satz keinen Sinn. Das Universelle kann seinem Begriff nach nicht besonders europäisch sein.

Rechtspopulisten wie Pegida und die AfD sehen hingegen nicht die universellen Menschenrechte als verbindlich an, sondern partikulare Traditionsgehalte. Rechtspopulisten sind gegen Einwanderung, weil in ihrer Sicht Deutschland gerade das ausmacht, was sich einer angeblich gemeinsamen Herkunft schuldet, Traditionen, soziales Brauchtum, Glaubensformen, die sich aus einer vermeintlich geteilten Geschichte speisen – Glühwein, Ostereier, Frühstücksflocken –, nicht aus dem, was diese Geschichte übersteigt. Sie glauben, mit dem Historiker Benedict Anderson gesprochen, an das «Wunder» des Nationalismus, das darin besteht, den Zufall, als Deutscher geboren zu sein, «in Schicksal zu verwandeln».

Heute ist Montag. Am Morgen bin ich in den Zug nach Dresden gestiegen. Ich will diesen Konflikt vor Ort sehen. Mein Gepäck werfe ich in einem kleinen Hotel in der Neustadt ab. Drei Stunden habe ich noch, dann brechen die Pegida-Leute zu ihrem Marsch auf. Bis dahin will ich mich durch die Stadt treiben lassen. Denen werde ich zeigen, sage ich mir, was ein Spaziergang ist, ein *dérive*, was Flanieren heißt!

6. Oktober: Weit gekommen bin ich gestern nicht. Auf dem Albertplatz fragte mich eine junge Frau, wie sie zum Theaterplatz komme. Ich sagte, wenn sie zur Kundgebung wolle, habe sie noch zwei Stunden Zeit. Wir gingen dann zusammen in ein Café. Sie kam aus Rotterdam und sollte für ein Wochenmagazin über die Stadt und die Rechtspopulisten schreiben.

Ich erzählte ihr alles, was ich über Pegida weiß, alles über den ganzen Abendland-Verteidigungs–Scheiß. Ich versuchte, ihr auch meine These zu erläutern, dass man nicht nur mit der Vorstellung von festen Identitäten brechen müsse, die aus der Geschichte gewonnen werden, sondern mit dem mythischen Prinzip der Geschichte selbst, jener alten Leier, die davon erzählt, wie sich Herkunft unweigerlich in Zukunft fortschreibe. Schon der vorsokratische Philosoph Anaximander sagte ja: «Woraus aber die Dinge ihre Entstehung haben, darein findet auch ihr Untergang statt, gemäß der Schuldigkeit. Denn sie leisten einander Sühne und Buße für ihre Ungerechtigkeit, gemäß der Verordnung der Zeit.»

Weg mit diesem Satz! Es gibt keine totale Schuldigkeit gegenüber der Geschichte. Jeder Mensch hat das Recht, sich von der Geschichte abzuwenden, hat das Recht, sich zu sagen: Das ist nicht meins! Ich trete das Erbe nicht an! Auf in eine andere Welt!

Mit dem Rechtspopulismus und allen Formen xenophoben Denkens ist diese Auffassung völlig inkompatibel, auch wenn auf den ersten Blick das Gegenteil richtig zu sein scheint, weil Fremdenfeinde ja notorisch Geschichte leugnen. Ihr Versuch, sich von der Geschichte zu befreien, betrifft aber immer nur jene Teile, die den Fremdenfeinden nicht ins Konzept passen, nie den mythischen Kern der Geschichte selbst, durch den sie zur Schuldgeschichte wird. Das rechte Denken muss notwendig an die Bindungskraft der Geschichte glauben, sie und nicht die Freiheit des Einzelnen ist Ausgangspunkt ihres Programms.

Gehen wir von der Freiheit des Einzelnen aus, ist damit nicht einer banalisierenden Beliebigkeit das Wort geredet. Denn was es für den Einzelnen wie für ein Kollektiv jenseits der Schuldgeschichte sehr wohl gibt, ist eine Verantwortung gegenüber der Geschichte.

Der Unterschied sieht klein aus, hat aber weitreichende Folgen. Er besagt, dass ein Syrer nach Deutschland kommen und sich aus freien Stücken zur Verantwortlichkeit bekennen kann, in einem Land zu leben, das über eine besondere Geschichte verfügt. Er kann sich zur universellen Idee der Menschenwürde bekennen und zur deutschen Verfassung, in der die wichtigsten Erfahrungen dieses Landes gespeichert sind, und ist in diesem Fall ein Bürger dieses Landes wie jeder andere auch. Das Besondere wird vom Universellen erschlossen, Verantwortung für eine spezielle Geschichte und Herkunft kann nur übernehmen, wer zuvor aus der Geschichte herausgesprungen ist. Der Pegidist hingegen hängt in einem kruden mythischen Geschichtsverständnis fest, in einer Geschichte, aus der kein Entkommen ist und die nur den betrifft, der von Anfang an (aber was soll das heißen, wo, was ist der Anfang?) in ihren Fesseln liegt. Wenn diese Herkunft tatsächlich unsere Zukunft sein soll, wie es die Rechtspopulisten gerne hätten, gibt es kein Heraustreten aus dem Schatten der Geschichte, alles, was wir sind, schulden wir dann der Geschichte. Dann haben wir wirklich, um das berüchtigte Wort von Ernst Nolte zu entwenden, «eine Vergangenheit, die nicht vergehen will».

Auf diese Weise waren wir im Café dabei, uns ordentlich zu erhitzen. Ich fühlte mich von Minute zu Minute wohler, die Holländerin dem Augenschein nach sich auch. Selbst die Rosen auf dem Tisch und die Laubgirlanden am Fenster machten etwas her, obwohl sie aus Plastik waren. Als der Zeitpunkt kam, aufzubrechen, um Pegida marschieren zu sehen, gingen wir – vom Kaffee zum Wein über. Ich hatte noch zaghaft gesagt: «Aber Pegida ...» Sie: «Fuck Pegida!» Stimmt. Was gingen uns diese Idioten an? Sie traten nun auch in unserem Gespräch in den Hintergrund, bald sprachen wir nur noch über Literatur. Die Holländerin erklärte mir, was sie an den Büchern von Harry Mulisch seicht und fad fand. Ich erzählte ihr von meiner letzten Erfahrung mit Cees Nooteboom: Wie ich innerhalb von drei Wochen von drei verschiedenen Freundinnen auf «Rituale» angesprochen worden bin, mich dann zur Lektüre durchrang, die erste Sexszene im Buch auf Seite 100 als seltsam schal empfand, die zweite Sexszene auf Seite 200 mir vage bekannt vorkam und mir bei der dritten Sexszene auf Seite 300, kurz vor Ende des Buches, endlich auffiel, dass ich es vor Jahren schon einmal gelesen hatte. Ich schwor stattdessen auf Willem Frederik Hermans' «Die Tränen der Akazien», «Die Dunkelkammer des Damokles». Sie hatte alles von Hermans gelesen, und das war, scheint's, zu viel: «eine Überdosis», sagte sie. Sie nannte einen anderen niederländischen Autor, dem sie zurzeit verfallen sei, aber ich vergaß den Namen sogleich, vielleicht, weil wir kurz davorstanden, uns eine Überdosis Wein zu verabreichen, der wir nur dadurch entgingen, dass uns der Kellner hinauswarf, um den Laden zu schließen. Da standen wir spätnachts auf der Straße. Ich rief ein Taxi. Während wir warteten, legte sie mir ihren Arm um die Hüfte. Ich war berauscht wie lang nicht mehr. Das Taxi kam. Sie stieg hinten ein, ich schloss die Tür, das Taxi fuhr los. Ich schlenderte zurück ins Hotel.

7. Oktober: Liebe Café-Bekanntschaft!

Du magst verwundert sein, dass ich dir diesen Brief schreibe, also lass es mich erklären, auch wenn die Erklärung selbst etwas wunderlich erscheint. Als ich heute Morgen aufwachte und mich fragte, was mir der Tag bringt, wusste ich, dass er mir nicht einen Tag wie den gestrigen bescheren würde. Ich ging also mit wenig Hoffnung nach dem Frühstück aus dem Haus. Wohin? Einfach los, mehr wusste ich nicht. Ich kam am Café vorbei, in dem wir gestern saßen, und blieb kurz stehen. Ich ging weiter Richtung Elbe, überquerte die von Liebesschlössern überladene Augustusbrücke und gelangte zur Frauenkirche, vor der eine welke Bettlerin saß, gehüllt in erdfarbene Gewänder, Jacken und Decken. Ich gab ihr einen Euro. Sie fragte mit einer hübschen, singenden Stimme: Hast du nicht ein bisschen mehr? Ich sagte: Nein. Sie fragte: Bist du italienisch? Ich sagte: Ein bisschen (was gelogen war und völlig abwegig). Als Nächstes ergoss sich eine Flut von italienischen Worten aus ihrem Mund. Was ich verstand: Sie wollte einen Kuss. Komm, sagte sie, gib mir ein Kuss, sie zeigte auf ihre speckige Wange, und ich, tja, ich weiß nicht, warum, beugte mich zu ihr hinunter. Ich gab ihr den Kuss, nicht auf die Wange, sondern auf die Stirn, und murmelte, obwohl ich keine Religion habe, Gott segne dich, während sie kicherte und, als ich mich schon abgewandt hatte, in ein herzliches Lachen ausbrach, das ich noch hörte, als ich um die Ecke zum Zwinger bog.

Mich zog es nun in die Gemäldegalerie. Ich war aufgewühlt und sehnte mich nach Ruhe: nach Hügeln, antiken Ruinen, Rindern in Tümpeln, Schäfern. Nach Claude-Lorraine, nach dem 18. Jahrhundert, so dachte ich.

Entschlossen nahm ich die Treppenstufen hinauf zum Museum. Aber als ich die Kasse passiert hatte, wusste ich nicht weiter. Ich lief, ziellos, wie mir schien, durch die Säle und konnte mein Interesse nirgends festmachen. Ich sah kurz nach rechts, die altdeutsche Schule um Dürer. Ich ließ das Marienbild von Raffael links liegen. Ich hastete durch kornblumenblaue, lindgrüne und rosafarbene Säle. Ich kam an einem Dresden-Bild von Canaletto vorbei. Ich ging weiter und weiter, bis ich in einem hellgrauen Saal stand und plötzlich wusste, was ich die ganze Zeit gesucht hatte: An den Wänden hingen die Bilder aus dem Goldenen Zeitalter der Flämischen Malerei.

Ich schaute auf herrliche Arbeiten von Ruisdael: Wälder, Dünen, eine Winterlandschaft, Himmel, so viel Himmel. Üblicherweise schätze ich Ruisdael von allen flämischen Malern am meisten. Obwohl ich ein wenig Ruhe vor seinen Bildern fand, zog mich diesmal etwas weiter. Ich ließ im nächsten Saal ein Dutzend Porträts, die Adriaen Brouwer, Jacob Jordaens und Rembrandt gemalt hatten, Revue passieren und stieß schließlich auf ein Gemälde von Vermeer.

Es war eins seiner klassischen Interieur-Bilder. Ein grüner langer Vorhang, der die rechte Bildhälfte dominiert. Eine schwere, rote, verrutschte Draperie über dem Tisch, eine schräg stehende Obstschale, aus der einige Äpfel und Pfirsiche gekullert sind. Mitten im Raum, aufrecht stehend, eine junge, hübsche Frau, deren Gesicht sich in der nach innen geöffneten Fensterscheibe spiegelt. Hinter ihr die nackte Wand. Und was tut die Frau? Sie hält einen Briefbogen in den Händen. Die Wangen gerötet, den Blick gesenkt. Sie liest.

Ich stand, ich weiß nicht, wie lang, vor dem Bild, ich schaute und schaute. Bis ich plötzlich wusste, was mich zu den Holländern, was mich ins Museum, was mich durch den ganzen Tag getrieben hatte.

Ich verließ die Gemäldegalerie auf dem kürzesten Weg, blickte draußen hinauf in den Himmel. Einige Flecken Blau in einem gewaltigen Wolkengebirge, sehr kleine schwarze

Pünktchen auch, hoch fliegende Vögel, ein Ruisdael-Himmel. Ich ging zur Elbe hinunter, fand eine freie Bank unter dem gelben Dach einer Eiche, zog mein Notizheft aus der Tasche und begann, dir diesen Brief zu schreiben.

Aber nun muss ich dich um ein kleinen Gefallen bitten. Schreibe bitte nicht zurück! Ich weiß, wie nervig es ist, Briefe zu beantworten, um die man nicht gebeten hat. Das ist völlig in Ordnung für mich. Ich wollte ohnehin nur diese kleine Geschichte meines Tages erzählen. Und du, nicht wahr, bist doch in diesem Fall die ideale Leserin. Das ist alles. Aber wenn es dir angenehmer sein sollte, mir ein paar Worte zu schicken, aus Höflichkeit, aufgrund der alten sozialen Norm der Reziprozität (an die ich nicht glaube), dann könntest du mir folgende Frage beantworten: Wie hieß noch mal der Autor, von dem du mir gestern Abend so vorgeschwärmt hast?

Von Herzen alles Gute wünscht dir: deine Dresdener Café-Bekanntschaft

8. Oktober: Ich habe den Brief nicht abgeschickt. Es würde einen anderen Menschen verletzen. Es wird aber auch schmerzen, zuschauen zu müssen, wie das strahlende Bild meiner Café-Bekanntschaft in meinem Kopf langsam verblasst. Es ist ein Verlust. Dabei habe ich schon etwas verloren: meine innere Stärke, in dem Moment, wo ich geistig schwach geworden bin und ihr zu schreiben angefangen habe. Ich hatte die Kraft, im entscheidenden Augenblick nichts zu tun. Aber: Was wäre passiert, hätte meine Bekanntschaft es nicht dabei belassen, mir ihren Arm um die Hüfte zu legen? Wäre ich stark genug gewesen, etwas zu verhindern? Und habe ich überhaupt aus Stärke gehandelt, als ich gar nicht gehandelt habe? Oder war ich ganz einfach paralysiert? Aus Angst? So

was kommt vor in meiner Familie. Von meinem Großonkel Willi heißt es, dass er den Damen sehr zugeneigt war, wurde es aber ernst, büxte er aus. Man erzählt sich bei uns die Geschichte, wie eine besonders mutige Dame, die für einige Tage die Familie besuchte, spätabends an seine Zimmertür klopfte. Er bekam solch einen Schreck, dass er sich unter dem Bett verkroch. Kurz darauf sah er ein paar zierliche Füße ihm entgegentänzeln, sah ein seidenes Nachthemd vor seiner Nase zu Boden rauschen und hörte Federn erwartungsfroh quietschen. Es wurde eine lange Nacht. Sie nackt unter seiner Bettdecke. Er unter seinem Bett.

Mit diesen Gedanken fuhr ich zurück nach Hamburg. Von Pegida hatte ich nichts gesehen. Besser so! Schließlich wäre ich den Marschierenden sonst auf den Leim gegangen. Gesehen werden, das ist es ja gerade, was sie wollen, deshalb pöbeln sie sich durch die Straßen und die Medien.

Das heißt nicht, Leugnen und Ignorieren sei die richtige Strategie im Umgang mit Pegida. Wir müssen das Verlangen dieser Leute, wahrgenommen zu werden, ernst nehmen. Allerdings auf einer ganz anderen Ebene. Was wir brauchen, ist das Gegenteil der neoliberalen Politik der letzten Jahrzehnte, das Gegenteil des Glaubens, die unsichtbare Hand des Marktes führe die Menschen aus der sozialen Unsichtbarkeit am Rande der Gesellschaft heraus. Was wir brauchen, ist eine soziale Politik der Anerkennung, eine Politik, die den Menschen die Sicherheit gibt, dass ihnen, wenn nötig, bedingungslos geholfen wird.

9. Oktober: Mir war im Gespräch mit der Holländerin klargeworden, dass Pegida auch ein Licht auf die Gabentheorie von Marcel Mauss warf. Auf die dunkle Seite dieser Theorie. Bei Mauss erscheint die Schuld, die mit der Gabe einhergeht,

ebenso total, wie es das Phänomen der Gabe ist. Wird die Gabe nicht erwidert, die Schuld nicht beglichen, droht, wie Mauss schrieb, privater oder öffentlicher Krieg. Dann legitimiert das Postulat der Gegenseitigkeit der Gabe die Vergeltung. Ein Unterbrechen des Zusammenhangs von Gabe und Wiedergabe ist bei ihm ebenso wenig vorgesehen wie im rechtspopulistischen Denken das Herausspringen aus Geschichte und Tradition.

In beiden Fällen liegt eine totale Verschuldung vor, die zugleich die restlose Herrschaft des Kollektivs über den Einzelnen anzeigt. Man kann dieses Verhältnis verallgemeinern und sagen: Wo immer eine unumgängliche Schuld behauptet wird, gerät das Individuum in die Knechtschaft ominöser Schicksalsmächte. Statt also die Gabe und Schuld ausgehend vom Kollektiv, von der Gruppe, der Gemeinschaft, dem Volk und so weiter zu formulieren, sollten wir heute, nach den Erfahrungen der verheerenden Kollektivismen des 20. Jahrhunderts, den umgekehrten Weg gehen und die Schuld weder totalisieren noch voraussetzen. Wir sollten von einem freien Individuum ausgehen, das selbst noch seine Verschuldung frei betreibt – im Sinne Rousseaus, der uns lehrte: «Gehorsam gegen das Gesetz, das man sich selbst gegeben hat, ist Freiheit». Wir müssen dementsprechend vehement zurückweisen, dass die Erwiderung einer Gabe obligatorisch und aus der mythischen Geschichte kein Entkommen sei. Niemand muss gar nichts! Alle dürfen alles! Nicht mal als Eltern sollte man den Anspruch haben, dass die Liebe, die man seinen Kindern entgegenbringt, erwidert werden müsse. Wer sich aber entschließt, trotzdem etwas zurückzugeben und Verantwortung zu übernehmen für eine Geschichte, in die er sich aus freien Stücken stellt, der, nun ja … der weiß, was er tut. Der weiß auch, dass er schwerlich etwas Besseres tun kann.

Schon Nietzsche hat diesen Weg in der «Genealogie der Moral» knapp skizziert. Aus der Schuldgeschichte, schreibt er, erwachse nämlich «als reifste Frucht an ihrem Baum das *souveräne Individuum*, das nur sich selbst gleiche, das von der Sittlichkeit der Sitte wieder losgekommene, das autonome übersittliche Individuum (denn ‹autonom› und ‹sittlich› schließt sich aus)». Es reife der Mensch «des eignen unabhängigen langen Willens, der *versprechen darf*». Für dieses souveräne Individuum ist die Schuld keine Bürde, sie ist eine Zierde: das «ausserordentliche Privilegium der *Verantwortlichkeit*».

Nietzsche sagt nicht, wie und warum dieses souveräne, verantwortliche Individuum am Baum der Schuldgeschichte reift. Hier klafft eine Erklärungslücke. Vielleicht aus gutem Grund. Denn könnte Nietzsche angeben, wie das Individuum von der Sittlichkeit der Sitte, dem mythischen Schuldbegriff und dem dahinterliegenden Gewaltverhältnis loskommt, würde er die Schuld, nun als Kausalverhältnis, unter der Hand erneut einführen. Das souveräne Individuum muss nicht nur von der Sittlichkeit der Sitte loskommen, sondern selbst noch von der Geschichte, zumindest von jener Vorstellung von Geschichte und Herkunft, der wir zubilligen, uns auch dann noch zu determinieren, wenn wir mit den überlieferten Traditionen brechen. Freiheit denken heißt darum, Geschichte selbst «als immer wieder ersten Sprung denken: ohne Grund – sine culpa et causa». So hat es Werner Hamacher geschrieben, mein Verbindlichkeitsexperte, von dem ich nicht mehr sagen muss, wie viel ich ihm schulde.

Ohne Grund, ohne Schuld – so verlieben wir uns. Ohne Grund, ohne Schuld – so übernehmen wir Verantwortung. Ohne Grund, ohne Schuld Schuld übernehmen – so lässt sich auf der Höhe der Zeit verbindlich leben.

Verbindlichkeit ist heute, wenn man so will, eine Tragikomödie. Hat die Tragödie im antiken Sinn erzählt, wie einer schuldlos schuldig, sein Handeln von einer Schicksalsgeschichte überwölbt und durchkreuzt wurde, so berichtet die Tragikomödie der Verbindlichkeit davon, wie ich diese Schicksalsgeschichte durchkreuze, weil ich mir aus freien Stücken und mit heiterstem Gemüt eine Schuldgeschichte zimmere, die keiner anderen gleicht.

Die komische, komödiantenhafte Seite der Verbindlichkeit hat aber zur Folge, dass man sie nicht vollständig ernst nehmen kann, die Freiwilligkeit hat zur Folge, dass die Schuld nicht total sein kann, also auch nicht total bindend ist. Zugegeben, eine Schuld zu begleichen, fällt unter Zwang leichter, als es aus freien Stücken zu tun, so wie es auch vielen einfacher erscheinen wird, eine Gabe zu erwidern, steht andernfalls Krieg auf dem Programm.

Dem eigenen Gesetz zu folgen, ist grundsätzlich anspruchsvoller, als ein fremdes zu erfüllen. Dieser Tatsache müssen wir ins Auge sehen. Das souveräne Individuum ist das fehlbare Individuum. Und angesichts dieser Fehlbarkeit können wir uns in der Moderne nur dann auf die Gabe zurückbesinnen, wenn es Wege zur Vergebung gibt.

Das Problem dabei ist: Einfordern kann man diese Vergebung nicht. Täten wir es, wir würden uns zugleich selbst vergeben. Wir würden uns als jener absolute Souverän entwerfen, der, weil er sich die Absolution selbst erteilt, den anderen in keiner Weise mehr braucht. Wozu dann überhaupt noch versprechen? Das souveräne Individuum findet folglich darin seine Grenze, dass es nicht versprechen kann, seine Versprechen unter allen Umständen zu halten. Es ist angewiesen auf die Vergebung des anderen, angewiesen auf eine Gabe, mit der er nicht rechnen, auf die er nur hoffen kann. Vergebung

denken, empfinden, üben: Das ist mithin die größte Herausforderung, die uns die Moderne aufgegeben hat. Schöne Be-
scherung, nicht wahr?

Wir sind hier unversehens, sine causa et culpa, wieder ins
Moderne-Massiv geraten. Wenn die Entfaltung von Technik
und Kapitalismus auf Kosten des Ständischen und Stehenden uns zu einer positiven, selbstgesetzten, künstlichen Verbindlichkeit befähigt, dann tut sich damit in der äußersten
Phase des Kapitalismus, den Walter Benjamin als Schuld-
Religion demaskiert hat, ein Jenseits von Schuld, ein Jenseits von Kapitalismus auf – sowie sich auf dem äußersten
Stand gegenwärtiger Technik eine Lebensform abzeichnet,
die dank der Technik zu einer neuen Grundlosigkeit vor-
stößt, mit der das technologische Kausalitätsdenken nicht zu
Rande kommt. Die Geschichte, verstanden als technologisch-
kapitalistischer Kausalitätskomplex, schlägt sich selbst ein
Schnippchen, indem sie eine Zeit denkbar macht, die nicht
immer nur ihre Folgen exekutiert, eine Zeit, um ein weiteres
Mal mit Werner Hamacher zu sprechen, die verzeiht, «die
nichts als Verzeihung» ist.

Oder anders gesagt: Wir leben in einer Zeit, in der die Gabe
der Verbindlichkeit nicht ohne Vergebung zu haben ist, der
Staat seinen Wert aus der Idee des Asyls erfährt und der Kapitalismus nicht ohne Schuldenschnitt auskommt.

10. Oktober: Der gestrige Vollrausch ist schuld daran, dass ich
heute nicht schreiben kann. Das ist der Preis, den man für die
Poesie des Rausches zahlt, einer Poesie, die davon lebt, dass
im Rausch sich ein Jenseits der Schuld eröffnet, weil nicht
gesagt werden kann, woher die Dinge, die passieren, eigentlich kommen, wie sie zu dir kamen, wie du zu ihnen kamst.
Wie etwa kam, könnte sich einer fragen, auf der Party diese

Frau in meine Arme. Der Rausch macht Sprünge. Der Rausch kennt keine Herkunft, nicht mal die eigene. Der Rausch ist der Nebel, in dem alles, was passiert, plötzlich, unvorhergesehen, unverhofft vor sich geht. Man schläft dann auch am Ende sehr plötzlich ein. All das kann einem teuer zu stehen kommen am nächsten Tag. Gesegnet, wer es sich gelegentlich leisten kann.

11. Oktober: Ein erster Hauch von Winter, Raureif auf der morgendlichen Wiese. Meine Frau suchte ihren beigen Rollkragenpullover, bis ihr einfiel: Sie hatte ihn in den Koffer gestopft, neulich, während unseres Streits. Und der Koffer stand, wie eine Drohung, als sei der Tag der Abreise lediglich verschoben, noch immer neben der Treppe. Sie klappte ihn auf, zog sich den Pullover über, ging in die Küche, bereitete die Pausenbrote für die Kinder vor, während ich mit ihnen frühstückte. Als ich wieder an der Treppe vorbeikam, war der Koffer weg. Beim Aufräumen sah ich ihn später im Wandschrank. Den Reißverschluss hatte sie nicht vollständig zugezogen, ich lugte hinein. Der Koffer war leer.

Waren wir zu einer Klärung gekommen? Nicht wirklich. Ich hatte mir etwas zuschulden kommen lassen. Sie hatte sich etwas zuschulden kommen lassen. Die Schuld war erwiesen, wir leugneten sie nicht. Das Urteil war eindeutig. Wir hätten auseinandergehen können. Aber wir taten es nicht. Wir zogen aus unserer Schuld keine Konsequenzen, vollstreckten das Urteil nicht. Wir schoben es auf – annullierten es schlussendlich. Wir unterbrachen den Kausalzusammenhang zwischen Schuld und Vollstreckung. Wir brachen das mythische, ja fast schon metaphysische Gesetz Anaximanders. Wir unterbrachen die Zeit selbst, dieses fortwährende Ineinandergreifen von Schuld und Buße durch den Akt der Freiheit schlechthin: indem wir uns vergaben. Wir dachten unsere Geschichte wieder als ersten Sprung, indem wir sie neu beginnen ließen.

Es ist nicht das erste Mal, dass wir uns vergeben haben. Es ist, wenn ich zurückblicke, als hätte ich schon drei-, viermal ganz neue Beziehungen geführt – mit ein und derselben Frau, meiner Frau.

Meine Freunde halten es meist umgekehrt. Sie führen mit immer neuen Frauen ein und dieselbe Beziehung.

Nun könnte man mir vorwerfen, dass ich meiner Frau nur deshalb vergebe, weil sie auch mir vergibt. Man könnte meinen, wir rechneten unsere Schuld gegeneinander auf. Wir würden einander gar nicht richtig vergeben. In Wahrheit werde in Beziehungen jedes Vergehen verbucht, damit wir es dem anderen bei passender Gelegenheit um die Ohren hauen können. In Wahrheit frage man sich dann immer, wer tiefer in der Schuld steht, und leite aus der Schuld des anderen eine Art Freibrief ab, sich selbst verschulden zu dürfen. Vergebung sei in diesem Spiel nur ein Handel, der die Schuld nicht tilgt, sondern festschreibt. Unsere Beziehung sei nichts weiter als ein stets erneuertes Gleichgewicht der Schuld.

Der Einwand ist berechtigt, es gibt genug Beziehungen, die womöglich so verlaufen. Die Schwierigkeit liegt darin, dass der eine nicht mit der Vergebung rechnen, der andere sich die gewährte nicht anrechnen darf. Das muss wieder mal grundlos, sine causa, geschehen. Dann erst bricht die Vergebung mit jedem Handel, mit jeder Berechnung, mit jeder Reihenfolge.

Hat sie mir zuerst vergeben oder ich ihr? Und wer ist zuerst schuldig geworden? Egal. Es gibt keine Kausalität, wenn wahrhaft vergeben wird. Es gibt auch keinen Ursprung, auf den sich unsere Geschichte und die Brüche unserer Geschichte zurückführen ließen. Irgendwas ist immer schon gewesen. Also immer wieder neu anfangen. Selbst wenn es schwierig ist. Denn auch der Neuanfang kann dir nur gegeben werden, du hast es nicht selbst in der Hand. Du hast es nur in der Hand, der Gabe gerecht zu werden – indem du dankbar bist, Tag für Tag.

12. Oktober: Noch einmal zurück zur Souveränität, die Nietzsche so schätzte. Schon bevor ich in der «Genealogie der Moral» darauf stieß, war es eins meiner Lieblingswörter, es barg für mich eine Art Versprechen aufs große glanzvolle Leben. Als Kind saß ich mit meinem älteren Bruder fortwährend vor irgendwelchen Spielbrettern. Wenn er mich schlug, was für meinen Geschmack entschieden zu häufig vorkam, sagte ich: Da hast du aber ziemliches Glück gehabt. Und er: Nee, das war absolut souverän.

Heute weiß ich, wir hatten beide recht: Souverän sein reicht nicht, man muss auch Glück haben im Leben. Bedingung dafür, dass sich das Glück überhaupt einstellen kann, ist das Wagnis, die Formel «Traue dich», die jedem Sprung vorangeht. Wer aber traut sich? Das souveräne Individuum, das souverän seine Souveränität überschreitet. Das souveräne Individuum ist der verbindliche Mensch, der sich in das Abenteuer der Passivität stürzt, weil er sich selbst und der Welt, dem Glück und der Vergebung traut. Ja doch, traut euch!

KAPITEL 8

DIE ÄSTHETIK DER VERBINDLICHKEIT

13. Oktober: Ich blicke hinaus in den Garten. Dass ich das Fenster geschlossen halten muss, versetzt mir einen kleinen Stich. Noch letzte Woche konnte ich es morgens aufstoßen, mich auf die Fensterbank schwingen und die Füße ins Freie baumeln lassen. Doch nun ist das Ende des Sommers da: Blutrot windet sich eine Girlande wilden Weins über die

den Garten begrenzenden Rhododendren. Eine Felsenbirne, leicht gerötet, entwindet sich – verschämt, aufreizend langsam? – ihrem Blätterkleid und lässt ihr zartes Astwerk sehen. Im Hintergrund stecken eine rostende Eiche und eine vergilbte Buche die Köpfe zusammen. Wenn ich das Fenster öffnete, sage ich mir, würde ich sie im leichten Wind tuscheln hören, in diesem klackernden, lästernden Tonfall, den sie nur im Herbst haben. Ich öffne das Fenster und höre – ach, der Herbst, ich vergaß. Im Vorort ist es die lauteste Jahreszeit, die Zeit der Laubbläser! Kaum rieselt das erste Blatt hinab, erhebt sich ihr Lärm zum Himmel.

Es ist die Zeit der Wahrheit, in der das Elend der Vororte schreiend hervorbricht. Denn der Mann, der ein Haus hat, in das er seine Frau sperrt, der einen Garten hat als Freigang für die Kinder, der eine Garage hat, in der sein SUV nach Sprit lechzt, der hat auch das Gefühl, dass der Rest der Welt ihn mal so was von kann, während er sein röhrendes Ding schwingt und die Ordnung über die Schönheit triumphieren lässt. Oft sind es natürlich auch Gärtner, die zugange sind, im Auftrag des Hausherrn, der im Büro, geschieht ihm recht, nicht mitbekommt, dass …

Ich mache das Fenster schleunigst zu, aber es hilft nichts. Zwar höre ich nicht mehr ein Geschrei aus vollen Kräften, aber mindestens genauso störend einen Generalbass aus schlecht gelauntem Gebrummel.

Was soll man da machen? Schopenhauer lesen. Da findet sich dieser Passus: «Kant hat eine Abhandlung über die lebendigen Kräfte geschrieben: ich aber möchte eine Nänie und Threnodie [einen Abgesang, würde man heute sagen] über dieselben schreiben; weil ihr so überaus häufiger Gebrauch, im Klopfen, Hämmern und Rammeln, mir mein Leben hindurch, zur täglichen Pein gereicht hat.»

Man kann sich also in bester Gesellschaft schätzen, wenn man gegen den Lärm andonnert. Schopenhauer hält ihn gar mit geistiger Größe für unvereinbar. Aber warum?

Ich lege mir die Sache so aus: wie ein großer Diamant, in Stücke zerschnitten, an Werth nur noch eben so vielen kleinen gleich kommt; oder wie ein Heer, wenn es zersprengt, d. h. in kleine Haufen aufgelöst ist, nichts mehr vermag; so vermag auch ein großer Geist nicht mehr, als ein gewöhnlicher, sobald er unterbrochen, gestört, zerstreut, abgelenkt wird; weil seine Ueberlegenheit dadurch bedingt ist, daß er alle seine Kräfte, wie ein Hohlspiegel alle seine Strahlen, auf einen Punkt und Gegenstand koncentrirt; und hieran eben verhindert ihn die lermende Unterbrechung.

14. Oktober: Ja, ja. Ich will nicht wissen, wie viele Gedanken mir die Gartenmaschinen der Nachbarschaft schon so aus dem Kopf geblasen haben. Natürlich schreite ich selbst stets mit ältestem, von Generation zu Generation weitergereichtem Gerät zu Werk. Schon allein, um meinen Kindern sagen zu können: «Auf geht's, jetzt zeigen wir der Nachbarschaft mal, was eine Harke ist!»

Aber vielleicht muss man das auch alles akzeptieren, den Lärm, die Unterbrechung und Ablenkung, die mit ihm einhergehen. Vielleicht muss man, anders als Schopenhauer, den Lärm nicht verdammen, sondern ihn annehmbar machen, indem man ihm eine Form gibt. Ich meine, die Ruhe, das Ununterbrochene, die totale Konzentration, das ist einfach nicht mehr unsere Welt. Sich nach ihr sehnen, in ihrem Sinn handeln, ist das nicht ebenso unsinnig geworden, wie heute in lateinischer Sprache zu dichten? Die Moderne ist das Durcheinander, und das Durcheinander zeitigt sich als Unterbrechung. Die moderne Großstadt, das Internet, sind reinste Ablenkungsmaschinerien, denen wir nicht mehr, beziehungsweise nur um den Preis des Reaktionären, entkommen. Modern sein heißt, sich ablenken lassen – und im Zustand dieser Zerstreuung nach einer Ästhetik der Unterbrechung Ausschau halten. Wenn das nur so einfach wäre.

Der Laubbläser heult auch heute in der Nachbarschaft, eine Push-Mitteilung schiebt sich in mein Schreibfenster und setzt mich über die jüngste Wirtschaftswachstumsprognose in Kenntnis, eine E-Mail trudelt mit einem sachten Klopfen an der Tür meiner Aufmerksamkeit ins Postfach, es geht auf zwölf Uhr zu, bald kommen die Kinder nach Haus. Wollte ich nicht vorher aufgeräumt haben? Das Telefon klingelt – meine Eltern fragen, ob ich ihnen behilflich sein kann, ein Zugticket im Internet zu kaufen. Das Telefon klingelt – eine Kleinkinderstimme sagt unendlich gedehnt: «Hallo, hier ist Henry.» Ich denke: schön für Henry, und höre im Hintergrund, wie ihm seine Mutter ebenso gedehnt beizubringen versucht, dass er sich womöglich verwählt habe. Das Telefon klingelt – Umfrage! Ich will den Hörer auf die Gabel knallen, aber es gibt keine Gabel mehr, ich muss das drahtlose Ding sanft in seine Akku-Ladestation betten. Ich setze mich an meine Aufzeichnung, breche ab, setze neu an, schreibe drei Worte, koche mir einen Tee, schaue aus dem Fenster in eine Welt, in der sich immer etwas tut. Ein Blatt der Felsenbirne segelt zu Boden, oder doch nicht, es schaukelt an einem Spinnfaden in der Luft, hin und her, auf und ab, mir geht gerade alles so was von auf den S... Aber nicht doch, nein, nein.

15. Oktober: Von Edmund Husserl, dem großen Philosophen der Phänomenologie, ist mir ein Satz im Gedächtnis, der mir

die Ästhetik der Unterbrechung erschließt. Er lautet: «Anomalität als Bruch der ursprünglich stimmenden Erscheinungseinheit wird in eine höhere Normalität einbezogen.» Das heißt, die Unterbrechung, der Lärm kann eine neue Stimmigkeit ergeben. Wir müssen mit dem Lärm durch den Lärm hindurch nach Stimmigkeit suchen! Wir müssen alles unterbrechen, und in der Unterbrechung, trotz der Unterbrechung, dank der Unterbrechung eine neue Dauer finden! Wir müssen die Bruchstücke unserer Welt aufsammeln, und die einzige Einheit, die wir ihnen geben können, ist der mehr oder weniger willkürlich gewählte Rahmen, innerhalb dessen wir ihre Bruchkanten ausstellen! Diese der Moderne eingesenkte Ästhetik ist nach wie vor der unüberschreitbare Horizont unserer Zeit. Alle Sehnsucht nach organischer, substanzieller Ganzheit bleibt ästhetisch schal, politisch ist sie noch Schlimmeres: gänzlich fatal.

Ja, der Diamant ist zerschnitten, das Heer ist in Häufchen zersprengt, der große Geist ist abgelenkt. Na und?

Wir müssen dahinter den Zustand einer Welt erkennen, die nicht mehr mit dem alten Begriff der Ökologie beschrieben werden kann. An dessen Stelle tritt nun die Ökotechnie. Darunter versteht Jean-Luc Nancy das Ineinandergreifen von Technologie und Ökologie, ihre Untrennbarkeit durch ein allgemeines «Technisch-Werden der Welt». In Virginia Woolfs «Die Wellen» heißt es: «Man kann nicht länger als vielleicht eine halbe Stunde außerhalb der Maschine leben.» Das war vor mehr als achtzig Jahren. Mittlerweile dürfte diese Zeitspanne auf jene zehn Sekunden zusammengeschrumpft sein, die eine schlechte Internetverbindung zum Laden einer Seite braucht. Wenn es überhaupt noch ein Außerhalb gibt! Denn die Maschine hat ja längst das Innerste des menschlichen Körpers kolonisiert, was keiner besser weiß als Nancy selbst, der mit und dank eines künstlichen Herzens noch lebt und denkt.

Nun hilft es uns wenig, zu wissen, dass wir zu jedem Zeitpunkt unseres Lebens an technischen Objekten hängen, wenn wir nicht wissen, was das Wesen dieser technischen Objekte ist. Hier kann uns der Technikphilosoph Gilbert Simondon weiterhelfen. Er definiert das technische Objekt als ein Ding, das aus mehreren Einzelteilen besteht, die sich austauschen, erneuern, verbessern lassen. Hören wir die entscheidende Passage von Simondon selbst, weil hier in seltener Klarheit eine der Grundbedingungen unseres Lebens und Denkens umrissen wird:

> Die technische Aktivität produziert keinen absolut unteilbaren Organismus, der metaphysisch eins und unauflösbar wäre. Das technische Objekt lässt sich reparieren; es kann vervollständigt werden; eine einfache Analogie mit dem Lebendigen ist trügerisch in dem Sinn, dass das technische Objekt schon im Augenblick seiner Konstruktion als etwas vorgesehen ist, das, durch Prüfung, Veränderung und im Bedarfsfall durch vollständigen Austausch einer oder mehrerer der Untermengen, aus denen es sich zusammensetzt, überprüft, repariert, gewartet wird.

Bei einer Blume kann man nicht mal eben die Blüte austauschen, bei einem Fahrrad aber den Reifen. Das technische Objekt ist ein prinzipiell offenes, das Naturprodukt ein geschlossenes System. Mit dieser Perspektive erklärt sich sofort, dass der Mensch selbst zu Teilen ein technisches Objekt geworden ist, das einer fortwährenden Wartung und Optimierung unterworfen werden kann, andererseits aber viele technische Objekte ihr Wesen verschleiern und sich als Naturobjekte präsentieren, die in den Händen der Nutzer wie eine Blume verwelken (Apple-Produkte etwa). Generell gilt: Überall dort, wo bei einem technischen Produkt das Offene, die Austauschbarkeit, Erweiterung, Erneuerung, also das, was Nutzungsmöglichkeiten vermehrt, im Namen von angeblicher «Nutzer»-Freundlichkeit beschnitten wird, ist konsumkapitalistische Ideologie in Reinform am Werk.

Entscheidend ist aber, dass wir im Zeitalter der Ökotechnie das menschliche Leben selbst und seine mögliche moderne Sinnhaftigkeit auf der Basis der mit der Technologie einhergehenden Offenheit und Austauschbarkeit definieren müssen. Nancy spricht deshalb davon, dass sich das Mitsein, worunter er die grundlegendste Bestimmung des menschlichen Lebens versteht, nur als Zustand einer «instabilen Zusammenfügung» betrachten lasse. Das Sein selbst ist ihm zufolge seit der ökotechnologischen Wende «nicht mehr an sich, sondern es ist Kontiguität, Kontakt, Spannung, Verdrehung, Kreuzung, Gefüge». Und Sinn sei nur noch dort zu entdecken, «wo es weder Zweck noch Mittel gibt, weder Fügung noch Entfügung, weder Oben noch Unten, weder Ost noch West. Sondern alles zusammen».

16. Oktober: Wem diese Gedanken aus der Welt der kybernetischen Theorie zu weit hergeholt scheinen, dem sei gesagt: Sie stimmen auf erstaunliche Weise mit dem überein, was unser heimisch-unheimlicher Dichter Hölderlin schon vor zweihundert Jahren in seiner Dichtung praktiziert hat. Auch in Hölderlins großen Hymnen gibt es weder Ost noch West, weder Fügung noch Entfügung, weder oben noch unten, sondern nur ein Nebeneinander. Adorno spricht in seinem Text «Parataxis» von Hölderlins Neigung, «Zeiten durcheinander

zu schütteln, Entlegenes und Unverbundenes zu verbinden». Das gelinge ihm dank seines dichterischen Prinzips der Reihung. Und dieses Gereihte, sagt Adorno in seiner geschliffenen Diktion, «ist als Unverbundenes schroff nicht weniger denn gleitend».

Alles hängt mit allem zusammen? Dieser modische Satz ist aus der Sicht einer kybernetischen Moderne allenfalls die halbe Wahrheit, wenn nicht barer Unsinn. Im Grunde lebt die Behauptung aus einer archaischen, infantilen oder paranoischen Anschauung; die Denkweise dahinter ist eine magische beziehungsweise symbolische, alles hat eine geheime Bedeutung und kündet von Dingen, die nur dem Eingeweihten, dem Sehenden zugänglich sind.

Nein, die Sache sieht so aus: Seit der Moderne, und Hölderlin wusste davon, hängt nichts mit gar nichts zusammen. Und darum können wir (müssen es aber nicht!) alles mit allem verbinden, aneinanderreihen, nebeneinanderstellen, instabil zusammenfügen, ohne allerdings auf das Glück einer vollständigen Fügung hoffen zu können. Es werden keine Ehen mehr im Himmel geschlossen, nichts ist mehr völlig füreinander bestimmt, nichts gibt es, was komplett miteinander verschmelzen könnte, was «metaphysisch eins und unauflösbar wäre», um Simondons Worte über das technische Objekt zu wiederholen. Immer bleibt, wo zwei sich finden, wo Dinge zusammenkommen, wo Leben entsteht, beim gegenwärtigen Stand der Ökotechnie Unfug im Spiel! Und trotzdem, gerade darum ...

Die Verbindlichkeit ist dieses Trotzdem: Eigentlich ist es bei all der Unterbrechung Unfug, ein Buch zu schreiben, aber ich tue es trotzdem und suche im verbindlichen Schreiben eine Ästhetik der Unterbrechung. Eigentlich ist es Unfug, eine einzelne Person zu lieben, wo es so viele gibt, und zu

228

meinen, sie sei die Einzige, aber wir tun es trotzdem, und zwar aus Versehen. Es ist Unfug, eine Ehe zu führen inmitten der Fliehkräfte, denen wir in der Moderne ausgesetzt sind. Aber wir tun es trotzdem, indem wir immer neu in ein- und dieselbe Ehe gehen. Es ist Unfug, sich auf einen Job festzulegen, auf eine Beschäftigung, auf einen Arbeitgeber, weil der Imperativ des flexiblen Netzwerkkapitalismus es erfordert, seine Optionen zu vermehren. Aber wir tun es trotzdem, weil wir uns in diesem einen Job immer neu erfinden. Die Verbindlichkeit ist die höhere Normalität dieses Trotzes, die der Allgegenwart der Unterbrechungen und Brüche einen Stil abzugewinnen vermag.

17. Oktober: Schreibe ich nicht auch deshalb ein Tagebuch? Ist das Tagebuch – oder modischer ausgedrückt: der Blog – nicht die geeignetste Form der Literatur, mit der Unterbrechung klarzukommen, mit dem steten Neuanfang? Weil man Tag für Tag etwas neu beginnt, das schon immer angefangen hat?

Und der Essay? Er lebt von der gleichen Bewegung. Auch der Essay setzt immer wieder neu an, fügt das Unverbundene zusammen, ohne je die Stabilität und Geschlossenheit der Monographie erreichen zu können. Der Essay und das Tagebuch sind die beiden klassischen literarischen Formen, in denen das Gereihte nicht weniger denn gleitend ist und zu jener «instabilen Zusammenfügung» gerinnt, die laut Jean-Luc Nancy heute der einzige Weg ist, Sinn unter der Bedingung der kybernetischen Ökotechnie zu stiften.

Instabile Zusammenfügungen jenseits der Schrift, im Leben zu realisieren, auch das leistet die Verbindlichkeit. Sie ist nur als Versuch zu haben. Und noch das Leben selbst wird in ihrem Modus ein Versuch.

Das schreibe ich auf dem charmanten Platz Parvis de

St. Gilles in Brüssel. Mit der Frage im Kopf, was ich hier eigentlich mache, warum ich nicht zu Hause bin, bei meiner Frau und den Kindern.

18. Oktober: Ein wenig Ruhe, Fokus, Konzentration – und sei es auch nur drei, vier Tage, das war der Anlass für diese Reise. Ich schnorre mich in Brüssel bei einem Freund durch, der in einer Nichtregierungsorganisation arbeitet, die wie fast alle NGOs, sagt er, nur dem Namen nach Nichtregierungsorganisation sei, da über den ein oder anderen Umweg das Geld meist doch von den Regierungen komme. Bei ihm jedenfalls scheint genügend Geld anzukommen, zumal seine Frau nicht weniger verdient als er und Kinder abwesend sind.

Fabelhaft, was es so alles gibt! Gesegneter Pluralismus! Eine solide eingerichtete Wohnung: Große Vasen mit Chrysanthemen und Lilien stehen auf dem Boden und werden offenbar nicht umgeschmissen. In kleinen Silberschalen klüngeln gesalzene Erdnüsse, auf dem Tisch atmet ein geöffneter Rotwein vor sich hin, und der Coq au Vin soll gleich folgen. Wir werden uns nicht über Kita-Plätze, Grundschullehrer und weiterführende Schulen unterhalten müssen und können gleich auf Philosophie, Kunst und Musik zu sprechen kommen – auch wenn mich die Erfahrung gelehrt hat, dass kinderlose Freunde am Ende doch eher übers Arbeitsleben, fiese Vorgesetzte, unfähige Kollegen, übers Altern, über die gemeinsame Vergangenheit und das, was man gerade auf irgendeiner Webseite gelesen hat, reden möchten. Aber trotzdem: keine Krümel auf dem Tisch, auch keine unterm Tisch! Das ist schon was. Hier werde ich den Kopf ein wenig freibekommen und schreiben können. Aber was?

19. Oktober: Mein Freund wohnt am Rand eines Migrantenviertels, also in bester gentrifizierter Lage, das quirlige Durcheinander gleich nebenan, den damit einhergehenden Schmutz und Lärm aber nicht vor der Haustür. Auf dem Weg zum Parvis de Saint Gilles komme ich morgens an einem muslimischen Fleischer vorbei, Rinderhälften werden von Männern in blutverschmierten Kitteln über die Straße getragen, im Laden liegt das Fleisch in großen Batzen aus. Hundert Meter weiter, beim belgischen Fleischer, hängen die Würste und Schinken so hübsch drapiert von der Decke wie Kugeln am Weihnachtsbaum. Was in der westlichen Kultur nicht alles verschleiert wird!

Die Kernkonzepte des modernen Kapitalismus, nehme ich hingegen erfreut zur Kenntnis, lehnen die Belgier rundweg ab. Ausweitung der Geschäftszuständigkeiten, der Kunde ist König? In der Brasserie entgegnet die Kellnerin auf meine Frage, ob ich zum Kaffee ein Croissant haben könnte: «Na klar, kannste dir nebenan beim Bäcker holen.»

Als ich mit dem Croissant zurückkomme, läuft gerade, leise, aber vernehmlich, trotz des Geklappers der Tassen und der fauchenden Espressomaschine, ein Song der legendären Band Young Marble Giants – eine Handvoll staubtrockener Gitarrenriffs, ein präziser Bass, der den Rhythmus entfaltet, eine mäandernde Frauenstimme, ein unübertroffenes Meisterwerk popmusikalischer Reduktion. Wie lange ich diese Musik schon nicht mehr gehört habe! Zwölf, dreizehn Jahre, seit die Kinder da sind. Ich denke an die Zeit davor zurück, als die Musik mein Leitstern war, all die Jahre, die ich mit Instrumenten und Platten und CDs zugebracht habe, und wie das, als die Kinder kamen, plötzlich vorbei war, weil ich unendlich ruhebedürftig wurde, das Gejaule des Jazz, das Geschrei des Rocks, nicht auszuhalten, da doch die Kinder in wirklich ausreichendem Maße jaulen und schreien, manchmal ging es ganze Nächte lang. Selbst ein Großteil der klassischen Klaviermusik, die ich vorher geliebt hatte – Beethovens späte Sonaten, Brahms Intermezzi, Skrjabins Etüden –, war plötzlich unhörbar geworden. Die Kinder, der Alltag mit Kindern, das Hin- und Hergeschiebe der Kinder zwischen meiner Frau und mir, während wir versuchten, in irgendeiner Form von Arbeit Fuß zu fassen: Vor diesem Lärm und Durcheinander flüchtete ich mich in die Stille oder, am Klavier, in die Vormoderne, sodass mir nur noch die geordnete Welt der Gesellschaftstänze von Scarlatti und Bach – Allemande, Courante, Sarabande, Gavotte, Passepied, Bourrée und Gigue – Freude machten.

Ähnlich erkläre ich mir den Erfolg der gerade so gehypten amerikanischen Fernsehserien. Sie setzen auf eine Ästhetik des sanften Dahinfließens. Der Form nach – selbst wenn sie inhaltlich von der Modernität der 1960er Jahre handeln, oder von Drogen, Lügen und Exzess – sind sie mit ihrem Rückgriff auf die literarischen Erzählweisen des 19. Jahrhunderts ein reinigender Fluss, von dem wir uns, auf dem Rücken liegend, sanft treiben lassen, eine Art ästhetisch-formales Arkadien für das von der Moderne gehetzte Individuum. Es wäre deshalb spannend, eine Serie wie «Breaking Bad» mit der Idyllenmalerei des Barocks zu vergleichen. Dann würde vielleicht auffallen, dass die heutigen Serien deren direkte Umkehrungen sind: Während nämlich die Idyllenmalerei mit ihren Weidenbäumen, Flussläufen, Schafen, Hirten und antiken Ruinen die Sehnsucht nach Erholung der städtischen Eliten auf der Ebene des Inhalts befriedigten, dabei aber formelle Neuerungen in die Malerei einführten, erschließt die heutige Serie neue Inhalte und befriedigt die Sehnsucht nach Erholung von der Gegenwart auf der formalen Ebene.

Ist nun dieses Auseinanderfallen von Form und Inhalt ein Problem? Ich denke, ja. Weil die Flucht vor der eigenen Zeit, sei es in die Idylle der Form, sei es in die Idylle des Inhalts, eben eine Flucht bleibt. Wenn ich zu Hause den Klavierdeckel zuklappte, nachdem ich mich eine Stunde lang in Scarlattis Harmonien geflüchtet oder mich auf den Schwingen von Chopins Schmetterlingsetüde über den lärmenden Alltag erhoben hatte, ging ich nicht verjüngt, gestärkt, erholt daraus hervor, im Gegenteil, ich fiel nur umso schmerzhafter in die Überforderung zurück, vor der ich geflohen war. Ich glaube nicht mehr an die kleinen Fluchten, nicht mal an die Erholung großer Ferien: Erholung ist Lüge. Nichts, nicht mal die irrwitzige Arbeit von Online-Journalisten, gleicht dem rasenden Tempo, in dem die Bilder und Stimmungen der Ferien, kommt man aus ihnen zurück in den Alltag, sich auflösen – in nichts!

Wenn es aber sinnlos ist, in irgendeine Erholung zu flüchten, was lässt sich dann tun? Den Weg nach vorne antreten. Nicht den Alltag hinter sich lassen, sondern in ihm selbst eine ästhetische Form entdecken, die mit ihm versöhnt. Neuerdings halte ich es so: Bekommt mein kleiner Sohn einen Schreianfall, was leider immer noch passieren kann, nehme ich nicht mehr Zuflucht beim «Wohltemperierten Klavier». Ich halte es aus und denke: Ornette Coleman! Captain Beefheart! Sun Ra! Der Alltag rockt! Das pralle Leben! Oder mit Husserl: «Anomalität als Bruch der ursprünglich stimmenden Erscheinungseinheit wird in eine höhere Normalität einbezogen.» Stimmt genau!

20. Oktober: Briefe aus Brüssel, Nummer 1

Bin ich hier in Brüssel, um in Gedanken zu schwelgen, wie es sein wird, meine Frau wiederzusehen?

Vielleicht holt sie mich mit den Kindern am Bahnhof ab. Erst werden mich die Kleinen erblicken, ihre Augen sind überall, ihre schnellen Bewegungen des Kopfes, wenn sie mit dem Blick von einem Ankommenden zum nächsten springen, bis sie mich entdecken. Mein Sohn wird angerannt kommen, meine Tochter, größer schon, sich an mich schmiegen, ich werde mein Kinn kurz auf ihrem Scheitel ruhen lassen und mich dabei fragen, ob sie nicht schon wieder ein paar Zentimeter zugelegt hat. Und dann steht meine Frau vor mir, schlingt mir die Arme um den Hals. Ich umfasse ihre Hüften, hebe sie ein wenig an, sie wird, huch, einen kleinen, erschrockenen Laut ausstoßen, ihr rechtes Bein leicht abwinkeln, während ich mit ihr in der Luft eine Vierteldrehung absolviere, wie ich das in irgendeinem Film gesehen habe.

Aber nein, das ist es nicht, das reicht nicht. Ich bin noch aus anderen Gründen in Brüssel. Ich bin hier, jetzt weiß ich es, um meiner Frau zu schreiben, um dir zu schreiben, wie ich es früher getan habe, vor all den Krisen unserer Ehejahre, ich bin als Briefeschreiber in Brüssel, und dies, Liebste, ist mein erster Brief an dich.

21. Oktober: Briefe aus Brüssel, Nummer 2

Liebste! Ich sitze auf der Terrasse der Brasserie Egalité im Brüsseler Stadtteil Saint Gilles. Auf dem Platz vor mir spielt sich das Treiben eines Wochenmarkts ab. Ich glaube, wenn ich dich nicht kennen würde, aber du jetzt vorbeikämest und mein Blick auf dich fiele, während du prüfend an einem Obststand einen Apfel in die Hand nähmest, den Kopf höbest, über den Markt schautest, und so innehieltest, gerade lange genug, dass ein Beobachter wie ich sich fragen würde, ob du dich denn gar nicht bewegst, ohne aber diesen Gedanken zu Ende denken zu können, weil du dich plötzlich wieder dem Obststand zugewendet hättest, den Clementinen vielleicht, und zwar augenscheinlich nach dem Grundsatz, dass die Aufmerksamkeit das natürliche Gebet der Seele sei – ich glaube, es wäre sofort um mich geschehen. Wenn ich es also bedauere, dass wir uns begegnet sind, dann nur deshalb, weil ich nicht mehr das Vergnügen haben kann, dir noch einmal zum allerersten Mal zu begegnen. Umso mehr freue ich mich, dich schon bald wiederzusehen.

21. Oktober: Briefe aus Brüssel, Nummer 3

Liebste! In Brüssel sagen alle: Brügge, da müsse ich hin. Mit dem Zug ist es eine Stunde gen Westen. Gerade richtig für einen Tagesausflug. Ich überlasse mich den Fliehkräften der Stadt, den Verlockungen der kleinen Gassen, die ins Abseits führen, weg von den Reisegruppen. Weg von all dem, was mich abwechselnd an Venedig und Amsterdam (Bootstouren), Wien (ein bisschen Barock, aber vor allem: Pferdekutschen!) und Lübeck (Backsteingotik) erinnert.

Ich setze mich vor ein Café. Der normale städtische Lärm, gegenüber liegt das Büro eines Immobilienmaklers. Dahinter sehe ich ein Brückengeländer, von dort wird sich ganz sicher die Sicht öffnen, auf einen malerischen Kanal, von alten Giebelhäusern gesäumt, deren Backsteinfassaden, umrankt von wildem Wein, sich zitternd im Wasser spiegeln, das ein stolz seine Bahnen ziehender Schwan aufgerührt hat (wirklich, so eine Stadt ist das hier). Aber stattdessen blicke ich, wie gesagt, auf den Immobilienmakler, auf ein Einrichtungsgeschäft und einen kleinen Kiosk, nicht nennenswert, und auch das Café: nicht nennenswert. Es ist ein Laden für Einheimische, ein Hund biegt um die Ecke, setzt sich vor die Tür, eine Minute später kreuzt sein Herrchen auf, es ist Viertel vor eins, ich denke mir, die beiden gehen hier jeden Tag ihren Crêpe essen, unter dem Tisch wird der Mann dem Hündchen einen Teiglappen hinhalten. Ich denke, auch ich habe jetzt Hunger, bestelle einen Crêpe mit Thunfisch und Kapern, esse drei, vier Happen, merke, den Hunger habe ich überschätzt, so wie ich es unterschätzt habe, dass es hart ist, allein unterwegs zu sein, es fühlt sich falsch an, ohne dich in Brügge. Es ist eine Bilderbuch-Schönheit, dies Brügge, aber eine kalte Schönheit für mich, sie hätte, glaube ich, nur zu uns beiden gesprochen, wären wir untergehakt an den Kanälen entlangspaziert, hätten auf Brücken haltgemacht und uns Worte der Liebe ins Ohr geflüstert, ja, und deshalb freue ich mich über den Lärm der Straße, an der ich sitze, weil er das Schweigen der Schönheit übertönt, in dessen Herzen ich mich hier in Brügge weiß.

Als ich zurückfuhr, stand die Sonne schon sehr tief, unübersehbar winterlich. Aber mein Gesicht glühte, und ich merkte nachträglich, wie stark sie gewesen sein muss, als ich mich gegen zwei Uhr ihren Strahlen ausgesetzt hatte, während ich auf einer Parkbank im kuriosen «Tagebuch eines Milliardärs» von Valery Larbaud las.

Im Zug saß ich mit einem älteren Ehepaar im Abteil. Der Mann sagte zu seiner Frau: «Reichst du mir mal die Zeitung?» Das war der einzige Satz, den er während der Fahrt sprach.

Weißt du noch, wie oft wir diesen Paaren auf unseren Reisen begegnet sind, an den Nachbartischen der Restaurants, auf den Terrassen der Cafés, auf den Bänken der Parks, und dachten, Gott bewahre, dass auch wir einmal in einer eingerosteten Ehe enden? Wir tun es nicht. Und ich glaube, der Grund dafür liegt darin, dass wir nicht aufhören, nach Verständigung zu suchen, die unsere fundamentalen Differenzen überbrückt, wieder und wieder. Und wenn wir im Streit nicht weiterwussten und keine Verständigung möglich schien, dann habe ich mich doch immer von deinem Bauch überzeugen lassen und deinen Brüsten und dem sanften Schimmer deiner Haut.

Aber verzeih! Ich sollte nicht so offen und fahrlässig daherplaudern! Ich schiebe es auf die Müdigkeit, ich werde gerade ganz unglaublich müde, vor allem meine Beine, sie fühlen sich an, als wären sie den ganzen Tag hinter dir hergelaufen.

22. Oktober: Briefe aus Brüssel, Nummer 4

Liebste! Nimm es mir bitte nicht übel, dass es so lange gedauert hat, dir zu schreiben. Weißt du, in Wahrheit schreibe ich dir schon seit Tagen, seit Wochen, nicht nur diesen Brief, sondern meine Aufzeichnungen, dieses Buch über die Verbindlichkeit selbst, es ist dir gewidmet, es ist ein dicker Brief an dich, Bogen über Bogen, zusammengehalten von einem Faden, von dem ich hoffe, dass er sich als unzerreißbar erweisen wird, zusammengehalten von meiner Liebe zu dir.

Bis bald und für immer! Dein –

KAPITEL 9

UNSERE FREIHEIT

23. Oktober: Nun muss ich hier ein Geständnis machen und ein letztes Mal um Vergebung bitten. Ich weiß nicht, wie ich es sagen soll, aber ... Also gut, fange ich am Anfang an. Bei meiner Verehrung für Adorno und Karl Kraus, deren Werken ich viel verdanke.

Bei Kraus begegnet man einem hohen Maß an Diskretion.

Er schreibt: «Es ist ein Gefühl, an einer unaussprechlichen Schmach teilzuhaben, wenn man Tag für Tag Möglichkeiten und Chancen, Art und Intensität eines Liebesverhältnisses mit der Sachlichkeit einer politischen Diskussion erörtert sieht.» Das gab mir zu denken. Nicht weniger, als dass er die schwerste Schuld, «mit der ein Mann und Arzt sein Gewissen belasten kann», darin erblickt, die «Verschwiegenheitspflicht gegen eine Frau» zu verletzen.

Adorno hat dafür eine Erklärung parat, die mir Schamröte ins Gesicht treiben müsste. So heißt es bei ihm: «Nie zögert die Gesellschaft, die Geheimnisse, in deren Irrationalität ihre eigene sich verschanzt, auf dem Markt auszubieten, sobald verdrückte Lust am Verbotenen dem Kapital in der Sphäre der Publizität neue Investitionschancen gewährt.» Erröten müsste ich, weil ich Dinge ausgeplaudert zu haben scheine, die ich besser für mich behalten hätte. Ausgeplaudert aus finanziellem Kalkül? Mit dem Interesse eines Publikums rechnend, das unersättlich ist, wenn es durchs Schlüsselloch blickt? Wenn es sich aus sicherem Abstand an einer echten Ehekrise ergötzen kann?

Diese Kritik ist berechtigt, aber nur teilweise. Es kann auch richtig sein, alles offenzulegen. Die norwegischen Romanciers Karl Ove Knausgård und Thomas Espedal haben das zuletzt mit großem Gewinn getan. Alles, einfach alles hinschreiben: Wie das ist, mit der kranken Ehefrau, dem versoffenen Vater, den Kindern, dem eigenen Ich, mit all den Verfehlungen, all der Brutalität, all der Niedrigkeit, aus denen sich der Alltag von uns Menschen unter den gegenwärtigen gesellschaftlichen Bedingungen zusammensetzt. Aber eben auch mit all der Liebe. Auf diesem Weg, mit dieser Devise: alles ausplaudern!, breitet man nicht nur marktkonform Geheimnisse aus, wie Adorno noch meinte, sondern stellt zugleich die Irrationalität der Gesellschaft unverhüllt dar – um sie zu kritisieren, zu verändern, wer weiß. Knausgårds Wirklichkeitsmanie illustriert damit perfekt die alte These des Philosophen Odo Marquardt, dass die Kunst in der total fiktionalisierten Welt anti-fiktional zu sein habe, wolle sie nicht überflüssig werden.

Nun ist vor allem Knausgård diesen Weg schon weit gegangen. Es kann darum heute nicht mehr die Frage poetologischer Überlegungen sein, Knausgård konsequent zu Ende zu denken. Er ist das Ende. Ähnlich wie am gegenüberliegenden Pol der Literatur Paul Celan an Kürze, Knappheit, Verrätselung nicht mehr zu überbieten war und den Endpunkt einer bestimmten Literaturauffassung markiert. Mehr Schweigen beim Schreiben als Celan geht nicht. Mehr Auspacken beim Schreiben als Knausgård geht auch nicht. Aber zwischen diesen Polen liegt nach wie vor unermesslich viel.

Oder, um es einmal zeitkonform, nämlich persönlich auszudrücken: Ich wurde während der letzten Wochen von einem Satz verfolgt, den ich in Max Frisch' autobiographischem Roman «Montauk» über eine Affäre des Autors in New York gelesen hatte; ich meine nicht den berühmten Satz seiner damaligen Ehefrau, den sie nach der Lektüre des Manuskripts gesagt haben soll: «Ich habe nicht mit dir gelebt als literarisches Material, ich verbiete es, dass du über mich schreibst.» (Dass Frisch den Satz stattdessen in den Roman eingeflochten hat, wird der Ehe nicht gedient haben. Die Krise verschärfte sich, die Scheidung ließ nicht mehr lange auf sich warten.) Den Satz, der mich verfolgte, hat Frisch seiner Wochenend-Geliebten Lynn in den Mund gelegt, und ich muss sagen, dass die Aussicht, meiner Frau Gelegenheit zu geben, ihn voller Berechtigung zu zitieren, mir eher mittelprächtig schien.

Er lautet: «Max, you are a monster!»

24. Oktober: Was ich also sagen will: Es gibt meine Frau so, wie ich hier von ihr geschrieben habe, nicht. Viele Schilderungen, die meiner Ehe galten, sind, Verzeihung, herbeifabuliert.

Und jetzt? Ich entsinne mich der Frage, die ich am Anfang gestellt habe: Worauf kann man sich verlassen? Die Antwort lautete: Auf die Verbindlichkeit der anderen und auf die eigene Verbindlichkeit. Aber eben nie absolut, immer nur mehr oder weniger. Sollte das nicht auch genug sein?

Auf mich als Schreibenden ist jedenfalls nur bedingt Verlass. Weil ich der Phantasie ihr Recht zugestehen will, dem Unwirklichen, aber Möglichen, dem Erfundenen, deshalb nicht minder Wahren, wie es seit alters her die Literatur getan hat, der ich nicht entsagen kann. Verbindlich sein, das will ich auch gegenüber der Literatur, gegenüber der Verwirrung, die sie stiftet, zwischen dem Möglichen und dem Wirklichen, dem Gemeinten und dem Verneinten, dem Leben und der Fiktion, gegenüber ihrer Unlesbarkeit. Denn die Literatur lebt aus dem Geheimnis, sie gibt die Dunkelheit, aus der sie stammt, nicht preis.

Sollten nicht auch wir Geheimnisse haben? Oh ja. Und wie sie schützen? Indem man plaudert, palavert, labert. Wer schweigt, macht sich verdächtig, wer redet, kann sich verbergen, hinter einem Wall von Worten, von denen wir nie genau wissen können, wie sie zu verstehen sind. Will ich Geheimnisse haben? Oh ja. Schriebe ich mein Leben nicht im Sinne der Literatur, fungierte ich nicht als Autor meiner eigenen Geschichte, auch wenn die Sätze oder gerade weil die Sätze, mit denen ich ringe, mich oft wie verzogene Bengel an der Nase herumführen, ich wäre weiter nichts als ein Hansel der Überwachungsindustrie. Und ich füge hinzu:

«Ich» sagen und zugleich unlesbar sein – nicht weil man verschlüsselt kommuniziert, sondern weil man im weitesten Sinne des Wortes *literarisch lebt* –, das ist die vertrackte politische Aufgabe unserer Zeit!

25. Oktober: Alles Interessante, habe ich am 26. September notiert, ereignet sich im Dunkeln. In der Literatur, so scheint es mir jetzt, nicht anders als im Leben. Da bin ich noch brav an deiner Seite, bin ganz bei dir, meinem zurzeit einzigen Gedanken – und sattle dann mitten im Denken und Schreiben, Gott weiß warum, auf einen anderen Gedanken um. In einer Art gedanklichem Seitensprung? Das ist es wohl: Ich will sagen, dass die Verbindlichkeit auch dann möglich, oder überhaupt nur möglich ist, anders als die Treue mit ihrem Totalitätsanspruch, wenn es die Möglichkeit des Seitensprungs gibt – der dann möglicherweise vergeben wird, oder aber gleich und idealerweise eine Möglichkeit bleibt, die, wie der Flirt, sich als Möglichkeit genug ist und nicht realisiert werden braucht. Damit kämen wir dem näher, was Adorno in den «Minima Moralia» unter dem Titel «Sur l'eau» als Ziel ausgegeben hat: «Vielleicht wird die wahre Gesellschaft der Entfaltung überdrüssig und lässt aus Freiheit Möglichkeiten ungenützt, anstatt unter irrem Zwang auf fremde Sterne einzustürmen.» Ja, auf dem Wasser liegen, auf der Elbe, in den Himmel schauen, sein, nichts als sein, verbindlich sein.

Ist das ein gutes Ende? Ich weiß es nicht. Ich weiß nur: Es ist schwer, am Ende aufzuhören und nicht immer weiterzureden. Immer weiter, wie es die Ästhetik des Seriellen, des steten Neuanfangs, des Fragments, des Tagebuchs, all dieser offenen Formen eigentlich will, die uns heute bedrängen.

Und doch, muss man nicht auch dem Ende ins Auge sehen? Verdrängen wir es? Schieben es vor uns her? Oft sogar im Namen der Verbindlichkeit? Lebt die Verbindlichkeit vielleicht, das muss ich zum Ende noch klären, aus der Angst vor dem Ende? Will sie nicht jede zwischenmenschliche Beziehung in ein Symmetrieverhältnis überführen, das stets neu aktualisiert und fortgeführt werden kann? So scheint es, aber ...

26. Oktober: Ich denke jetzt daran, was für ein begeisterter Fußballfan ich mal gewesen bin. Mir sind noch alle möglichen Spielmomente lebhaft im Gedächtnis, entscheidende Treffer, die zu Aufstiegen, Abstiegen und Pokalen führten. Am genausten und liebsten erinnere ich mich aber an die EM 1996.

Ich sah das Endspiel, Tschechien gegen Deutschland, in einem kleinen polnischen Kaff nahe der slowakischen Grenze, zusammen mit einer größeren Gruppe von Schulfreunden. Sie fieberten, aber ich blieb seltsam kalt, vielleicht, weil ein Mädchen dabeisaß, für das ich mich mehr erwärmen konnte, und das nur manchmal kurz aufsah, einen Blick auf das Bildschirmgeschehen warf, sich ansonsten aber in das Buch «Beethovens 32 Klaviersonaten und ihre Interpreten» von Joachim Kaiser vertiefte und schon bald das traumverhangene Adagio der «Pathétique» vor sich hin summte. Ein Mädchen, das im Leben was wollte. Und ich, wollte ich nicht auch was? In der Halbzeit stand es immer noch null-null, es war ein unsägliches Spiel, eigentlich hätte man den Fernseher einfach ausschalten sollen.

Nach der Pause ging das Gegurke gnadenlos weiter, der Ball lief in den eigenen Reihen, in der eigenen Hälfte, wurde nach vorne gebolzt, gleich wieder verloren. Das Spiel war völlig festgefahren, jeder Zug der einen Seite wurde von der anderen Seite schon im Ansatz vereitelt.

Dann die 53. Minute: Ich sagte zu der Freundin: Komm, lass uns los. Wir wollten nach dem Spiel ohnehin in Richtung Krakau trampen, warum nicht gleich? Der Freundeskreis schaute ungläubig, während wir unsere Rucksäcke schulterten, wandte sich aber schnell wieder dem Spiel zu. Die Freundin stellte sich an die Straße, ich blieb ein wenig im Hintergrund. Ein Škoda hielt, wir stiegen ein, die Fahrt ging los, draußen nichts als Schwärze.

Aber diese Freiheit! Ich hatte mich gegen ein erstarrtes Spiel, gegen den Fußball entschieden, gegen nationales Erhitzen in jeder Form, und habe seither nie wieder eine Sportsendung geschaut, nie wieder auch nur das leiseste Empfinden verspürt, es sollte mich angehen, wenn irgendwelche durch Ländergrenzen krampfhaft festgezurrten Gebilde sich sonst wo und in sonst was maßen. Ich hatte alles hinter mir gelassen, den Fußball, die Nation, die Freunde, und zuerst und zuletzt meine Angst vor dem Ende, denn nichts, rein gar nichts hatte bis dahin geendet in meinem Leben. Ich weiß seither – und das ist es, was mir heute hilft, weiterzumachen, verbindlich zu sein, zu meiner Verbindlichkeit zu stehen, Verbindlichkeiten einzugehen, wieder und wieder –, das alles kann enden, wenn ich denn will, kann von heute auf morgen, ja, mitten im –

LITERATURNACHWEISE

S. 10: **Marx, Karl; Engels, Friedrich**: Manifest der Kommunistischen Partei, in: Marx-Engels-Werke, Band 4, Dietz Verlag, Berlin 1977, S. 465.

S. 14: **Gadamer, Hans-Georg**: Wahrheit und Methode, J. C. B. Mohr, Tübingen 1990, S. 107.

S. 15: **Éluard, Paul**: Le Dur Désir de durer, Éditions Seghers, Paris 1962.

S. 16: **Vattimo, Gianni**: Das Ende der Moderne, übersetzt von Rafael Capurro, Reclam Verlag, Stuttgart 1990, S. 195 ff.

S. 19: **Wittgenstein, Ludwig**: Über Gewissheit, Suhrkamp Verlag, Frankfurt am Main 1989, S. 123.

S. 19: ebd., S. 131.

S. 24: **Simmel, Georg**: Soziologie. Untersuchungen über die Formen der Vergesellschaftung, Suhrkamp Verlag, Frankfurt am Main 1992, S. 658.

S. 24: **Arendt, Hannah**: Vita Activa, Piper Verlag, München 1981, S. 232.

S. 25: **Pepys, Samuel**: Tagebuch, übersetzt von Helmut Winter, Reclam Verlag, Stuttgart 1997, S. 287.

S. 26: **Otto, Rudolf**: Das Heilige, Verlag Trewendt und Granier, Breslau 1922, S. 29.

S. 28: **García Lorca, Federico**: Reiterlied, in: Hugo Friedrich, Die Struktur der modernen Lyrik, Rowohlt Verlag, Reinbek 1956, S. 236.

S. 30: **Jankélévitch, Vladimir**: Die Ironie, übersetzt von Jürgen Brankel, Suhrkamp Verlag, Frankfurt am Main 2012, S. 31.

S. 42: zitiert nach: **Bodo Mrozek**: Verhaltenslehre des Vergnügens, Zur Zeitgeschichte der Party, in: Zeitschrift für Ideengeschichte, Heft IX / 4, Die Party, Verlag C. H. Beck, München 2015, S. 20.

S. 45: **Mitscherlich, Alexander**, zitiert nach: Heiner Keupp, Ambivalenzen postmoderner Identität, in: Riskante Freiheiten, hg. von Ulrich Beck und Elisabeth Beck-Gernsheim, Suhrkamp Verlag, Frankfurt am Main 1994, S. 343.

S. 47: **Baudelaire, Charles**: Die Blumen des Bösen, übersetzt von Friedhelm Kemp, S. Fischer Verlag, Frankfurt am Main 1962, S. 147.

S. 48: **Turkle, Sherry**: Ich bin wir?, in: Reader Neue Medien, Texte zur digitalen Kultur und Kommunikation, hg. von Karin Bruns und Ramón Reichert, transcript Verlag, Bielefeld 2007, S. 513.

S. 49: **Texte der Situationisten**: Der Beginn einer Epoche, übersetzt von Pierre Gallissaires, Hanna Mittelstädt und Roberto Ohrt, Edition Nautilus, Hamburg 1995, S. 96.

S. 50: Vgl. **Ariès, Philippe**: Die unauflösliche Ehe, in: Die Masken des Begehrens und die Metamorphosen der Sinnlichkeit, Zur Geschichte der Sexualität im Abendland, hg. u. a. von Philippe Ariès und André Béjin, übersetzt von Michael Bischoff, S. Fischer Verlag, Frankfurt am Main 1984, S. 176 ff.

S. 51: Vgl. **Illouz, Eva**: Warum Liebe weh tut, übersetzt von Michael Adrian, Suhrkamp Verlag, Berlin 2011, S. 126 ff.

S. 51: **Marperger, Paul Jakob**: Neu eröffnetes Kaufmannsmagazin, zitiert nach: Geschichtliche Grundbegriffe, Band 2, Ernst Klett Verlag, Stuttgart 1975, S. 49.

S. 51: **Schopenhauer, Arthur**: Aphorismen zur Lebensweisheit, Insel Verlag, Frankfurt am Main 1976, S. 70.

S. 62: **Brunner, Otto**: Das «ganze Haus» und die alteuropäischen «Ökonomik», in: Neue Wege der Verfassungs- und Sozialgeschichte, hg. von Otto Brunner, Vandenhoeck und Ruprecht, Göttingen 1968, S. 103–127.

S. 64f.: **Flaubert, Gustave**: Bouvard und Pécuchet, übersetzt von Erich W. Skwara, Insel Verlag, Berlin 2010, S. 44 ff.

S. 68: **Arendt, Hannah**: Vita Activa, Piper Verlag, München 1981, S. 267.

S. 73: **Nietzsche, Friedrich**: Die fröhliche Wissenschaft, Kritische Studienausgabe, Band 3, De Gruyter, Berlin 1980, S. 480 f.

S. 74: ebd., S. 573 f.

S. 75: **Nietzsche, Friedrich**: zitiert nach: Martin Heidegger, Holzwege, Vittorio Klostermann Verlag, Frankfurt am Main 1972, S. 220.

S. 76f.: **Marx, Karl**: Das Elend der Philosophie, Dietz Verlag, Berlin 1971, S. 35.

S. 77: **Marx, Karl; Engels, Friedrich**: Manifest der Kommunistischen Partei, in: Marx-Engels-Werke, Band 4, Dietz Verlag, Berlin 1977, S. 464.

S. 80: **Gadamer, Hans-Georg**: Wahrheit und Methode, J. C. B. Mohr, Tübingen 1990, S. 488.

S. 80: **Celan, Paul**: Der Meridian, Gesammelte Werke, Band 3, Suhrkamp Verlag, Frankfurt am Main 1992, S. 196.

S. 83: **Gombrowicz, Witold**: Sakrilegien. Aus den Tagebüchern 1953 bis 1967, übersetzt von Olaf Kühl, Eichborn Verlag, Frankfurt am Main 2002, S. 5.

S. 83: **Nietzsche, Friedrich**: Götzendämmerung, Alfred Kröner Verlag, Stuttgart 1964, S. 85.

S. 84: **Hegel, G. W. F.**: Grundlinien der Philosophie des Rechts, Felix Meiner Verlag, Hamburg 1995, § 191, S. 171.

S. 84: ebd., § 198, S. 174.

S. 84: ebd., § 68, S. 74.

S. 85: **Swift, Jonathan:** A tale of a Tub, zitiert nach: Arno Borst, Computus, Zeit und Zahl in der Geschichte Europas, Verlag Klaus Wagenbach, Berlin 2004, S. 122.

S. 85: **Hegel, G. W. F.:** Grundlinien der Philosophie des Rechts, Felix Meiner Verlag, Hamburg 1995, § 199, S. 174.

S. 86: **Weber, Max:** Wirtschaft und Gesellschaft, J. B. C. Mohr, Tübingen 1972, S. 395.

S. 89: **Beck, Ulrich:** Was meint «eigenes Leben»?, in: Ulrich Beck und Ulf Erdmann Ziegler, Eigenes Leben, Verlag C. H. Beck, München 1997, S. 14.

S. 91: **Luhmann, Niklas:** Beobachtungen der Moderne, Westdeutscher Verlag, Opladen 1992, S. 136.

S. 92: **Gadamer, Hans-Georg:** Wahrheit und Methode, J. C. B. Mohr, Tübingen 1990, S. 281.

S. 93: **Foucault, Michel:** Überwachen und Strafen, Suhrkamp Verlag, Frankfurt am Main 1994, S. 260.

S. 93 f.: ebd., S. 249.

S. 94: **Foucault, Michel:** Schriften, Band 4, Suhrkamp Verlag, Frankfurt am Main 2005, S. 286.

S. 107: **Szép, Ernö:** Die Liebe am Nachmittag, übersetzt von Ernö Zeltner, Deutscher Taschenbuch Verlag, München 2008, S. 163.

S. 107: ebd., S. 166.

S. 110: **Foerster, Heinz von:** Kybern-Ethik, Merve Verlag, Berlin 1993, S. 78.

S. 112: **Weber, Max:** Die protestantische Ethik und der Geist des Kapitalismus, in: Gesammelte Aufsätze zur Religionssoziologie, Band 1, J. C. B. Mohr, Tübingen 1986, S. 47.

S. 116: **Borst, Arno:** Computus, Zeit und Zahl in der Geschichte Europas, Verlag Klaus Wagenbach, Berlin 2004, S. 96.

S. 127: **Szép, Ernö:** Die Liebe am Nachmittag, Deutscher Taschenbuch Verlag, München 2008, S. 134.

S. 128: **Seneca**: Epistulae morales, Brief 8, in: Philosophische Schriften, Band 3, Felix Meiner Verlag, Hamburg 1993, S. 19.

S. 129 f.: **Illouz, Eva**: Warum Liebe weh tut, übersetzt von Michael Adrian, Suhrkamp Verlag, Berlin 2011, S. 283.

S. 130: **Weber, Max**: Die Wirtschaftsethik der Weltreligionen, in: Gesammelte Aufsätze zur Religionssoziologie, Band 1, S. 568 f.

S. 130: ebd., S. 566.

S. 134: **Beck, Ulrich**: Risikogesellschaft, Suhrkamp Verlag, Frankfurt am Main 1986, S. 187 f.

S. 136: Rilke, Rainer Maria: Der Panther, in: Die Gedichte, Insel Verlag, Frankfurt am Main 1986, S. 451.

S. 140: **Knausgård, Karl Ove**: Sterben, übersetzt von Paul Berf, btb, München 2013, S. 277.

S. 149: **Goethe, Johann Wolfgang von**: Torquato Tasso, in: Hamburger Ausgabe, Verlag C. H. Beck, München 1994, S. 124.

S. 149: **Benjamin, Walter**: Illuminationen, Suhrkamp Verlag, Frankfurt am Main 1961, S. 44 f.

S. 150: **Hölderlin, Friedrich**: Mnemosyne, Dritte Fassung, in: Werke, Band 1, Carl Hanser Verlag, München 1978, S. 394.

S. 150: **Fontenelle** zitiert nach: Hans Blumenberg, Schiffbruch mit Zuschauer, Suhrkamp Verlag, Frankfurt am Main 1997, S. 35.

S. 150: **Marx, Karl**: Die deutsche Ideologie, in: Die Frühschriften, Alfred Kröner Verlag, Stuttgart 1971, S. 361.

S. 159 f.: **Kierkegaard, Sören**: Die Tagebücher 1834–1855, übersetzt von Theodor Haeker, Deutsche Buch-Gemeinschaft, Berlin 1949, S. 79.

S. 161 f.: Ältestes Systemprogramm des deutschen Idealismus, in: Materialien zu Schellings philosophischen Anfängen, hg. von Manfred Frank und Gerhard Kurz, Suhrkamp Verlag, Frankfurt am Main 1975, S. 110.

S. 162: **Schelling, Friedrich Wilhelm Joseph**, zitiert nach: Manfred Frank, Der kommende Gott, Suhrkamp Verlag, Frankfurt am Main 1982, S. 340.

S. 167: **Kraus, Chris**: I Love Dick, Tuskar Rock Press, London 2015, S. 175.

S. 168: **Hanslick, Eduard**: Vom Musikalisch-Schönen, Wissenschaftliche Buchgesellschaft, Darmstadt 1976, S. 31 f.

S. 169: **Kautsky, Karl**: Die Befreiung der Nationen: www.marxists.org/deutsch/archiv/kautsky/1917/befnat/teil8.html (abgerufen am 12. April 2016).

S. 171: **Nancy, Jean-Luc**: Das gemeinsame Erscheinen, übersetzt von Gisela Febel und Jutta Legueil, in: Gemeinschaften, Positionen zu einer Philosophie des Politischen, hg. von Joseph Vogl, Suhrkamp Verlag, Frankfurt am Main 1994, S. 167 ff.

S. 173: **Bauman, Zygmunt**: Flaneure, Spieler und Touristen, übersetzt von Martin Suhr, Hamburger Edition, Hamburg 1997, S. 162.

S. 176: **Dahrendorf, Ralf**: Die Chancen der Krise, Deutsche Verlagsanstalt, Stuttgart 1983, S. 125.

S. 176 f.: **Dahrendorf, Ralf**: Das Zerbrechen der Ligaturen und die Utopie der Weltbürgergesellschaft, in: Riskante Freiheiten, hg. von Ulrich Beck und Elisabeth Beck-Gernsheim, Suhrkamp Verlag, Frankfurt 1994, S. 423.

S. 177: **Dahrendorf, Ralf**: Lebenschancen, Suhrkamp Verlag, Frankfurt am Main 1979, S. 59.

S. 178: **Adorno, Theodor W.**: Minima Moralia, Suhrkamp Verlag, Frankfurt am Main 1951, S. 17.

S. 179: **Hobbes, Thomas**: Naturrecht und allgemeines Staats-

recht in den Anfangsgründen, Wissenschaftliche Buchgesellschaft, Darmstadt 1983, S. 97.

S. 180: **Céline, Louis-Ferdinand**: Reise ans Ende der Nacht,
übersetzt von Hinrich Schmidt-Henkel, Rowohlt Verlag,
Reinbek 2012, S. 162.

S. 188: **Nietzsche, Friedrich**: Zur Genealogie der Moral, Reclam Verlag, Stuttgart 1988, S. 52.

S. 189: ebd., S. 50.

S. 189: ebd., S. 51.

S. 190: ebd., S. 54.

S. 196: **Marx, Karl**: Aus den Exzerptheften: die entfremdete
und die unentfremdete Gesellschaft, Geld, Kredit und
Menschlichkeit, in: Karl Marx, Friedrich Engels, Studienausgabe, Band 2, S. Fischer Verlag, Frankfurt am Main
1966, S. 250.

S. 198: **Mauss, Marcel**: Die Gabe, übersetzt von Eva Molden-
hauer, Suhrkamp Verlag, Frankfurt am Main 1990, S. 118.

S. 198: ebd., S. 21 f.

S. 198: ebd., S. 176.

S. 198: ebd., S. 171.

S. 199: ebd., S. 25.

S. 204: **Derrida, Jacques**: Falschgeld, übersetzt von Andreas
Knop und Michael Wetzel, Wilhelm Fink, München 1993,
S. 178.

S. 205: **Mauss, Marcel**: Die Gabe, übersetzt von Eva Molden-
hauer, Suhrkamp Verlag, Frankfurt am Main 1990, S. 173.

S. 205: **Gieselmann, Dirk; Jonas, Fabian; Vogelsang, Lucas**:
Und nun zum Wetter, 100 Jahre Weltgeschichte im Liveticker, Rowohlt Verlag, Reinbek 2014, S. 239.

S. 206: **Anderson, Benedict**: Die Erfindung der Nation, übersetzt von Benedikt Burkhard, Campus Verlag, Frankfurt / New York 1988, S. 20.

S. 207: **Anaximander**, in: Die Vorsokratiker, Fragmente und Quellenberichte, Alfred Kröner Verlag, Stuttgart 1968, S. 82.

S. 214: **Rousseau, Jean-Jacques**: Vom Gesellschaftsvertrag, übersetzt von Erich Wolfgang Skwara, Insel Verlag, Frankfurt am Main 2000, S. 32.

S. 215: **Nietzsche, Friedrich**: Zur Genealogie der Moral, Reclam Verlag, Stuttgart 1988, S. 48.

S. 215: **Hamacher, Werner**: Schuldgeschichte, in: Kapitalismus als Religion, hg. von Dirk Baecker, Kulturverlag Kadmos, Berlin 2009, S. 119.

S. 217: ebd.

S. 222: **Schopenhauer, Arthur**: Parerga und Paralipomena, A. W. Hayn, Berlin 1851, S. 517.

S. 223: ebd.

S. 225: **Husserl** zitiert nach: Hans Blumenberg, Schiffbruch mit Zuschauer, Suhrkamp Verlag, Frankfurt am Main 1997, S. 88.

S. 225: **Nancy, Jean-Luc**: Der Preis des Friedens, in: Lettre International, Nummer 34, Berlin 1991, S. 38.

S. 225: **Woolf, Virginia**: Die Wellen, übersetzt von Herberth und Marlys Herlitschka, Fischer Taschenbuch Verlag, Frankfurt am Main 1979, S. 151.

S. 226: **Simondon, Gilbert**: Die technische Einstellung, übersetzt von Michael Cuntz, in: Die Technologische Bedingung, hg. von Erich Hörl, Suhrkamp Verlag, Berlin 2011, S. 77.

S. 227: **Nancy, Jean-Luc**: Von der Struktion, übersetzt von Esther von der Osten, in: Die Technologische Bedingung, hg. von Erich Hörl, Suhrkamp Verlag, Berlin 2011, S. 63.

S. 227: ebd., S. 72.

S. 227 f.: **Adorno, Theodor W.**: Noten zur Literatur, Band 3, Suhrkamp Verlag, Frankfurt am Main 1965, S. 194.

S. 228: ebd., S. 187.

S. 240: **Kraus, Karl:** Sittlichkeit und Kriminalität, Kösel-Verlag, München 1970, S. 140.

S. 240: ebd., S. 173.

S. 240: **Adorno, Theodor W.:** Noten zur Literatur, Band 3, Suhrkamp Verlag, Frankfurt am Main 1965, S. 61.

S. 241: **Frisch, Max:** Montauk, Suhrkamp Verlag, Frankfurt am Main 1975, S. 105.

S. 241: ebd., S. 79.

S. 243: **Adorno, Theodor W.:** Minima Moralia, Suhrkamp Verlag, Frankfurt am Main 1951, S. 207.

Das für dieses Buch verwendete Papier ist FSC®-zertifiziert.